INVENÇÃO E CONSTRUÇÃO DA GUINÉ-BISSAU

ANTÓNIO E. DUARTE SILVA
Director do NADIJ do Tribunal Constitucional (Portugal)
Ex-Professor da Faculdade de Direito de Bissau

INVENÇÃO E CONSTRUÇÃO DA GUINÉ-BISSAU

(Administração Colonial/Nacionalismo/Constitucionalismo)

INVENÇÃO E CONSTRUÇÃO DA GUINÉ-BISSAU
(ADMINISTRAÇÃO COLONIAL/NACIONALISMO/CONSTITUCIONALISMO)

AUTOR
ANTÓNIO E. DUARTE SILVA

EDITOR
EDIÇÕES ALMEDINA, SA
Av. Fernão Magalhães, n.º 584, 5.º Andar
3000-174 Coimbra
Tel.: 239 851 904
Fax: 239 851 901
www.almedina.net
editora@almedina.net

PRÉ-IMPRESSÃO I IMPRESSÃO I ACABAMENTO
G.-C. GRÁFICA DE COIMBRA, LDA.
Palheira – Assafarge
3001-453 Coimbra
producao@graficadecoimbra.pt

Maio, 2010

DEPÓSITO LEGAL
307945/10

Os dados e as opiniões inseridos na presente publicação
são da exclusiva responsabilidade do(s) seu(s) autor(es).

Toda a reprodução desta obra, por fotocópia ou outro qualquer
processo, sem prévia autorização escrita do Editor, é ilícita
e passível de procedimento judicial contra o infractor.

Biblioteca Nacional de Portugal – Catalogação na Publicação

SILVA, António E. Duarte

Invenção e construção da Guiné-Bissau.
(Estudos de direito africano)
ISBN 978-972-40-4120-9

CDU 34
      32

À Teresa Abreu.

Honoris causa a Nicandro Barreto.

PREFÁCIO

Embora em época e condições bem distintas, passei na Guiné – como António Duarte Silva – um tempo marcante da minha juventude. Compreendo assim bem os laços vitalícios que o prendem àquela terra aureolada de um indizível sortilégio. Com esta obra, o Autor não se reafirma apenas como destacado especialista das coisas da Guiné-Bissau nas vertentes político-constitucional e socio-jurídica: pelo livro, perpassa, com efeito, também a expressão da inquietude de alguém que ama a Guiné e acreditou no seu futuro e a quem a turbulência do percurso do jovem Estado submerge em perplexidade. É, por certo, um sentimento comum a muitos que, em Portugal, partilham essa ligação a um País outro mas no qual as suas vivências íntimas também se enraízam. A dureza das realidades impele por vezes irresistivelmente a dobrar a fronte sobre o muro das lamentações. A mágoa contida irrompe, aqui e ali nesta obra, com dramática plangência: "... Bissau devorou os valores da luta de libertação nacional", ou "... o PAIGC ainda sobrevive como sigla. Tudo aquilo por que lutou e chegou a alcançar – libertação nacional, paz, progresso, independência, melhoria das condições de vida, unidade Guiné-Cabo Verde, um Estado, uma Constituição – falhou, está em ruínas, desapareceu. Se a libertação viera do campo, a cidade, tudo devorou", ou, ainda "... enquanto o mito de Che Guevara cresceu após a morte – o sonho e a obra de Amílcar Cabral têm tido "várias mortes póstumas"".

Mas este volume de António Duarte Silva não é apenas ou, sequer, principalmente um libelo acusatório dos responsáveis (aliás, nunca nomeados) pelo fracasso do projecto teorizado durante os tempos áureos da luta armada. Se, qual teia de Penélope, o livro reconstitui incansavelmente os filamentos que, desde os finais do Século XIX, se reuniram para fazer da Guiné-Bissau aquilo que hoje é e se entrecruzaram no condicionamento das suas "fragilidades e desventuras", a verdade é que se não trata apenas de prantear os horizontes perdidos. Mais do que um pano para um choro, divisa-se na teia o intento de mapear rumos de fuga à voragem, de saída para uma nova etapa redentora de paz e progresso. Por voluntarista que seja, esta é uma esperança que não poderá enjeitar-se. Mas, para ser concretizável, a esperança terá de tomar em conta os obstáculos para saber contorná-los.

Ao que cremos, os problemas da Guiné-Bissau cifram-se na dificuldade em realizar três tarefas: a consolidação como povo pelo reforço da coesão nacional; a edificação de um aparelho de Estado idóneo para assegurar a governabilidade; a condução de um processo de desenvolvimento susceptível de desembocar numa economia sustentada. Em suma, três metas dificultosas: um povo, um Estado e um produto nacional suficiente.

As "desventuras" que a Guiné-Bissau tem conhecido ao longo das poucas décadas da sua existência e as "debilidades" de que enferma não são todas elas imputáveis aos agentes do processo. Desde logo, aquelas que derivam de insuficiências da coesão nacional são em grande medida um fruto da História e das dificuldades de integração de dados culturais tradicionais com os modos de produção da economia global e com o modelo de Estado de matriz euro-americana.

A entidade Bissau-guineense foi argamassada pela colonização portuguesa e pela luta de libertação. Como factor identitário, a colonização foi importante, visto que traçou as fronteiras do futuro Estado e deixou uma língua oficial, um conjunto de centros urbanos, um sistema jurídico e uma estrutura administrativa. Mas todos estes contributos para a geração de um povo se caracterizam pela sua frouxidão. A efectivação da colonização ao longo do território só se deu verdadeiramente quando era já iniciada a primeira metade do Século XX. Mas, ainda aí, esse processo foi epidérmico e divisivo. Epidérmico porque uma parte muito significativa da população nunca beneficiou de um sistema de ensino nem de um mercado de trabalho, subsistindo em larga medida os modos de vida tradicionais. Por outro lado, a divisão da população guineense entre um pequeno número de cidadãos e uma ampla maioria de "indígenas", quase sempre não-falantes da língua portuguesa, criou – até quase ao termo da presença portuguesa – uma barreira invisível que ensejaria um dualismo de padrões de vida ainda presente nos nossos dias, referenciável, um tanto sumariamente, pelo contraste "campo-cidade". Esta cissura contribui, por seu turno, muito provavelmente, para dificultar uma evolução adaptativa da estrutura multiétnica que, sem afectar no essencial o papel identitário das comunidades tradicionais de origem, lhes proporcionasse a assunção de um protagonismo de

Prefácio 9

primeiro plano na estratégia "pan-nacional" de que fala Kafft Kosta num livro também ele essencial ao entendimento da Guiné-Bissau contemporânea[1].

Um imperativo de honestidade intelectual manda que se refira ainda como factor detrimental da coesão da nação guineense um antagonismo difuso relativamente aos mestiços, sobretudo (mas não apenas) polarizado nas pessoas com ascendência caboverdiana. Disso constitui testemunho eloquente o episódio – relatado por Duarte Silva – da tentativa de inscrição da "regra dos dois avós" na Constituição guineense. A justiça manda que se diga que esta manifestação de neo-racismo foi combatida por sectores mais esclarecidos da opinião pública da Guiné-Bissau. Num mundo cuja primeira potência tem como presidente um homem com a história familiar de Barak Obama e num país tão carecido de quadros, torna-se, aliás, patética qualquer tentativa de exclusão motivada pelo carácter plurinacional da ascendência.

Um segundo pilar das tribulações da Guiné-Bissau é o do insuficiente asseguramento pelo Estado da governabilidade do País. O défice explica-se, a nosso ver, pela conjugação entre as carências na legitimação do poder, a debilidade dos recursos humanos e financeiros e a tendência sempre renovada de fragmentação das forças políticas.

Na crise de legitimidade, cruzam-se diversos vectores. Por um lado, a justaposição não harmonizada entre as legitimidades de base electiva do Chefe de Estado e do Parlamento e as legitimidades das autoridades tradicionais, porventura mais reconhecidas do que as primeiras por largos segmentos da população. Por outro lado, no mundo de hoje, quando a legitimidade se ganha pela escolha democrática, há que mantê-la graças à qualidade do desempenho. Por fim, um poder militar girando em vórtice autoreferencial (e, por vezes, ele próprio dilacerado por obscuras convulsões) menoriza o poder civil, quando a ele se não sobrepõe pela força das armas.

As fragilidades da elite político-administrativa e as debilidades do judiciário adensam a relativa inoperância do sistema constitucional, cuja conturbada história ajudam a explicar. E um recente mas desde logo poderoso factor adicional de perturbação é o aparente arrastamento do territó-

---

[1] Cfr. *O Estado de Direito – O Paradigma Zero: Entre Lipoaspiração e Dispensabilidade*, Coimbra: Almedina, 2007.

rio para a órbita do mercado transnacional de narcóticos, que não só beneficia de um campo fértil em muitas das situações aludidas, mas contribui por sua vez para as agravar.

No plano da economia, seria injusto não reconhecer que alguns passos se deram em relação ao estádio que se verificava no termo da administração portuguesa. Embora com os riscos próprios das (quase) monoculturas, a produção de castanha de cajú contribuiu para monetarizar segmentos importantes da população rural. Quem percorre hoje o território tendo-o conhecido há algumas décadas atrás não pode deixar de notar a existência de filiais bancárias e de razoáveis estabelecimentos hoteleiros em povoações do interior, bem como o incremento da circulação rodoviária, designadamente a de transporte de mercadorias. Em contrapartida, o escasso tecido empresarial destruído, a partir de 1974, pela "revolução para lá da independência" tarda em renascer e as perspectivas de emprego digno e produtivo são reduzidas.

Seria no entanto mau que, neste prefácio, nos quedássemos por um diagnóstico, aliás contingente por abarcar em poucas linhas uma realidade tão complexa como aquela que António Duarte Silva nos revela. A verdade é que, se não passássemos do diagnóstico, poderíamos deixar a pairar a impressão de que, para nós, a Guiné-Bissau nasceu de um projecto inviável. Ora, não é esse o nosso pensamento. O necessário (e, quiçá, não impossível) é que, num dia tão próximo quanto possível, se junte o rasgo reformador de alguns dirigentes dotados de visão e carisma com um apoio organizado da comunidade internacional para que, em vez de puras ambições pessoais ou projectos isolados e casuísticos, se ponha em marcha todo um programa articulado de ultrapassagem do actual estado de coisas.

A senda do reforço da coesão nacional passa, nas sociedades contemporâneas, pela demonstração pelo Estado da sua capacidade de prestar aos cidadãos os serviços essenciais. Para além das redes de meios de comunicação e de telecomunicações, vitais para uma vivência colectiva, avultam, pela universalidade das necessidades a que se dirigem, os serviços de ensino, de saúde e de manutenção da segurança pública. A escassez dos recursos obrigará, naturalmente, a opções difíceis, permanentemente orientadas pela reprodutibilidade social. No ensino, sublinharíamos a alfabetização, a difusão da língua portuguesa (cimento de alteridade em relação aos países vizinhos), um ensino técnico adaptado ao meio e alguns estabelecimentos universitários capazes de assegurar a formação de um escol e a reflexão científica sistematizada sobre as realidades do território e do seu povo.

Com o reforço da coesão nacional, entrelaça-se indissoluvelmente a presença de um Estado que governe. Neste plano, as duas questões imediatas respeitam à natureza e papel das Forças Armadas e à articulação entre o aparelho de Estado de modelo constitucional euro-americano e os órgãos tradicionais de poder.

Um Estado como a Guiné-Bissau não carece de efectivos militares proporcionalmente elevados. Em rigor, bastar-lhe-ia um reduzido número de unidades altamente móveis, capazes de acudir sem demora a qualquer zona da fronteira terrestre onde pudessem surgir perturbações fomentadas do exterior, a par de algumas vedetas de patrulha das águas territoriais e Zona Económica Exclusiva. Dos oficiais e sargentos, deveria requerer-se profissionalismo e despolitização. Deveriam ser formados em escolas militares dos PALOPs. A renovação dos quadros militares deveria ser acompanhada de uma prudente política de reequilíbrio interétnico.

Às contingências geradas por um poder militar alheio ao quadro constitucional, acresce o problema da fraca capacidade do Estado para reflectir a sociedade civil e exercer sobre ela uma regulação efectiva. Em diversos planos e nas mais variadas ocasiões, dir-se-ia haver sobretudo um Estado-aparente, isto é, uma forma sem conteúdo, uma representação que simula uma acção governativa sem efeitos práticos na vida dos cidadãos. O fenómeno acentua-se – sobretudo no domínio da regulação das relações entre particulares – graças à coexistência de uma ordem jurídica formal com origem na produção legislativa estadual e de toda uma série de sistemas jurídicos consuetudinários que, na maioria dos casos, são os efectivamente seguidos, continuando a ser aplicados por órgãos de autoridade de assento tradicional. O "divórcio entre a voz e a praxis" (como, na obra já citada, lhe chama Kafft Kosta) requer uma reformulação profunda, que reconheça um papel ao poder tradicional no sistema constitucional e entrose os vários sistemas normativos através de uma tábua de regras de conflitos de normas e da conjugação dos órgãos tradicionais de jurisdição com os tribunais judiciais. A inclusão no edifício político-constitucional de uma segunda câmara, onde tivessem voz os líderes tradicionais, para a qual o consenso seria a metodologia decisória preferencial, revitalizaria o Estado de modelo euro-americano, injectando-lhe a legitimação reconhecida pela cultura dominante. Caber-lhe-ia fundamentalmente um poder moderador, com efeito esperavelmente pacificador e unificante em momentos de crise nacional[2].

Mas também o sistema de governo semi-presidencialista de inspiração portuguesa mereceria ser repensado, por se justificarem dúvidas de que seja aquele que melhor se coaduna com a psique colectiva, sendo certo que a instabilidade no espectro político-partidário não tem assegurado a necessária base para uma governação livre de constantes sobressaltos.

Todas estas e outras medidas conducentes a uma *renascensa guineense* dependeriam no entanto de duas bases de sustentação. Uma delas, a económica, teria de passar por um plano de fomento pactuado entre todas as forças relevantes nos quadrantes político e social e por estas com os parceiros internacionais.

Além disso, as condições hoje reinantes na Guiné-Bissau permitem--nos compreender que nenhum significativo esforço de renovação poderá ter lugar fora do contexto da cooperação internacional. Mas, para ser actuante, esta teria, por seu turno, de ser concertada e planificada entre as várias instituições e Estados para evitar sobreposições e disfunções. Seriam vitais o papel das Nações Unidas e suas organizações especializadas, o da União Africana e das organizações regionais da África Ocidental, o da União Europeia e o da CPLP. Basta pensar, a título de exemplo, que sem tal enquadramento, dificilmente serão viáveis uma séria reestruturação e modernização das Forças Armadas, ou uma reorganização das magistraturas, com o asseguramento internacional de condições estatutárias e financeiras de independência para os magistrados, a par da sua sujeição a um sistema regular de avaliação profissional objectiva.

O presente livro regista o contributo essencial das Nações Unidas para o acesso da Guiné-Bissau à independência, incluindo o seu reconhecimento como Estado ainda em 1973[3]. Nos últimos anos, as Nações Unidas têm vindo a assumir a título temporário responsabilidades de administração em nome próprio de territórios, com isso desempenhando tarefas qualitativamente distintas de quaisquer outras por elas levadas a cabo em fases anteriores. No caso da Guiné-Bissau, é de esperar que se não tivesse

---

[2] V. a proposta nesse sentido de Kafft Kosta, ob. cit., p. 236 e s.

[3] Sobre o contributo das Nações Unidas para a autodeterminação do povo da Guiné-Bissau como entidade portadora do direito ao respectivo exercício (*self-determination unit*), ver também: CRAWFORD, *The Creation of States in International Law*, 2.ª ed., Oxford: Clarendon Press, 2006, pp. 97, 128, 137, 139, 330 e 386.

Prefácio 13

de chegar a uma administração directa pelas Nações Unidas: o Estado está constituído e dispõe entre os seus nacionais de recursos humanos para um desempenho, ainda que minimalista, das funções de soberania. Em contrapartida, nada impede que, perante uma situação de grande debilidade de um aparelho estadual, que tem levado alguns a admitir o risco de se desembocar num "Estado falhado", as Nações Unidas prossigam uma tarefa nunca completada de assegurar que o recente sujeito de direito internacional grangeie os requisitos para assumir plenamente as suas vestes estaduais no concerto das nações. O sucesso de um tal empreendimento requereria que a iniciativa partisse de órgãos legítimos do Estado Guineense. Mas, a partir daí, poderia concertar-se e executar-se um *plano de reabilitação nacional*, comportando toda uma série de apoios técnicos e financeiros levados a cabo pelas Nações Unidas e por outras organizações internacionais e Estados habitualmente "dadores" sob coordenação do Secretário-Geral das Nações Unidas. Seria nesse caso essencial que a utilização de recursos financeiros em tal quadro fosse objecto de supervisão daquele órgão no que respeita à observância dos termos programados e à efectivação dos comportamentos a que, em correspondência, se comprometeria o Governo da Guiné-Bissau[4].

Fantasias académicas? Ficção científica?

Trata-se com certeza de um tactear no escuro. Um vasto plano como o aqui ideado e a sua execução a médio prazo nunca serão possíveis sem uma prévia renovação da classe política e a emergência de um grupo dirigente mais jovem e descomprometido em relação aos graves desvios ocorridos no cenário político das últimas décadas. Teria de haver a reunião, em torno de uma personagem carismática e credível, de um conjunto de pessoas com preparação académica e mobilizáveis pelo apelo a um esforço colectivo de reabilitação nacional. A diáspora guineense constituiria um campo de recrutamento importante. Mas, dados os parâmetros culturais dominantes, a nova camada dirigente teria de contar com a caução de pessoas prestigiadas, de idade mais avançada, mais movidas pelo desejo de legar uma Nação melhor às novas gerações do que por projectos pessoais de poder. Entre as lideranças tradicionais, encontrar-se-iam porventura personalidades correspondendo a um tal perfil.

---

[4] Sobre novas modalidades de "administração territorial internacional" pelas Nações Unidas e por outras organizações internacionais, ver: RALPH WIDE, *International Territorial Administration*, Oxford: University Press, 2008, pp. 32 e s.

Se o esboço aqui apresentado peca por excesso de ambição, então haveria que pensar em coordenadas mais modestas, mas sem desistir de procurar um consenso suficientemente alargado para permitir um programa de providências integradas para o todo guineense, em vez de medidas descontextualizadas e de inconsistentes jogos de poder fulanizado.

Mostrando-nos qual o abismo entre as expectativas iniciais e as experiências vividas após a independência, este livro representa um apelo angustiado a que se dê meia volta. Caberá aos guineenses formar uma maioria de apoio a uma proposta política sobre o como e o quando dessa mudança de rumo. Por nós, diríamos que quanto mais depressa, melhor.

E não poderíamos terminar estas linhas sem nos juntarmos a António Duarte Silva numa homenagem sentida à memória de Nicandro Barreto. A ele, como Ministro da Justiça, se ficou a dever, fundamentalmente, do lado guineense, o arranque do projecto da Faculdade de Direito de Bissau, cujos frutos estão hoje à vista de todos quantos inicialmente lhe opuseram a sua descrença. Num momento em que soavam as armas, o pedido de parecer jurídico de Agosto de 1998, relatado por Duarte Silva, revela Barreto na sua dimensão de Homem sinceramente convencido de que, mesmo nas mais atrozes circunstâncias, as soluções deverão ser procuradas no respeito e com o suporte do Direito. Era, em suma, um Homem de paz. Entre tantas outras coisas difíceis de aceitar, pesa o silêncio de chumbo quanto às responsabilidades pela sua morte cruel e injusta.

Lisboa, Dezembro de 2009

José Manuel Sérvulo Correia

NOTA PRÉVIA

Em 1997, no livro *A Independência da Guiné-Bissau e a Descolonização Portuguesa*, apresentei um estudo de História, Direito e Política centrado no período que vai dos primórdios do processo de declaração unilateral de independência (ou seja, desde 1968) à entrada formal da direcção do PAIGC em Bissau, a 17 de Outubro de 1974. Tratou-se, então, em especial, da proclamação de independência (Parte II), do seu reconhecimento e consequências quanto ao alcance da descolonização portuguesa (Parte III) e da formação do Estado, em sentido amplo (Parte IV).

Agora, olha-se para a fundação e identificação da Guiné-Bissau. Parte-se da instalação da colónia da Guiné Portuguesa, no princípio do século XX, acompanha-se a mudança da capital para Bissau e refere-se como a nova "escola colonial" promovida por Marcello Caetano e Sarmento Rodrigues, durante a década de 1940, aquando do apogeu do sistema colonial português em África, projectou transformar a Guiné numa "colónia modelo".

Depois, aprecia-se o alcance da conversão da Guiné em Província Ultramarina em consequência da revisão constitucional de 1951. Refere-se também a subsequente tentativa de apropriação do luso-tropicalismo pelo discurso oficial e o falhanço da mudança da política colonial e dos esboços federalistas ensaiados na reunião extraordinária do Conselho Ultramarino em Outubro de 1962 – tentativa e falhanço em que o peso específico da Guiné foi secundário, mas não irrelevante.

Retornando à década de 1950, averiguam-se as primeiras manifestações nacionalistas bem como as medidas portuguesas para impedir a "subversão" na Guiné e estudam-se as causas e consequências da adopção da via da libertação nacional, depois do "massacre do Pindjiguiti", de 3 de Agosto de 1959. Começou então uma nova fase da luta política, interna e externa, que culminou no desencadeamento da luta armada na

Guiné em Janeiro de 1963. Descrever-se-á o seu desenvolvimento em crescendo até 1968.

Finalmente, e concluído o processo de independência, retoma-se a teia da construção da Guiné-Bissau estudando, na Parte V, o estabelecimento, as fragilidades e as desventuras do Estado das Constituições bissau--guineenses – desde a Constituição originária (de 24 de Setembro de 1973 ou «do Boé») à actual terceira vigência da Constituição dita «de 1993», percorrendo uma conturbada história constitucional. Ou seja, ver-se-á como um *proto-Estado* criado por um movimento de libertação nacional e proclamado sob a forma de «uma República soberana, democrática, anticolonialista e anti-imperialista» (artigo 1.º da Constituição do Boé) derivou, sucessivamente, para um Estado-*suave*, primeiro, para um Estado--*falhado*, depois, sendo actualmente qualificado de mero Estado-*paralelo* (ou, mais vulgarmente, *narco-Estado*).

Três temas foram objecto de publicação autónoma, como "trabalhos preliminares" da investigação, beneficiando agora de uma versão bastante revista. Trata-se das seguintes publicações:

    a) "Sarmento Rodrigues, a Guiné e o Luso-tropicalismo", in *Cultura. Revista de História e Teoria das Ideias*, n.º 25 – 2.ª, Lisboa, 2007;

    b) "Guiné-Bissau: a causa do nacionalismo" in *Cadernos de Estudos Africanos*, n.ºs 9/10, Lisboa, Julho 2005/Junho 2006;

    c) "O constitucionalismo da Guiné-Bissau (1973-2005)", in AAVV, *Estudos em Memória do Conselheiro Luís Nunes de Almeida*, Coimbra, Coimbra Editora, 2007 (texto que também foi publicado, em Cabo Verde, na revista *Direito e Cidadania*, Ano VIII, n.º 25/26, 2006/2007, e, na Guiné-Bissau, no *Boletim da Faculdade de Direito de Bissau*, n.º 8).

No final, apresentam-se vários *Apêndices*.

Na **Relação de Governadores da Guiné** omitiram-se os Governadores nomeados no tempo da Monarquia e os que ocuparam o cargo a título interino ou como encarregados de governo.

Quanto aos governantes da República da Guiné-Bissau limitou-se a relação aos **Presidentes e Chefes de Governo,** mas adoptou-se um critério amplo, que permitiu, por exemplo, abranger os Comissários Principais da Constituição do Boé. Não foi possível uniformizar os actos (indigitação, nomeação, posse, exoneração ou demissão) de início e termo de funções.

Quanto às **Biografias** seleccionaram-se as personalidades políticas ou "coloniais" mais relevantes na História da Guiné-Bissau. Em outros (ou recentes) casos, fez-se quase sempre uma referência no próprio texto ou nas notas.

Saliente-se, ainda, que a **Bibliografia** foi distribuída segundo as cinco Partes em que se subdivide este livro, embora limitando-se aos textos e autores fundamentais. Não há coincidência com as fontes citadas nas "Notas", pois nem todas estas últimas (em especial, os "Arquivos" e as "Entrevistas") foram repetidas ou sumariadas e, sobretudo, porque nem toda a vasta bibliografia consultada foi citada (sequer seleccionada).

PARTE I – A GUINÉ PORTUGUESA: INSTALAÇÃO

Sumário:
CAPÍTULO I – **O nome e a capital. Percursos**
CAPÍTULO II – **Uma "colónia modelo"**
CAPÍTULO III – **Sarmento Rodrigues e o apogeu do sistema colonial**

> **O termo Guiné provém do português, sendo provavelmente derivado de Akal n'Iguinawen, palavra berbere que significa "país dos Negros". Usou-se, principalmente, para designar a costa, região com a qual mais se relacionavam os Europeus. Esta costa foi dividida em duas partes: a Alta Guiné, que se estendia de norte para sul, quer dizer, do cabo Branco à Serra Leoa, e a Baixa Guiné, que ligava a Serra Leoa aos Camarões. O interior da região designava-se normalmente pelo termo Sudão ocidental.**
>
> Henri Wesseling, *Le partage de l'Afrique* (tradução), Denoël, Folio/Histoire, 1996, p. 330.

> **A noção de estruturação espacial aplicada ao estudo dos Kaabunké e, por extensão, à Guiné-Bissau, Gâmbia e Casamance demonstra que o seu primeiro significado é histórico e não geográfico. Não existe nação num espaço não-apropriado. Não existe desenvolvimento sem articulação nacional.**
>
> Carlos Lopes, *Kaabunké – espaço, território e poder na Guiné-Bissau, Gâmbia e Casamance pré-coloniais* (tradução), Lisboa, Comissão Nacional para as Comemorações dos Descobrimentos Portugueses, 1999, p. 247.

CAPÍTULO I – **O nome e a capital. Percursos**

Ao começar a segunda metade do século XIX a presença portuguesa na Guiné, embora antiga, mantinha-se muito limitada. Reduzia-se a uma *Praça* (a de Bissau), quatro *Presídios* (Cacheu, Geba, Farim e Ziguinchor), um *Posto* (Bolor) e a *Ilha* de Bolama. Esses "Estabelecimentos" encontravam-se sujeitos ao Governo das Ilhas de Cabo Verde e eram permanentemente «cercados por Gentios mais ou menos insolentes, mas que geralmente dominam os Portugueses»[5]. O tráfico de escravos estava a ser substituído, progressivamente, pelo comércio de produtos locais. O território nem sequer tinha nome próprio (Costa da Guiné, Rios da Guiné do Cabo Verde, Senegâmbia, etc.) e segundo a então vigente Carta Constitucional, de 1826, apenas compreendia Bissau e Cacheu.

O panorama dos também escassos estabelecimentos franceses e ingleses era semelhante. Não se tratava ainda, propriamente, de colónias e os políticos europeus demonstravam pouco interesse na região. A "corrida" e a "partilha" começaram em 1880 e, nesta África ocidental, a luta foi travada entre a França (que procurava construir um império) e a Inglaterra (que privilegiava a penetração comercial).

O princípio da "ocupação efectiva" constante do *Acto Geral* da Conferência de Berlim (1885) acarretou o desmantelamento das unidades políticas tradicionais. As fronteiras foram delineadas pela *Convenção relativa à delimitação das possessões portuguesas e francesas na África ocidental*, assinada em Paris, a 12 de Maio de 1886, e Portugal perdeu o "chão" do Casamansa, incluindo Ziguinchor, ficando o território quase

---

[5] Honório Pereira Barreto, "Memória Sobre o Estado Actual da Senegâmbia Portuguesa, Causas da Sua Decadência, e Meios de a Fazer Prosperar", Lisboa, 1843, pp. 5 e 6, apud Jaime Walter, *Honório Pereira Barreto*, Bissau, CEGP, 1947 (Apenso, pp. 185 e segs.). Ver **Biografia**.

reduzido a uma faixa litoral. As fronteiras foram sendo demarcadas através de sucessivas "Missões" (seis, até 1905), enquanto as "campanhas coloniais" (ou seja, acções militares contra os africanos) e as alianças com algumas etnias iam implantando a *Guiné Portuguesa*.

Mais tarde, a partir da década de 1940, quando a cidade de Bissau passou a capital, pode demarcar-se a autonomização, interna e externa, de uma formação social ou entidade bissau-guineense. Desde 1951, na sequência da revogação do Acto Colonial e "sacrifício" do Império Colonial Português (mais rigorosamente, com a aprovação do Estatuto da Província da Guiné, de 1955), o território tornou-se uma *Província Ultramarina*.

Os partidos nacionalistas começaram a formar-se em meados da década de 1950 e o "massacre do Pindjiguiti", de 3 de Agosto de 1959, converteu-se no símbolo da libertação – «o dia da nossa pátria africana», diria Amílcar Cabral[6]. Dez anos depois do início da luta armada dirigida pelo Partido Africano da Independência da Guiné e Cabo Verde (PAIGC) e na sequência de um processo de independência "limpo", a 24 de Setembro de 1973, uma Assembleia Nacional Popular, «reunida na Região Libertada do Boé», reconhecendo expressamente a delimitação das fronteiras coloniais e «exprimindo a vontade soberana do povo», não só proclamou unilateralmente a *República da Guiné-Bissau* como aprovou a respectiva Constituição Política. Tratou-se, porém, do único país na região a alcançar a independência pela força das armas.

Voltemos àqueles tempos do século XIX, quando a África Ocidental era considerada "o túmulo do homem branco" e os europeus eram escassos, quer pelas difíceis condições de fixação permanente quer pela resistência à ocupação. Concretamente, a área de influência portuguesa assemelhava-se a uma espécie de «pandemónio»[7] provocado por múltiplos factores:

- a desagregação do Império do Gabú, com a derrota dos mandingas perante os fulas na "Batalha de Karsala" (1867);
- os conflitos étnicos, o esforço dos fulas-pretos para sair da escravidão e a imposição do islamismo aos povos animistas;

---

[6] Amílcar Cabral, "Os patriotas de Bissau e outras praças devem organizar-se cada dia melhor e agir com inteligência e segurança", in *Obras Escolhidas de Amílcar Cabral*, Vol. I, Lisboa, Seara Nova, 1976, pp. 101/102.

[7] Assim, António Carreira, *Os Portugueses nos Rios da Guiné (1500-1900)*, Lisboa, Edição do Autor, 1983, pp. 116 e segs.

A *Guiné portuguesa: instalação*

– a tentativa de dominação por parte dos europeus e a intriga generalizada;
– a inexistência de língua franca;
– o destaque dos crioulos (grupo heterogéneo formado sobretudo por mestiços, de variadas origens, e por destribalizados ou "grumetes").

Na pendência destes conflitos, Lisboa decidira autonomizar o governo da Guiné que, pela Carta de Lei de 18 de Março de 1879, passou a província independente, cessando a sua subordinação administrativa e militar relativamente a Cabo Verde. Foi ainda determinada a instalação da sede do governo em Bolama. Ao seu governador atribuiu-se competência idêntica ao da colónia de S. Tomé.

Bolama iria ser, portanto, a capital da "ocupação efectiva". Ficava numa ilha deserta até meados do século XVIII, e na escolha pesara a expansão do povoamento e da actividade comercial posteriores à sentença arbitral de Ulisses S. Grant, Presidente dos Estados Unidos da América (proferida a 21 de Abril de 1870, sobre a *Questão de Bolama* entre os Governos português e britânico). A povoação, dotada de um bom porto natural, começara a formar-se no início do século XIX, beneficiando do grande surto comercial em toda a região do Rio Grande de Buba, proporcionado pelo desenvolvimento das "pontas" de produção agrícola e incremento da recente cultura de mancarra (amendoim). A partir de 1871, aí se foram instalando, sucessivamente, uma comissão municipal, Casa de Despacho, repartições judiciais, destacamento militar, escola primária, hospital, clero católico, Capitania do Porto e Palácio do Governo.

Perante as imensas dificuldades, a Guiné teve de ser reconvertida, em 1892, num *Distrito Militar Autónomo*, implicando a criação de comandos militares. Tentava-se concentrar os poderes, inclusive financeiros, no Governador, com a consequente extinção dos concelhos (Bissau, Cacheu e Bolola), embora mantendo o de Bolama – que dispunha já de seis casas comerciais e, desde 1903, de uma filial do Banco Nacional Ultramarino. Mas a desordem continuou e a guarnição militar portuguesa travou sucessivas e complicadas guerras com várias etnias[8].

---

[8] Ver, recentemente, Mário Matos e Lemos e Alexandre Ramires, *O Primeiro Fotógrafo de Guerra Português – José Henriques de Mello (Guiné: campanhas de 1907-1908)*, Coimbra, Imprensa da Universidade, 2008.

Pode, pois, resumir-se a evolução do estatuto político-administrativo da Guiné, no século XIX, em três traços gerais: (1) inexistência de autoridade portuguesa sobre as populações nativas; (2) de facto, regime de administração indirecta e multiplicidade de unidades políticas nativas; e (3) inexequibilidade das sucessivas reformas administrativas extensíveis ao Ultramar.

O primeiro Governador da Guiné após o advento da República foi o comandante Carlos de Almeida Pereira que operou, na parte pacificada da colónia, a transformação do regime de ocupação militar no de administração civil. Em Bolama, deu início à construção dos edifícios para instalação das Direcções dos Serviços de Administração Civil e Negócios Indígenas e os da Fazenda e da Alfândega; em Bissau, promoveu a demolição da muralha que circundava a praça e ligava, a oeste, a fortaleza com o Pindjiguiti e promoveu a construção quer do cais para tráfego no porto quer das instalações dos Correios e Serviços Aduaneiros (que serviram até ao início dos anos quarenta).

Apesar das perturbações, a ocupação foi alastrando e pode dizer-se que a fixação da soberania portuguesa e uma aparente unificação da Guiné foram alcançadas com as quatro Campanhas de 1913/1915, dirigidas pelo capitão João Teixeira Pinto: a)- contra «o gentio de Óio», de Abril a Agosto de 1913; b)- contra os papéis e manjacos de Cacheu, de Janeiro a Abril de 1914; c)- contra os balantas de Mansoa, de Maio a Julho de 1914; e d)- contra os papéis e grumetes de Bissau, de Maio a Agosto de 1915.

Com o êxito da ocupação militar e os imediatos "anos de pacificação" desenvolveram-se as actividades económicas a norte do rio Geba – onde sempre se localizou a maioria da população –, levando à expansão, pela sua posição geográfica e condições naturais, da antiga *Praça de S. José de Bissau*. A 4 de Agosto de 1914, foi dada às vilas de S. José de Bissau e de Bolama a categoria de cidade, e às povoações de Cacheu, Farim e Bafatá a de vila.

A Guiné passava a dispor de dois centros urbanos, de origem europeia. Bissau tornar-se-á uma bela e próspera cidade, embora, em contrapartida, tenham aumentado no seu "chão" a migração de outras etnias e as tensões interétnicas. Em Bolama «havia muita gente, alguns brancos e alguns mestiços, sobretudo muitos negros vestidos de maneira bizarra» e a cidade mais não era que uma «pequena vila provinciana que poderia parecer alentejana», distinguindo-se pelos «panos coloridos das mulheres, os balaios que traziam à cabeça» e pelos «capacetes coloniais, que os brancos eram obrigados a usar se queriam cometer a imprudência de sair à hora do calor»[9].

A I Guerra Mundial trouxera melhorias na vida económica e comercial e o seu termo, coincidindo com a ocupação completa do território, pode mesmo considerar-se como «vértice de um ângulo em que a evolução histórica da Guiné toma uma nova directriz»[10]. Efectivamente, ia-se formando uma nova entidade, conforme ao direito internacional da colonização definido pela Conferência de Berlim e sujeita à experiência autonomista tentada à sombra do Título V da Constituição republicana de 1911, relativo à «administração das províncias ultramarinas» – a *Guiné Portuguesa*.

Na terminologia legislativa era designada quer como «colónia» quer como «Província da Guiné». Segundo a Carta Orgânica de 1917, a Guiné Portuguesa constituía uma «divisão territorial e administrativa do ultramar português», com os limites decorrentes da Convenção luso-francesa de 1886. Previa-se uma complexa administração e definia-se o poder local, incluindo o estatuto das autoridades indígenas (cipaios, régulos e chefes de tabanca). Por portaria de 7 de Setembro de 1918, os serviços de administração geral da colónia passaram a ser da competência da Secretaria do Governo, da Direcção dos Serviços da Fazenda, da Repartição do Fomento e da Repartição Militar, embora a organização administrativa tenha sido frequentemente alterada.

O Governador Velez Caroço (tenente-coronel de infantaria), empossado em 1921, consolidou a ocupação efectiva, fazendo construir vias de comunicação rodoviária, saneando o funcionalismo público e limitando a influência dos cabo-verdianos. Opôs-se à «resistência passiva» dos colonos que, «mercê da instabilidade dos Governadores», enfraquecia o Governo da Guiné, manteve uma dominação autoritária e, no segundo mandato (1924-1926), impôs o trabalho obrigatório[11]. Foi instaurado o

---

[9] Fernanda de Castro, *Ao fim da memória, 1906-1939*, Mem Martins, Círculo de Leitores, 2005, pp. 84/85. Desenvolvidamente, ver Actas do Colóquio Internacional "Bolama, Caminho Longe", *Bolama entre a generosidade da natureza e a cobiça dos homens*, Bissau, INEP, 1996.

[10] João Barreto, *História da Guiné, 1418-1918*, Lisboa, Edição do Autor, 1938, p. 377.

[11] Cfr. Jorge Frederico Velez Caroço, *Relatório Anual do Governador da Guiné: (1921-1922)*, Coimbra, Imprensa da Universidade, 1923, e René Pélissier, *História da Guiné*, Vol. II, Lisboa, Estampa, 1989, p. 205.

regime da caderneta e da guia de marcha, tentou-se generalizar a cobrança do imposto de palhota[12]. Definia-se, assim, uma nova ordem colonial, consolidada pela entrada em vigor do primeiro Estatuto Político, Civil e Criminal dos Indígenas (de 1926) tornado extensivo aos indígenas da Guiné pelo Decreto n.º 13698, de 30 de Março de 1927.

A Carta Orgânica de 1926 reforçou a centralização administrativa. O programa de desenvolvimento económico e a colonização interior da Guiné concretizaram-se sob direcção do Governador António Leite de Magalhães (major de infantaria), nomeado em 1927 pelo Ministro das Colónias, João Belo.

Este Governador, ao desembarcar em Abril de 1927, já encontrara cerca de três mil quilómetros de estradas que tinham permitido o aparecimento de «povoações comerciais activas aonde acudiam, nos ombros robustos dos negros, as variadas produções da terra», pois a população antes hostil passara a dedicar-se à agricultura[13]. Desenvolveu-se a construção de infra-estruturas e as companhias de exportação de coconote, amendoim e borracha natural (três francesas, uma franco-inglesa, uma belga e uma alemã) foram substituídas por empresas portuguesas, destacando-se o monopólio da comercialização de amendoim de que passou a beneficiar a "Sociedade A. Silva Gouveia", associada da metropolitana CUF. Tornando-se possível promover a Guiné enquanto momento primário da «expansão de Portugal» e «última das suas criações», Leite de Magalhães fez editar uma apresentação multidisciplinar: histórica, política, económica, comercial, sanitária, botânica, de pecuária e, ainda, sobre os serviços e negócios indígenas (com resumo em inglês e francês)[14].

Acompanhando as demais colónias, sobretudo Angola e Moçambique, os novos pilares do sistema colonial português iam-se consolidando, através da definição da política indígena, da maior superintendência e fiscalização metropolitana e da consolidação da economia. Em Dezembro de 1928, foi aprovado um primeiro Código de Trabalho dos Indígenas das Colónias Portuguesas; em 6 de Fevereiro de 1929, foram publicados o

---

[12] Philip J. Havik, "Tributos e Impostos: a crise mundial, o Estado Novo e a política fiscal na Guiné", in *Economia e Sociologia*, n.º 85, Évora, 2008, pp. 29 e segs.

[13] Coronel Leite de Magalhães, "A Guiné através da história...", in *Cadernos Coloniais*, n.º 24, Lisboa, Verbo, s. d., p. 48.

[14] Cfr. AAVV, *Guiné*, Separata do n.º 44 – Fevereiro de 1929, do *Boletim da Agência Geral das Colónias*.

A *Guiné portuguesa: instalação* 27

novo Estatuto Político, Civil e Criminal dos Indígenas (já aplicável simultaneamente a Angola, Moçambique e Guiné) e o Diploma orgânico das relações de direito privado entre indígenas e não indígenas.

A organização político-administrativa e a hierarquia colonial iam-se instalando por todo o território, desdobrando-se em três níveis: no topo, dirigentes e técnicos (de origem metropolitana); no nível intermédio, funcionários da administração pública, patrões e empregados comerciais (maioritariamente mestiços e cabo-verdianos); no nível inferior, os indígenas (trabalhadores domésticos, artesãos, trabalhadores braçais, agricultores, assalariados agrícolas nas "pontas", etc.). Apesar de tudo, a situação continuava periclitante: sucediam-se os governadores, campeavam a corrupção e os abusos, multiplicavam-se os conflitos a propósito das políticas de alianças com os chefes tribais e quanto ao relacionamento com as estruturas tradicionais[15].

Desde cedo surgiram movimentos contestatários e o mais relevante, nesta fase, terá sido a *Liga Guineense*. Tratava-se de uma organização de ajuda mútua e de ideal republicano criada em 1911 por uma pequena elite administrativa e mercantil de Bissau e Bolama (os chamados "filhos ilustres da Guiné"). Esta Liga Guineense constituiu-se como ramo dos movimentos unitários afro-portugueses favoráveis ao melhoramento do destino moral, civil e social dos negros africanos e insurgiu-se contra o «bárbaro assassinato dos papéis e grumetes» durante a campanha de 1915, as arbitrariedades da «governança Guineana», que criticava por ter «declarado o estado-de-sítio» e «decretado o saque»[16]. Acusada de «campanha acintosa contra o Governo» foi dissolvida em 1915, durante a "guerra de Bissau", pelo Governador Oliveira Duque, na última portaria que este publicou antes do regresso a Lisboa, também ele exonerado em consequência da campanha contra papéis e grumetes.

---

[15] Cfr. José da Silva Horta e Eduardo Costa Dias, "História da G[uiné] B[issau]", in Fernando Cristóvão (dir. e coord.), *Dicionário Temático da Lusofonia*, Lisboa, Texto Editores, 2005, p. 480, e Eduardo Costa Dias, "Regulado do Gabú, 1900-1930: a difícil compatibilização entre legitimidades tradicionais e a reorganização do espaço colonial", in *Africana Studia*, n.º 9, Porto, Faculdade de Letras, 2006, pp. 99/126.

[16] Cfr. Mário Pinto de Andrade, "As ordens do discurso do 'clamor africano': continuidade e ruptura na ideologia do nacionalismo africano", in *Estudos Moçambicanos*, n.º 7, Universidade Eduardo Mondlane, Maputo, 1990, pp. 9 e segs, e *Origens do Nacionalismo Africano*, Lisboa, Dom Quixote, 1997, pp. 102/104.

O povoamento "não indígena" era, contudo, muito escasso: em meados da década de vinte haveria cerca de 500 portugueses (incluindo condenados a degredo e deportados políticos) e poucos estrangeiros (franceses, alemães, "sírios" ou "libaneses"); em contrapartida, surgiam muitos funcionários, comerciantes e "ponteiros" de origem cabo-verdiana. Numa situação intermédia, junto das localidades, viviam os grumetes, convertidos ao catolicismo. Não havia quaisquer recenseamentos, nomeadamente sobre as etnias indígenas.

Entretanto, Bolama começava a regredir, voltando a mera "estância de régulos". Para vozes maledicentes, nos anos trinta, quando se começara a defender a mudança da capital para Bissau, de positivo Bolama apenas dispunha de uma baía de amaragem para os grandes aviões transoceânicos, localizada a 12 horas de voo de Lisboa.

Mas a mudança da capital para Bissau, em 1941, foi também uma consequência diferida, como se vai ver, da política colonial prosseguida pela Ditadura Militar instaurada pelo "Movimento do 28 de Maio".

Logo em 1926, o Ministro das Colónias, João Belo, promovera, através das novas Bases orgânicas da administração colonial, um programa de unificação imperial e de centralização administrativa. Com vista à sua execução, o Decreto n.º 12 490-F, de 4 de Outubro, aprovou, por sua vez, a já referida Carta Orgânica da colónia da Guiné, onde se estipulava que a capital era na cidade de Bolama (art. 1.º, *in fine*). Referiam-se ainda expressamente a Bolama, nessa qualidade, os artigos 83.º a 85.º, ao disporem sobre a composição do Tribunal Administrativo, Fiscal e de Contas (que exercia jurisdição sobre toda a colónia e estava sediado na capital).

Em 17 de Fevereiro de 1930, o Decreto (com força de lei) n.º 17 970, elaborado por Oliveira Salazar, então Ministro das Colónias interino, restabeleceu – na sequência de uma representação do Governo da Guiné – a comarca de Bissau (extinta em 1927) e manteve a de Bolama. Nele se considerava que o movimento de processos aconselhava a manutenção de duas comarcas, sendo inconveniente a existência de uma única comarca, com sede em Bolama, pois esta, embora capital da província, tinha uma menor população que Bissau, «centro importante de movimento comercial».

Dois diplomas fundamentais vão esclarecer e definir a relação da Guiné com Portugal. Para o Acto Colonial (aprovado pelo Decreto n.º 18 570, de 8 de Julho de 1930), constituía um «domínio ultramarino» que se denominava «colónia» e integrava o «Império Colonial Português» (artigo 3.°). Segundo a Constituição de 1933, fazia parte do território de Portugal na África Ocidental sob a designação, pura e simples, de «Guiné» (artigo 1.°, n.° 2).

Definido este estatuto constitucional e com a consolidação do "Estado Novo" no início dos anos trinta, o Ministro Armindo Monteiro – que foi o grande propulsor do Império Colonial Português –, pôde preparar dois importantes diplomas para execução do Acto Colonial: por um lado, a Carta Orgânica do Império Colonial Português e, por outro, a Reforma Administrativa Ultramarina.

Ora, o capítulo da Carta Orgânica relativo à «administração geral» abria com o enunciado dos princípios relativos à administração colonial, definindo a composição do Império Colonial Português e a personalidade jurídica das colónias, prevendo, no artigo 88.°, que em cada colónia seria mantida «a unidade de governo e administração pela existência de uma só capital e de um só governo geral ou de colónia, directamente subordinado ao Ministro das Colónias». A seguir, em parágrafo único, enunciava as capitais: Lisboa era «a capital do Império Colonial Português», enquanto as demais continuavam «localizadas nas colónias onde actualmente funciona o seu governo». Precisamente a concluir esta disposição acrescentava-se que por «razões de grande conveniência poderão ser mudadas». Nada mais dizia, mas este acrescento visava a próxima mudança de capital na Guiné Portuguesa.

De resto, sobre Bolama caíam maus presságios. Em 6 de Janeiro de 1931, ao levantarem voo com destino ao Brasil, nas proximidades da Ponta Oeste, dois hidroviões chocaram, causando a morte dos pilotos pertencentes à esquadrilha aérea italiana, comandada pelo general Italo Balbo, Ministro fascista do Ar, que realizava uma aventurosa travessia do Atlântico. E, em meados do ano, o Governador foi destituído na sequência da "Revolução Triunfante", desencadeada a 17 de Abril, na capital e em Bissau, como movimento "reviralhista" de apoio à Revolta da Madeira e dos Açores. Leite de Magalhães conseguira electrificar Bissau e Bolama, mas a sua comissão, apesar do optimismo inicial, fora «um pesadelo»[17].

O Governador interino, major João Soares Zilhão, procurou recompor o poder. O novo Governador, Luís António de Carvalho Viegas (major

---

[17] Coronel Leite de Magalhães, "Prefácio" a João Barreto, *História da Guiné...*, cit.

de cavalaria), manteve-se em funções de 1933 até 1940, tendo dirigido as últimas "campanhas de pacificação" contra felupes e bijagós e concluído a instalação da organização administrativa. Apoiou activamente a linha propagandística do Império Colonial Português, através da participação nas grandes exposições coloniais.

Inserindo-se nesta política propagandística, a Agência Geral de Colónias organizara, em 1935, um cruzeiro de férias para estudantes, cujo roteiro previa visitas a Cabo Verde, Guiné e Angola. A revista *O Mundo Português* dedicou um número à Guiné com colaboração especializada de Leite de Magalhães, Hugo Rocha, Augusto Silva, Óscar Ruas, Lopo de Sampayo e Mello, Maria Archer, Artur Augusto, Florêncio Pires (que preparou uns "Subsídios para uma bibliografia da Guiné") e com os discursos de recepção do cruzeiro de férias proferidos por Carvalho Viegas (Governador da Guiné), Ponces de Carvalho (Presidente da comissão de recepção) e Augusto Cunha (Director do cruzeiro).

Marcello Caetano fora o "director cultural" do cruzeiro. Destacou a passagem pela Guiné, que lhe permitira contrariar a ideia feita de ela ser absolutamente «rebarbativa e inóspita», antes o encantara pelo «verde caricioso» e pela «variedade étnica, dignidade e laboriosidade dos indígenas». Pôde confirmar o domínio da vida económica pelos cabo-verdianos e o reínicio da obra das missões católicas. Observou que Bissau permanecia uma mera feitoria – onde o indígena vinha trocar os seus produtos pelas mercadorias europeias – e que Bolama valia apenas como centro político e administrativo. Em suma, o cruzeiro garantira-lhe a prevalência da «unidade política e moral de brancos e negros, em louvor da pátria comum». No entanto, Marcello Caetano parecia ignorar a referida obra de difusão organizada pelo Governador Leite de Magalhães pois mostrou surpresa por, ao preparar a estadia, não ter encontrado fontes fidedignas de informação sobre a Guiné portuguesa[18].

Este desconhecimento foi, no entanto, superado. Antes de mais, pela literatura romanesca, em particular por dois livros da autoria, respectivamente, de Fernanda de Castro e de Fausto Duarte.

Com base nas suas estadias em Bolama, Fernanda de Castro escreveu um romance para crianças, *Mariazinha em África*, cuja 1.ª edição data

---

[18] Marcello Caetano, *Perspectivas da vida política, da economia, e da vida colonial*, Lisboa, Livraria Morais, 1936, pp. 103/119.

de 1925, obtendo grande êxito comercial. A *Mariazinha* era ela própria e Fernanda de Castro pode ser considerada pioneira da literatura colonial guineense, «não só devido à introdução de um discurso literário novo, como também pelas transformações sociais e sociológicas» que teste-munhava, até porque sucessivas reedições do livro procuravam acompa-nhar a evolução da política oficial para com a Guiné[19]. Quanto a Fausto Duarte publicou, em 1934, *Auá – Novela Negra* (obtendo o 1.º Prémio de Literatura Colonial e beneficiando de um prefácio de Aquilino Ribeiro), que era, no dizer do autor, não só «documentário etnográfico», mas sobre-tudo «um novo capítulo de psicologia indígena».

Em Bolama, foi publicado o *Anuário da Província da Guiné do Ano de 1925*. Apareceram também as primeiras obras no domínio das ciências sociais: o livro de João Augusto [Silva], *África – da vida e do amor na selva* (retrato da sociedade na década de 30, através de contos e lendas étnicas, narrado por um caçador), o estudo etno-antropológico de Landersert Simões, *Babel Negra*; e, na história, os contributos de João Barreto, *História da Guiné* e do Governador Luís António de Carvalho Viegas, *Guiné Portuguesa*, extenso relatório publicado em três volumes, a partir de 1936.

No início da década de quarenta vai consumar-se finalmente a transferência da capital para Bissau. A 16 de Março de 1941, viajando no *Clipper*, desembarcara em Bolama o novo Governador, Ricardo Vaz Monteiro (capitão de artilharia). Fora anterior Governador de S. Tomé e Príncipe, entre 1933 e 1941, e era um típico e rígido "colonial". Em Agosto, transferiram-se para Bissau a Repartição de Fazenda e a Repar-tição Militar; o movimento comercial de Bolama começou a ressentir-se do êxodo da população. A 15 de Dezembro, chegava a Bolama o Ministro das Colónias, Francisco Vieira Machado, com o intuito de impor, entre outras medidas, a transferência da capital da colónia – e fê-lo por portaria de 19 de Dezembro de 1941. Em Bolama só ficou, praticamente, a activi-dade editorial da publicação do *Boletim Oficial da Guiné*. A escolha definitiva de Bissau «foi um duro golpe» para a burocracia colonial e a elite guineense, provocando a sua dispersão, tendo a transferência e consequente «êxodo maciço para a nova capital» originado «um feroz

---

[19] Leopoldo Amado, "A literatura colonial guineense", in *Soronda – Revista de Estudos Guineenses*, n.º 9, Bissau, Janeiro de 1990, pp. 81/82.

32   *Invenção e Construção da Guiné-Bissau*

sentimento» contra o Ministério das Colónias[20]. Durante a II Guerra, ainda Bolama «era um paraíso»: havia «de tudo em abundância», a vida era barata, os hidroviões da *Pan-American* despejavam, semanalmente, dezenas de passageiros; mas, com a perda de prestígio dos hidroviões e a mudança da capital, desvaneceram-se as esperanças e Bolama passou a «cidade abandonada»[21].

Por sua vez, a implantação da "população civilizada" acelerou a urbanização de Bissau. Tal como acontecia por toda a África negra, as cidades e vilas constituíam uma criação europeia. Todavia, na Guiné Portuguesa, a concentração urbana revelará algumas particularidades: antes de mais, o escasso número de metropolitanos; em segundo lugar, muita emulação e intriga no grupo dirigente; e, em terceiro lugar, um crescimento desordenado de cidades e vilas, ficando os indígenas na periferia, envolvidos num processo que se caracterizou pela destribalização, pelo declínio do animismo e pelo individualismo económico[22]. A cidade ficou fisicamente marcada por este espaço de segregação e há mesmo quem sustente ter a mudança de capital para Bissau correspondido sobretudo a «uma atitude de força», com policiamento de todo o terreno e urbanização apressada, proporcionando um futuro «aumento da massa dos descontentes e excluídos pela economia e administração colonial»[23].

A escritora Maria Archer – que vivera em Bissau e Bolama, de 1916 a 1918 – já encontrou, no fim da década de trinta, «um outro ritmo de vida», pois não só se passara a viajar de automóvel e barco a gasolina, como havia gelo e cervejarias, electrificação e saneamento urbanos, água canalizada, além de grande número de hortas e pomares[24].

Em suma, a dominação colonial portuguesa reforçara-se: a administração consolidara-se e conseguia dirigir a economia, a hierarquia social

---

[20] Leopoldo Amado, "Bolama e a formação do sentimento nacional: os dois pólos prototípicos", in Actas do Colóquio…, cit., p. 316.

[21] Norberto Lopes, *Terra Ardente – narrativas da Guiné*, Lisboa, Editora Marítimo-Colonial, 1947, pp. 75 e segs.

[22] Assim, Avelino Teixeira da Mota, *Guiné Portuguesa*, Volume II, Lisboa, Agência Geral do Ultramar, 1954, p. 70.

[23] Maria João Soares, "Contradições e debilidades da política colonial guineense: o caso de Bissau", in Maria Emília Madeira Santos (dir.), *A África e a Instalação do Sistema Colonial (c. 1885 – c. 1930)*, Lisboa, IICT, 2000, pp. 155/156.

[24] Maria Archer, *Roteiro do Mundo Português*, 2.ª Edição, Lisboa, Soc. Ind. de Tipografia, 1950, p. 52.

impusera-se e a população adaptava-se progressivamente ao sistema colonial. Nas décadas de 1920 e 1930 ainda se registara alguma resistência passiva, muito embora tal resistência não visasse directamente o regime do indigenato, antes, de uma forma «esporádica e espontânea», apenas as condições de vida: o trabalho obrigatório, o imposto de palhota, o serviço militar e o baixo nível de salários[25]. Agora, a década de quarenta irá caracterizar-se não só pela reorganização e expansão do aparelho administrativo como pela promoção dos assimilados e cabo-verdianos.

Simultaneamente, com o alargamento da actividade comercial e a chegada das etnias muçulmanas ao litoral povoado pelos animistas, o crioulo foi-se impondo como língua franca.

A partir deste estado de coisas e desta época, isto é, a partir dos anos quarenta, pode começar a identificar-se uma formação social bissau-guineense, distinta das colónias fronteiras do Senegal e da Guiné-Conacri, ambas integrantes da África Ocidental Francesa. Mais do que remetê-la para mero enclave ou prolongamento menor da "Grande Guiné", este percurso conduzirá – quando a formação for independente – à criação da *Guiné-Bissau*. A cidade de Bissau, de fisionomia europeia, será, pois, a capital da identificação do país. Mas surgirão entretanto outros nomes (por exemplo, a designação de "província" ou projectos de "ilha adjacente" e de "Estado federado"). Nos documentos oficiais da ONU – pela Resolução 1542 (XV), de 15 de Dezembro de 1960 –, foi inicialmente inventariada sob o nome de *Guiné, chamada «Guiné Portuguesa»*; enquanto "território não autónomo", ficaria durante vários anos identificada como *Guiné (Bissau)*. Depois, quer na Resolução 3061 (XXVIII), de 2 de Novembro de 1973 (relativa à proclamação unilateral de independência), quer na Resolução 3205 (XXIX), de 17 de Setembro de 1974 (relativa à admissão na ONU), a Assembleia Geral já usará a denominação República da *Guiné-Bissau*.

Faltava determinar, com rigor, a população, o que será conseguido no recenseamento de 1950, dirigido por António Carreira. As distinções fundamentais eram entre civilizados (dotados de cidadania portuguesa) e

---

[25] Cfr. P. Karibe Mendy, *Colonialismo português em África: a tradição de resistência na Guiné-Bissau (1879-1959)*, Bissau, INEP, 1994, pp. 328 e segs., e "A perturbação da *Pax Lusitana*: resistência passiva na 'Guiné 'Portuguesa' durante os primeiros anos do Estado Novo", in *Revista Internacional de Estudos Africanos*, n.os 18-22, 1995-1999, pp. 192/193.

34 *Invenção e Construção da Guiné-Bissau*

indígenas, por um lado, e entre portugueses e estrangeiros, por outro. Classificou-se, primeiro, a "população civilizada", isto é, dotada de cidadania portuguesa (categoria que passara a abranger, desde 1946, os até então classificados como "assimilados"): havia, ao todo, 8.320 residentes – dos quais 1.501 eram originários da metrópole, 1.703 provinham de Cabo Verde e os restantes 4.644 da própria Guiné[26] . Acresciam 366 estrangeiros, a maioria "libaneses". Daquele total de "civilizados" (residentes), 2.263 eram brancos, 4.568 mestiços, 1.478 negros e 11 indianos. A taxa de analfabetismo dos "civilizados" alcançava 43,54%. Quanto à restante população, contaram-se aproximadamente 500.000 indígenas, distribuídos por trinta grupos étnicos.

Num tecido social heterogéneo, a sociedade era, além disso, profundamente marcada pela diversidade de estatutos e pela adequação entre as funções económicas e a "raça": 99,7% da população tinha o estatuto de "indígena", a produção (monocultura de amendoim) era totalmente nativa, a maioria da população "civilizada" vivia nas zonas urbanas. Era muito baixa a percentagem de população "civilizada" (0,3 % do total, mais de metade mestiça) e irrisório o povoamento metropolitano. A expansão da língua portuguesa e a alfabetização eram praticamente nulas. Europeus e cabo-verdianos dominavam o comércio e a administração.

Na síntese de um administrador de circunscrição civil da época, aquando do termo da II Guerra Mundial a colónia da Guiné Portuguesa como que «jazia improdutiva, num atraso deveras confrangedor»[27].

---

[26] Segundo o (anterior e pouco fiável) censo de 1940 havia 5.819 "civilizados".

[27] Fernando Rogado Quintino, *Eis a Guiné!*, Lisboa, Sociedade de Geografia, 1946, p. 61.

CAPÍTULO II – Uma "colónia modelo"

O segundo pós-guerra trouxe transformações profundas às políticas coloniais pois – em consequência das emergentes hegemonias dos Estados Unidos e da União Soviética – a nova ordem económica impôs mudanças nas antigas relações coloniais. O imobilismo e a falta de flexibilidade do regime político fizeram, porém, com que os territórios portugueses de África, embora seguindo a tendência desenvolvimentista, não fossem tão atingidos pela mudança que ocorria nas outras regiões.

Para a esperada remodelação ministerial, aquando do termo da II Guerra Mundial, Salazar decidiu convidar Marcello Caetano que, aos 38 anos de idade, começava a interessar-se pela carreira política e a mostrar pretensões reformistas. Afastada uma primeira sugestão quanto ao Ministério da Justiça, Salazar propôs-lhe o Ministério das Colónias, que enalteceu como «vastíssimo campo de acção, envolvendo todas as matérias da administração em relação a uma área enorme». Acrescenta Marcello Caetano, nas suas *Memórias*, que Salazar defendeu mesmo estar no Ultramar «o futuro da Nação, o seu grande destino histórico» e concordou ainda que era chegada «a altura de começar a mudar de rumo», adoptando uma política favorável à autonomia das colónias[28].

De facto, no exercício de funções como Ministro das Colónias, entre 6 de Setembro de 1944 e 4 de Fevereiro de 1947, Marcello Caetano destacou-se como defensor da renovação política do Estado Novo e afirmou--se como convicto africanista. Considerava intocáveis os dois pilares consignados desde 1930 no artigo 2.º do Acto Colonial (por um lado, a função de *colonizar* através da expansão da "raça branca" e, por outro, a missão de *civilizar* as populações indígenas), mas defendia mudanças na política

---

[28] Cfr. Marcello Caetano, *Minhas Memórias de Salazar*, Lisboa, Verbo, 1977, pp. 179 e segs.

colonial. Entendia que, na conjuntura do final da II Guerra Mundial, se deveria, internamente, promover a progressiva autonomia administrativa e o desenvolvimento económico-social das colónias; quanto ao exterior, haveria que estar atento à ascensão das forças anticolonialistas, especialmente norte-americanas.

Como se viu, Marcello Caetano desde cedo começara a interessar-se pela administração colonial e visitara a Guiné Portuguesa em 1935. Ora, seria na Guiné que ensaiaria os novos rumos da política colonial. Como resumiu num desses marcos – a apresentação do *Boletim Cultural da Guiné Portuguesa* (BCGP) – decidira-se pela feitura de «uma crónica nova da conquista da Guiné»[29].

A Guiné apresentava várias vantagens geo-estratégicas: por um lado, era uma colónia pequena, não exigindo avultados investimentos; em segundo lugar, previa-se que, após a II Guerra Mundial, Bissau e Bolama pudessem ocupar uma posição destacada de escala internacional e de cruzamento de uma "carreira aérea imperial" ou, ao menos, de ponto de escala dos paquetes que serviam Angola e Moçambique; além disso, o território estava rodeado de colónias francesas e inglesas, numa área onde existia também uma assinalável presença diplomática norte-americana.

De imediato, além da recente mudança de capital para Bissau, era necessário remodelar o governo, pois o Governador Ricardo Vaz Monteiro tinha, ao todo, «14 anos de governo tropical e [estava] já na fase das asneiras frequentes»[30]. Antes de mais, Marcello Caetano pretendia uma equipa que saneasse a Guiné do ambiente de depressão e de intriga. Caberia a tal equipa preparar uma série de trabalhos, numa perspectiva optimista e construtiva, quanto às potencialidades de ocupação sanitária, educacional e política. O desenvolvimento deste programa impunha um Governador de novo tipo, cujo perfil apontava para um oficial da Marinha, ramo que dispunha de vasta experiência colonial. A escolha recaiu no capitão-tenente Manuel Maria Sarmento Rodrigues.

---

[29] Idem, "Uma crónica nova da conquista da Guiné", in *BCGP*, Vol. I, n.º 1, Janeiro de 1946, pp. 1/3. Curiosamente, no princípio do século XX, o exemplo de "colónia modelo" da África Ocidental fora atribuído à colónia alemã do Togo (com dimensões e economia comparáveis às da Guiné Portuguesa).

[30] Carta de Marcello Caetano a Salazar, de 20 de Outubro de 1944, apud José Freire Antunes, *Salazar/Caetano – Cartas Secretas (1932-1968)*, Lisboa, Círculo dos Leitores, 1993, p. 128.

Este, no seu *curriculum*, insistia em distinguir a situação de militar no activo da prestação do «serviço ultramarino», e pretendia pôr-se acima dos grupos políticos aos quais não se considerava "arregimentado", defendendo apenas – gostava de dizer – os «rumos» que estavam «no centro e na base das ideias da Nação»[31]. Aderira à Maçonaria Portuguesa, em 1923, na "Loja Renascença" e iria ser, em todo o seu percurso político, «um dos representantes da tendência conservadora-liberal e maçónica que apoiou o Estado Novo»[32]. Segundo Adriano Moreira, seu discípulo, além de ser «um humanista» olhado por Salazar como «uma ponta liberal do regime», Sarmento Rodrigues era um profundo conhecedor do Ultramar, onde teve «uma trajectória espantosa», muito embora nunca tenha sido «partidário da autodeterminação, porque no tempo dele não havia estas ideias»[33].

O nome de Sarmento Rodrigues foi sugerido pela primeira vez por Marcello Caetano a Salazar, em carta de 20 de Dezembro de 1944, e a sua designação aprovada pelo Conselho de Ministros, de 5 de Fevereiro de 1945. A nomeação como Governador da Guiné terá sido um caso raro, pois o Ministro não o conhecia pessoalmente e Marcello Caetano acrescenta ter sido através das crónicas (sobre batalhas navais da II Guerra Mundial) publicadas no jornal *Diário de Lisboa* que apreciara quer «a elegância do estilo», quer «o amor às coisas ultramarinas», quer «a cultura geral revelada e o conhecimento dos problemas sociais e de administração»[34].

Inaugurava-se, com esta remodelação do governo da Guiné, «uma nova escola de política ultramarina»[35]. Sarmento Rodrigues apresentou

---

[31] Sarmento Rodrigues, "Carta a Norberto Lopes", datada de Lisboa, 8 de Janeiro de 1963, apud AAVV, *Almirante Sarmento Rodrigues (1899-1979) – Testemunhos e Inéditos no Centenário do seu Nascimento*, Academia da Marinha/Câmara Municipal de Freixo de Espada à Cinta, 1999, pp. 250/251. Ver, também, Raúl Rêgo, "O testemunho de Sarmento Rodrigues", in *Diário de Notícias*, de 3/9/1986.

[32] Luís Farinha, "Rodrigues, Manuel Maria Sarmento (1899-1979)", in Fernando Rosas e J. M. Brandão de Brito (dir.), *Dicionário da História do Estado Novo*, Lisboa, Círculo de Leitores, 1996, p. 851.

[33] Adriano Moreira, "Reformar e Sair", in José Freire Antunes, *A Guerra de África (1961-1974)*, Lisboa, Círculo de Leitores, 1995, pp. 274/275.

[34] Marcello Caetano, *Minhas Memórias...*, cit., p. 205.

[35] Assim, Álvaro da Silva Tavares in Jaime Nogueira Pinto (org.), *Salazar visto pelos seus próximos (1946-1958)*, Venda Nova, Bertrand Editora, 1993, p. 196, e "O grande renovador da política ultramarina", apud AAVV, *Almirante Sarmento Rodrigues (1899-1979) – Testemunhos...*, cit., pp. 31 e segs.

as linhas gerais de acção do seu plano governativo na reunião do Conselho de Governo, em Bissau, a 3 de Julho de 1945. Além de procurar acalmar os espíritos (apostando na acção da justiça e em acções conciliadoras e preventivas, que desfizessem os constantes mal-entendidos, de modo a alcançar a concórdia e harmonia entre os membros da Associação Comercial, Industrial e Agrícola de Bissau e, até, com as entidades desportivas), dedicar-se-ia ao fomento e ao progresso da colónia. Em primeiro plano, estariam as obras públicas. Depois, a questão dos transportes, onde se destacavam quatro aspectos: estradas, rios e canais, portos, aviação. Também da maior importância eram o desenvolvimento da assistência sanitária e a questão das águas. Por sua vez, a distribuição das forças militares visaria a segurança e os «fins civilizadores». Outro campo essencial era a agro-pecuária. E o seu programa ainda abrangia os sectores das comunicações, urbanização, rede telefónica e radiodifusão, promoção missionária, cultural e desportiva.

Este programa, ambicioso e vasto, ultrapassava mesmo os propósitos sumariamente apresentados por Marcello Caetano no Conselho de Ministros de 4 de Junho de 1945, quando abordou os principais problemas de política colonial e externa relevantes na sua visita às colónias. De facto, sobre a Guiné, o Ministro apenas mostrara preocupações em quatro áreas: antes de mais, a propósito da situação económica da colónia; depois, quanto à escassez de técnicos e vencimentos, associada à penetração cabo-verdiana; em terceiro lugar, a significativa emigração dos indígenas para as colónias limítrofes e, finalmente, o problema militar[36].

---

[36] Cfr. o "apontamento" do Conselho de Ministros de 4 de Junho de 1945, apud José Freire Antunes, *Salazar/Caetano – Cartas...*, cit., p. 163. Recorde-se que nessa viagem Marcello Caetano apenas visitou S. Tomé, Angola e Moçambique.

CAPÍTULO III – **Sarmento Rodrigues e o apogeu do sistema colonial**

Nos três anos e três meses de exercício efectivo, a acção governativa de Sarmento Rodrigues privilegiou quatro áreas: *a)*- o desenvolvimento e consolidação da administração colonial; *b)*- a participação e promoção dos assimilados (ou seja, os guineenses de origem que haviam passado de indígenas a uma situação intermédia, conforme o estatuto criado pelo Diploma Legislativo n.º 535, de 8 de Novembro de 1930, e que Sarmento Rodrigues irá promover a cidadãos portugueses); *c)*- o tratamento "paternal" dos indígenas e a manutenção das alianças com as etnias muçulmanas; e *d)*- a construção da rede de infra-estruturas indispensáveis a uma política de desenvolvimento económico-social.

Inaugurou o seu programa com dois actos emblemáticos na legitimação da colonização: por um lado, a criação da "Missão de Estudo e Combate à Doença do Sono na Guiné", por outro, as "Comemorações do V Centenário da Descoberta da Guiné", que foram celebradas durante todo o ano de 1946, por corresponderem – sublinhou – «a data histórica que, pelo seu significado, ultrapassou os limites de um simples caso de importância nacional, para se transformar em facto de primeira grandeza na História da Humanidade». As Comissões do *Centenário* tinham sido investidas em cerimónia solene realizada na sala do Conselho de Governo, a 2 de Setembro de 1945. O evento ficou reportado em número especial do *BCGP*[37].

Por sua vez, em Lisboa, de 19 a 25 de Maio de 1946, realizou-se, com pompa e circunstância, o *Congresso Comemorativo do V Centenário do Descobrimento da Guiné*, ao qual foram apresentadas 60 comunicações

---

[37] Cfr. AAVV, *BCGP – Número especial Comemorativo do V Centenário da Descoberta da Guiné*, Outubro de 1947.

escritas e aprovados 21 votos ou conclusões. Na "oração" da sessão inaugural do *Congresso*, o Vice-Presidente da Sociedade de Geografia, Rui Ennes Ulrich, apresentou a Guiné: tratava-se de um território de «densa população», cuja principal riqueza estava na agricultura e onde o europeu só poderia ter «residência temporária», por lhe estar vedada pelo clima a fixação permanente, devendo, por isso, a sua ocupação prioritária ser o comércio, até porque era já considerável o movimento de navegação com a Metrópole. Acrescentou que a Guiné apresentava condições favoráveis, particularmente em matéria de transportes, pois não ficava longe da Metrópole, dispunha de rios navegáveis e a sua posição geográfica destinava-lhe um lugar importante nas comunicações aéreas, «que tão largo predomínio hão-de ter no futuro». Por isso, o aeroporto de Bolama poderia vir a ocupar um lugar importante nas comunicações africanas e atlânticas.

O "discurso de abertura" coube a Marcello Caetano. Começou por destacar as vantagens da realização do *Congresso* até porque, além do mais, a Guiné continuava ignorada e desprezada. Porém, Portugal devia-lhe grandes serviços ao longo da História e poderia auferir ainda grandes vantagens da sua posse. Considerando a posição geográfica, tradições e condições peculiares, o destino da Guiné teria de ser fatalmente o de «um território complementar». Primeiro, durante séculos, fora complementar de Cabo Verde, quer pelo fornecimento de milhares de «homens de cor», quer enquanto mercado principal dos «senhores europeus» de Cabo Verde. Fora precisamente dessa complementaridade que resultara, até 1879, a anexação administrativa da Guiné ao Governo de Cabo Verde. Agora, nos tempos recentes e apesar dos laços que continuavam a existir entre ambas as colónias, tudo mostrava «a inclinação para mais e mais a Guiné passar a ser directo complemento da Mãe-Pátria».

Ainda no âmbito das referidas comemorações do *Centenário*, o Subsecretário de Estado das Colónias, Rui de Sá Carneiro, realizou uma extensa visita à Guiné entre 27 de Janeiro e 16 de Fevereiro de 1947, marcada por inaugurações, recepções e desfiles de indígenas. Regressará «feliz em ter podido ver os primeiros resultados desse labor insano» e por ter sentido «toda a palpitação febril dum país a desabrochar, que será, sem dúvida, uma das mais preciosas jóias do nosso vasto Império»[38].

---

[38] Ruy de Sá Carneiro, *Comemorações Centenárias da Guiné – Discursos e alocuções*, Agência Geral das Colónias, 1947, p. 81.

Com o fim da II Guerra Mundial, abrira-se, portanto, um novo período na «ideologia e prática da colonização portuguesa na Guiné e o seu impacto na estrutura social»[39]. Um dos estudos encomendados por Marcello Caetano, pela Junta de Investigações Coloniais e por Sarmento Rodrigues, coube à "Missão Antropológica na Guiné", dirigida por António Mendes Correia. O plano de trabalhos visava intensificar as relações com o Instituto Francês da África Negra e, sobretudo, promover investigações etnológicas e «inquéritos de franca utilidade prática sobre a situação biológica, alimentar, sanitária e demográfica das populações, e as suas psicologia e capacidades». As conclusões foram muito favoráveis ao porvir da «acção colonial» portuguesa, pois a Guiné apresentava-se como um «espectáculo gratíssimo de paz, de harmonia, de colaboração, de respeito recíproco», onde os indígenas compreendiam «os sentimentos de lealdade e simpatia» que os colonos revelavam para com eles[40].

Uma das medidas mais significativas do Governo de Sarmento Rodrigues foi a publicação do *Diploma dos Cidadãos*, como ficou conhecido o Diploma Legislativo n.° 1.364, de 7 de Outubro de 1946, que reformava o chamado *Diploma dos Assimilados* (Diploma Legislativo n.° 535, de 8 de Novembro de 1930). Este último estabelecera as condições em que os naturais das colónias podiam passar à condição de «assimilados a europeus», definindo desse modo um (terceiro) estatuto pessoal, étnico e hereditário, intermédio entre os "civilizados" e os "indígenas". Era, pois, a categoria em que ingressavam os indígenas que viessem a adquirir a cidadania portuguesa, aplicável aos guineenses de origem mas não aos cabo-verdianos (que nunca estiveram sujeitos ao regime de indigenato). Abolida então a condição de "assimilado", a partir de 1946, passaram a diferenciar-se na Guiné – relativamente aos «indivíduos de raça negra, ou dela descendentes» – apenas duas categorias: os indígenas e os cidadãos (estes, mais conhecidos como "civilizados").

Em suma, continuavam a ser considerados *indígenas* os indivíduos de raça negra ou dela descendentes que não preenchessem conjuntamente as seguintes quatro condições: *a*)- falar, ler e escrever português; *b*)- dis-

---

[39] Carlos Cardoso, "A ideologia e a prática da colonização portuguesa na Guiné e o seu impacto na estrutura social, 1926-1973", in *Soronda – Revista de Estudos Guineenses*, INEP, Bissau, n.° 14, Jul./92, pp. 30/31.

[40] António Mendes Correia, *Uma jornada científica na Guiné Portuguesa*, Lisboa, Agência Geral das Colónias, 1946, pp. 192/193 e p. 7, respectivamente.

42 *Invenção e Construção da Guiné-Bissau*

por de rendimentos suficientes ao sustento familiar; *c*)- ter bom comportamento; *d*)- ter cumprido os deveres militares. Segundo o "Estatuto dos Indígenas", o regime de indigenato traduzia-se, essencialmente, quanto aos direitos civis (família, sucessões e propriedade), na ressalva dos usos e costumes próprios dos indígenas; quanto aos direitos políticos, na manutenção das instituições políticas tradicionais e na inexistência de direitos em relação a instituições de carácter moderno e europeu; quanto ao direito do trabalho, na enunciação dos princípios da liberdade contratual, da remuneração do trabalho e da existência de "trabalho compelido" para fins públicos; no domínio penal, aplicava-se "adequadamente" o Código Penal Português e, na administração da justiça, estavam sujeitos a «foro privativo».

As condições de passagem a cidadão português (ou seja, a passagem ao estatuto de "civilizado") eram enunciadas pelos artigos 2.º e 3.º do citado *Diploma dos Cidadãos*, sendo o bilhete de identidade «o único documento comprovativo da qualidade adquirida de não indígena». A verdade é que este regime só mais tarde, em 1954, seria aplicado em Angola e Moçambique pelo (novo) Estatuto dos Indígenas, desenvolvendo a filosofia de assimilação que enformara a revisão constitucional de 1951 e sendo Ministro do Ultramar o próprio Sarmento Rodrigues. O *Diploma dos Cidadãos*, aplicado inicialmente na Guiné, disse-se na época, era «o mais importante no género do Império Colonial Português»[41]. Note-se que, no entanto, esta reforma não teve aplicação efectiva e consequente, pois, ainda em 1960, nas "proclamações" dirigidas aos povos da Guiné e Cabo Verde, Amílcar Cabral considerará que um dos objectivos principais do movimento de libertação (então o PAI, como veremos) deveria ser «liquidar de vez e para sempre a falsa e insultuosa divisão do povo guineenses entre *civilizados*, *assimilados* e *indígenas* e acabar com todas as práticas degradantes a que tal divisão deu origem».

Além desta reforma – que, portanto, se deveria ter traduzido na passagem dos antigos (guineenses) "assimilados", vindos do diploma de 1930, à categoria de "civilizados" –, destacaram-se várias acções em domínios relevantes.

---

[41] Cfr. *Diploma dos Cidadãos: relato da sessão do Conselho de Governo da colónia da Guiné, de 20 de Setembro de 1946, e Comentários publicados no Boletim da Agência Geral das Colónias, n.º 268, de Outubro de 1947*, Bissau, 1947, p. 10.

No campo cultural, sobressaem quer a criação, por portaria de 13 de Dezembro de 1945, do Centro de Estudos da Guiné Portuguesa (CEGP) – destinado a promover o desenvolvimento cultural, proceder à organização do Museu da Guiné Portuguesa e dirigir a publicação do *BCGP* – quer a II Conferência Internacional dos Africanistas Ocidentais, uma iniciativa do Comité Permanente do Instituto Francês da África Negra (que se ocupava de temas científicos relativos à África Ocidental entre o Sara espanhol e a África Equatorial Francesa), que decorreu em Bissau de 8 a 17 de Dezembro de 1947; por outro lado, foram aprovadas a obrigatoriedade de ortografia e terminologia portuguesas na identificação dos indígenas e as normas para a escrita dos nomes geográficos da Guiné Portuguesa (Portarias n.º 10, de 11 de Fevereiro de 1946, e n.º 71, de 7 de Julho de 1948, respectivamente).

Na área administrativa, o Governador Sarmento Rodrigues presidiu às "Conferências de Administradores", de realização bienal, onde se procedia à apreciação da situação geral da colónia e à exposição da acção governamental e se enunciavam as instruções concretas a observar pelas autoridades administrativas, de tal modo que, extraordinariamente, o Ministro das Colónias, Teófilo Duarte, fez publicar o seu relato, para conhecimento das demais colónias, no *Boletim da Agência Geral das Colónias*. Em 6 de Fevereiro de 1948 investiu a Comissão Executiva da primeira Câmara Municipal de Bissau, presidida pelo primeiro-tenente Peixoto Correia, e em 15 de Junho promulgou um novo Foral da Câmara de Bissau e o Plano Geral de Urbanização da Cidade de Bissau.

No âmbito desportivo, iniciou-se, em Novembro de 1946, o Torneio de Preparação, de futebol, organizaram-se campeonatos de ténis, voleibol e basquetebol, e foi inaugurado o Estádio de Bissau, em 10 de Junho de 1948.

Quanto às obras públicas, e para além de variadas infra-estruturas por toda a colónia (transportes e comunicações, saúde, educação, abastecimento, etc.), o seu programa culminou, em 10 de Julho de 1948, no dia em que partiu de regresso a Lisboa, com a inauguração da sua «obra preferida», ou seja, a construção da ponte levadiça sobre o Impernal-Ensalma, em Nhacra (ligando a ilha de Bissau ao interior), e da ponte-cais de Bissau.

Outro marco desta época foi a nova série do *Anuário da Guiné Portuguesa*, com dois números publicados em 1946 e 1948. Regulado pela Portaria de 18 de Março de 1946, visava «preencher uma lacuna» e complementar os «esforços para fazer sair a Colónia da penumbra».

44 Invenção e Construção da Guiné-Bissau

Organizada por Fausto Duarte, tratava-se de uma publicação oficial do Governo da colónia, volumosa e bem cuidada. Procurava ser um repositório de todas as actividades da colónia, valorizada por vasta publicidade privada, documentação fotográfica, quadros estatísticos, relação de organismos e seus titulares, indicação de comerciantes e proprietários, vida administrativa e usos costumes das mais variadas tribos. Abria com generalidades (desde a bibliografia geral às "realizações"); seguia-se a caracterização pormenorizada da Colónia da Guiné; depois, uma parte extensa com indicação dos organismos e serviços, públicos e privados, dos dois concelhos (Bissau e Bolama) e de cada uma das oito circunscrições; finalmente, cerca de cinquenta páginas dedicadas às "Informações úteis". Embora participando «das recordações do passado», o *Anuário* foi, sobretudo, um completo retrato da colonização portuguesa nos finais dos anos quarenta e um inventário dos valores e riquezas naturais da Guiné Portuguesa. Por tudo isso, estes dois volumes são excepcionais documentos históricos.

O mandato do Governador Sarmento Rodrigues correspondeu a um período de particular coesão e progresso na história colonial da Guiné. No fundo, correspondeu também ao apogeu do sistema colonial português, muito embora, quanto à Guiné, além da sua pequena dimensão, sejam de destacar duas particularidades: o papel dos cabo-verdianos e a proliferação étnica.

Mantendo a política de alianças com os muçulmanos, sobretudo fulas, Sarmento Rodrigues desenvolveu o aparelho administrativo, mediante o preenchimento do quadro de dirigentes com uma elite metropolitana e a entrega da administração intermédia a cabo-verdianos e mestiços (que também dominavam o sector comercial), admitindo «alguns guineenses de côr escura»[42]. Além disso, restringiu os poderes dos régulos e foi intransigente na proibição da violência sobre os indígenas, atitude que terá provocado diversas «lamentações, de que os indígenas agora faziam o que queriam»[43]. Numa perspectiva de economia política, terá adoptado um "populismo agrário", algo romântico (por exemplo, quis

---

[42] Carlos Cardoso, *A formação da elite política guineense*, Centro de Estudos Africanos (CEA/ ISCTE), "Occasional Papers Series", p. 16, e, também, José da Silva Horta e Eduardo Costa Dias, "História...", cit., in *loc. cit.*

[43] Comandante Sarmento Rodrigues, *No Governo da Guiné*, 2ª edição, Lisboa, Agência Geral do Ultramar, 1952, p. 159.

A Guiné portuguesa: instalação

impor o uso agrícola do "carro de bois"), incentivou a cultura do arroz e dos cajueiros e terá olhado para a Guiné como se fora «um pomar tropical»[44]. Entre os (indígenas) guineenses, por esta sua governação patriarcal, tolerante e conciliadora e pela atenção que dedicou aos maometanos, ficou conhecido pela designação afectuosa de "Mamadu Rodrigues" e mereceu o qualificativo de "Homem Grande".

O valor do *BCGP* e a craveira dos seus colaboradores, sobretudo dos fundadores e dos "membros residentes", levou mesmo a que se fale de "geração do *Boletim Cultural*" – que ficou para a história como um dos mais significativos resultados da política colonial que procurara fazer da Guiné uma "colónia modelo". Dela fizeram parte Avelino Teixeira da Mota, Mendes Correia, Fausto Duarte, João Tendeiro, Honório Barbosa, António Carreira, João Basso Marques, Caetano Filomeno de Sá, Cruz Ferreira, Augusto Reimão Pinto, Carlos Lehmann de Almeida, Jaime Walter, Aguinaldo Veiga, Fernando Rogado Quintino, Santos Lima, Artur Augusto da Silva e, *last but not least*, Amílcar Cabral. O núcleo central da equipa de Sarmento Rodrigues teve larga carreira política e profissional. Antes de mais, o próprio Sarmento Rodrigues que – além de ter sido, como veremos, o Ministro da revisão da política colonial, logo a seguir à sua governação da Guiné – manteve intensa e múltipla actividade pública e só não terá sido candidato a Presidente da República por – segundo diz – ter, em 1964, rejeitado «os oferecimentos»[45], tanto da parte do Governo como da Oposição. Por sua vez, o vice-almirante Avelino Teixeira da Mota foi um notável historiador e cartógrafo. O contra-almirante Peixoto Correia foi Governador da Guiné e Ministro do Ultramar. O vice-almirante Pereira Crespo (que dirigiu a Missão Geo-Hidrográfica da Guiné) era Ministro da Marinha aquando do "25 de Abril". O então Delegado do Procurador da República Álvaro da Silva Tavares foi Governador da Guiné, Secretário de Estado da Administração Ultramarina e Governador-Geral de Angola. A Missão de Estudo e Combate da Doença do Sono (chefiada pelo

---

[44] Rosemary E. Galli, "A ausência de capitalismo agrário na Guiné-Bissau durante o regime do Estado Novo", in *Soronda – Revista de Estudos Guineenses*, n.º 7, Janeiro de 1994, pp. 124/127. Para a construção dos carros de bois (na primeira fase, cerca de cem) contratou um mestre-carpinteiro transmontano – cfr. Norberto Lopes, *Terra Ardente...*, cit., pp. 38/40.

[45] In "Aditamento às Notas Biográficas", apud AAVV, *Almirante Sarmento Rodrigues (1899-1979) – Testemunhos...*, cit., p. 385.

dr. Fernando Simões da Cruz Ferreira e, depois, pelo dr. Augusto Reimão Pinto) notabilizou-se nos estudos de medicina tropical e publicou dezenas de trabalhos em revistas da especialidade, mas também no *BCGP* e na colecção de "Memórias" do CEGP.

Esta "escola colonial", assim desenvolvida na Guiné a partir do segundo pós-guerra, pressagiava mudanças na política portuguesa, quer na formulação jurídico-política, quer na fundamentação ideológica. Sarmento Rodrigues promoveu estas viragens no início da década de cinquenta, concretizadas na revogação (constitucional) do Acto Colonial e na promoção (ideológica) do "luso-tropicalismo". Quanto ao destino posterior de tal renovação da política colonial, o acontecimento decisivo será, em 1962, o fracasso da mudança estratégica tentada na reunião extraordinária do Conselho Ultramarino. Então, tal fracasso consumou-se mediante a escamoteação da proposta de transformar Portugal de Estado unitário em Estado federal, elaborada por Marcello Caetano, e o naufrágio das ideias de eliminação do Ministério do Ultramar e de promoção de Adriano Moreira a Vice-Presidente do Conselho de Ministros, ambas sugeridas por Sarmento Rodrigues.

PARTE II – A GUINÉ COMO PROVÍNCIA ULTRAMARINA

Sumário:
CAPÍTULO I – **Remodelações e revisões coloniais**
CAPÍTULO II – **A Guiné e o federalismo. Visões**
CAPÍTULO III – **A visita de Gilberto Freyre**
CAPÍTULO IV – **Constantes da Guiné e do luso-tropicalismo**

> **Os desenvolvimentos na Guiné foram importantes para o que aconteceu em Portugal no verão de 1974. Um território pequeno e pobre, de importância econômica reduzida ou estrategicamente indireta, foi central para o drama. Nenhuma outra colónia teria sido um símbolo mais pungente para marcar o fim da aventura imperial da Europa. [...]. Em um certo sentido, tudo havia começado onde acabou.**
>
> Kenneth Maxwell, "Portugal e África: o último império",
> in *Chocolate, piratas e outros malandros – Ensaios tropicais*
> (tradução brasileira), São Paulo, Paz e Terra, 1999, p. 289.

CAPÍTULO I – **Remodelações e revisões coloniais**

Na remodelação ministerial de 4 de Fevereiro de 1947, Marcello Caetano foi substituído no Ministério das Colónias por Teófilo Duarte, seu amigo político e com vasto *curriculum*. O novo ministro (1947-1950) demorou alguns meses a designar o substituto de Sarmento Rodrigues como Governador da Guiné. Uma das razões desta demora radicava na alteração do programa político, pretendendo Teófilo Duarte um Governador de perfil diferente e optando pela experiência de um "administrador colonial", pois o objectivo primordial do governo da Guiné passara a ser o incremento da produção agrícola. Será o tempo do "governo gestionário" do Governador Raimundo Serrão (1949-1953).

A mudança de década trouxera importantes novidades. A situação política na Metrópole era de crise, falando-se da necessidade de nova remodelação ministerial e há vários meses que Salazar protelava a resposta a uma nota diplomática indiana, a qual solicitava a abertura de negociações quanto ao estatuto de Goa, Damão e Diu. Além disso, em Março de 1950, a Assembleia Nacional – invocando o aparecimento e a importância de «problemas cuja solução depende de uma revisão constitucional» – decidira desencadear um processo de revisão antecipada. Em causa estava a questão colonial (ou melhor, os incómodos e riscos na cena internacional da terminologia "Colónia", "Acto Colonial" e "Império Colonial"). A proposta de alteração do Acto Colonial foi preparada no Ministério das Colónias e, depois de uma primeira revisão com o Ministro Teófilo Duarte, Salazar enviou-a à Câmara Corporativa. O correspondente e extensíssimo Parecer n.º 10/V, assinado em 19 de Junho de 1950 e relatado por Marcello Caetano, era profusamente discordante das alterações formais e materiais defendidas pelo Governo. Não foi aceite por este e o projecto definitivo da Constituição (revista) foi aprovado pela Assembleia Nacional na sessão de 1 de Maio de 1951.

A revogação do Acto Colonial alterou significativamente a política que tinha sido definida após a vitória do "28 de Maio de 1926" e se devera, antes de mais, ao Ministro das Colónias João Belo, promotor principal da formação do Império Colonial Português. Agora, esta nova concepção triunfante em 1951 impôs o sistema da "integração" pelo reforço da unidade (nacional) de um Estado (unitário) disperso por vários continentes. Em síntese, pode dizer-se que, apesar de tudo, esta política reformadora aproximou-se mais do nacionalismo e do "assimilacionismo etnocêntrico" do que de qualquer projecção luso-tropicalista. Há, porém, quem sustente a existência de uma «estreita correlação» ideológica entre a revisão jurídica de 1951 e o luso-tropicalismo, que, até, lhe teria servido de «discurso credível»[46].

Mas, principalmente, a revogação do Acto Colonial teve importantes consequências estratégicas quanto ao futuro do "Estado Novo".

Primeiro, porque levou ao rompimento do equilíbrio quanto à política ultramarina, fazendo com que os partidários da integração passassem a opor-se aos defensores da autonomia (ou, noutros termos, os partidários da centralização iriam divergir dos defensores da descentralização). Depois, por ter passado a atribuir um «valor quase religioso»[47] ao princípio da unidade nacional, que no futuro impediria a renúncia à mínima fracção de soberania (mesmo dos "enclaves", como os do Estado da Índia ou S. João Baptista de Ajudá) e, portanto, qualquer transição constitucional. Em terceiro lugar, porque reafirmava a singularidade do caso português e a sua divergência quanto à evolução das demais potências coloniais, assim tentando impedir o debate da administração (colonial) portuguesa como matéria de âmbito internacional.

Ainda em Agosto de 1950, durante o processo de revisão constitucional, Salazar concluiu a remodelação ministerial e, quanto ao Ministério

---

[46] Cfr., quanto à primeira posição, Valentim Alexandre, "Luso-tropicalismo", in *Dicionário de História de Portugal,* Volume VIII, Suplemento (coord. de António Barreto e Filomena Mónica), Porto, Figueirinhas, 1999. Defendendo esta última hipótese, Ives Léonard, "Immuable et changeant, le lusotropicalisme au Portugal", in *Arquivos do Centro Cultural Calouste Gulbenkian – Volume XLII – Le Portugal et l'Atlantique*, Lisboa-Paris, 2001, p. 110, e Margarida Calafate Ribeiro, *Uma História de Regressos – Império, Guerra Colonial e Pós-colonialismo*, Porto, Edições Afrontamento, 2004, p. 154, respectivamente.

[47] Manuel de Lucena, "Nationalisme impérial et Union européenne", in *Arquivos do Centro Cultural Calouste Gulbenkian*, Vol. XL – *L'Europe des Nations*, Lisboa-Paris, 2000 (Separata), p. 73.

das Colónias, a substituição de Teófilo Duarte não terá sido nada fácil, pois quer as questões de Goa, Macau e Timor quer o ambiente internacional sobre África impunham uma maior intervenção do Ministro. Salazar hesitou até decidir-se por Sarmento Rodrigues.

No discurso pronunciado no acto de transmissão de poderes como Ministro das Colónias, em 24 de Agosto de 1950, Sarmento Rodrigues acentuou que – para lá dos «velhos planos» que a colonização portuguesa prosseguia há cerca de 500 anos – só trazia três novos objectivos: primeiro, «o povoamento intenso dos territórios ultramarinos, sobretudo os de África, com mais gente metropolitana»; depois, «a preocupação constante de civilizar os povos nativos»; e, em terceiro lugar, o reforço da presença portuguesa na Índia e no Oriente[48]. Teve como primeira tarefa a escolha do Subsecretário de Estado das Colónias, aliás testemunhada por elucidativa troca de correspondência entre Salazar e Marcello Caetano (à época, recorde-se, Presidente da Câmara Corporativa)[49]. Acabou por ser designado o engenheiro António Trigo de Morais. Ao discursar no respectivo acto de posse, em 8 de Março de 1951, o Ministro Sarmento Rodrigues salientou, quanto à Guiné, que decorriam obras de grande relevo e, dados os empreendimentos em execução, os de financiamento garantido e os que se encontravam em fase de estudo, tudo levava a crer que viria «a adquirir, para si própria e para a Metrópole, o valor que lhe confere a proximidade dos centros de consumo e a sua natural fertilidade»[50].

Todavia, a questão política mais importante era o andamento da referida revisão constitucional quanto à revogação do Acto Colonial. Nesta, Sarmento Rodrigues ainda desempenhou papel decisivo, visto que foi em parceria fechada com ele que Salazar ultimou o texto definitivo da proposta de lei apresentada, em 18 de Janeiro, à Assembleia Nacional e por esta aprovada em 1 de Maio de 1951. Não obstante, Sarmento Rodrigues foi parco em declarações públicas quanto ao alcance da revisão, limitando-se a uma curta mensagem publicada no jornal britânico *Daily Mail*, em

---

[48] M. M. Sarmento Rodrigues, "O mais alto ideal nacional", apud *Unidade da Nação Portuguesa*, Vol. I, Lisboa, Agência Geral do Ultramar, 1956, p. 6.

[49] Cfr. Carta de Salazar a Marcello Caetano, de 27 de Outubro de 1950, e Carta de Marcello Caetano a Salazar, de 28 de Outubro de 1950, apud José Freire Antunes, *Cartas...*, cit., pp. 272/274.

[50] M. M. Sarmento Rodrigues, "Alguns problemas do Ultramar", in *Unidade...*, Vol. I, cit., p. 96.

que sustentou tratar-se de «mais um passo» no sentido da unidade nacional, esclarecendo que não era ainda possível «estabelecer a homogeneidade entre a gente portuguesa dispersa pelos territórios metropolitanos e ultramarinos», mas garantindo que a unidade era «sólida, natural e verdadeira» e que a única autonomia vigente era a que se mantinha no «domínio financeiro». Em conclusão, desvalorizava relativamente o sentido e alcance da revisão constitucional pois que, na sua perspectiva (assimilacionista), as agora designadas províncias ultramarinas não passavam de «províncias, às quais são concedidos todos os privilégios das províncias metropolitanas, mais as atenções especiais que o seu estado de evolução necessita. E assim não se lhe poderia continuar a chamar, logicamente, colónias, porque não o eram»[51].

A aprovação do novo texto constitucional trouxe a erradicação do Acto Colonial, sendo a maioria das suas disposições integrada na Constituição e eliminada a terminologia evidentemente colonialista, substituída pelas expressões Ultramar Português e Províncias Ultramarinas. Por isso, a partir do Decreto-Lei n.° 38.300 de 15 de Junho de 1951, o Ministério das Colónias passou a designar-se Ministério do Ultramar. Também em consequência, a Carta Orgânica do Império Colonial Português foi substituída pela Lei Orgânica do Ultramar Português, de 27 de Junho de 1953, a qual reforçou a descentralização administrativa e aumentou a participação das populações brancas, mas reafirmando que o sistema português não podia nem devia confundir-se com qualquer sistema de autonomia política ou de *self-government*. Em 1954, foi aprovado novo Estatuto dos Indígenas, prosseguindo as tendências assimilacionistas da revisão constitucional de 1951. Depois, pelo Estatuto político-administrativo de 1955 (Decreto n.° 40.223, de 5 de Julho), a Guiné Portuguesa passava a *Província da Guiné*. Ou seja, a Guiné deixara de pertencer ao Império Colonial Português, tornando-se parte integrante do Estado português e, enquanto província ultramarina, uma pessoa colectiva de direito público, gozando de autonomia administrativa e financeira (como decorria da Constituição Política e da Lei Orgânica do Ultramar). O Ministério do Ultramar continuava a ser o principal órgão do governo e o órgão central da administração ultramarina; a autoridade superior na

---

[51] Idem, "É sólida, natural e verdadeira a unidade portuguesa", in *loc. cit.*, pp. 153/154.

A Guiné como província ultramarina 53

Província era o Governador, nomeado pelo Conselho de Ministros, investido de funções legislativas e executivas e assistido por um Conselho de Governo. Tratou-se, portanto, de um conjunto de alterações formais das instituições portuguesas de exercício da soberania, em relação às quais a quase totalidade do povo da Guiné – indígena – não gozava de direitos políticos[52].

Em suma, pode dizer-se que o programa governamental desenvolvido por Sarmento Rodrigues no Ministério do Ultramar, entre 1950 e 1955, visou a consolidação do colonialismo português pelo reforço da unidade e assimilação. Também tentou promover a integração político-administrativa, mediante medidas de uniformização e universalização das leis, de unificação administrativa – eliminando as diferenças entre as várias parcelas do Império – e de transferência de serviços e competências para os órgãos locais. Quanto à política indígena, acentuou a natureza provisória e os factores culturais do indigenato e generalizou a eliminação da categoria de "assimilados". Parece que o seu projecto maior fora o aumento do número de colonos europeus em Angola e Moçambique, para fazer surgir «novos brasis»[53]. Essencialmente – segundo Adriano Moreira, então colaborador do Ministério do Ultramar –, Sarmento Rodrigues optou por entregar a promoção do desenvolvimento económico ao Subsecretário de Estado e preferiu assumir uma posição de «magistério do nacionalismo para os nossos tempos», apostando na ciência, na investigação e na colaboração de todos «os homens bons, de todos os quadrantes políticos»[54]. Mas manteve-se sempre ao serviço da política oficial.

---

[52] Sobre estas alterações, ver Armando M. Marques Guedes, "Organização político-administrativa: os Conselhos Legislativos e os Conselhos de Governo", in AAVV, *Cabo Verde, Guiné, S. Tomé e Príncipe*, Lisboa, ISCSPU, 1966, pp. 639 e segs., Alfredo Héctor Wilensky, *Tendencias de la legislación ultramarina portuguesa en África*, Braga, Editora Pax, 1968, pp. 153 e segs., e Amílcar Cabral, "As leis portuguesas de dominação colonial", in *Obras...*, Vol. I, cit., pp. 78 e segs.

[53] Avelino Teixeira da Mota, "Vice-Almirante RAa Manuel Maria Sarmento Rodrigues (15.6.1899 – 1.8.1979)", in *Anais do Clube Militar Naval*, Vol. CIX, Julho a Setembro de 1979, p. 759.

[54] Adriano Moreira, "Um cidadão romano da República" apud AAVV, *Almirante...*, cit., p. 14. Ver o resumo do pensamento colonial de Sarmento Rodrigues na conferência que proferiu na Associação Académica de Coimbra, em 20 de Maio de 1960, apud M. M. Sarmento Rodrigues, *Esperanças e Realidades da Vida Portuguesa*, Lisboa, Centro de Estudos Históricos Ultramarinos, 1965, nomeadamente, pp. 190 e segs.

CAPÍTULO II – A Guiné e o federalismo. Visões

O acontecimento decisivo (mas falhado) desta estratégia iria ser a Reunião Extraordinária do Conselho Ultramarino, em Outubro de 1962. Sarmento Rodrigues era, à época, Governador de Moçambique, cargo para que fora nomeado pelo Ministro do Ultramar, Adriano Moreira. A convocação do Conselho Ultramarino resultou de um Conselho de Ministros restrito e destinava-se a apreciar a revisão da Lei Orgânica do Ultramar. Na análise de Adriano Moreira, defrontavam-se duas orientações no seio do Governo, uma (a dele) propugnando a «autonomia progressiva e irreversível»; a outra («muito estimulada pelos interesses estabelecidos») defendia a integração económica e a centralização político-administrativa «do espaço da soberania portuguesa». Na verdade, continua obscura esta crise política, resultante, dizia-se, da «oportunidade» de mudanças adequadas para «enfrentar a evolução da conjuntura nacional» e Adriano Moreira resumi-la-á com o lema "Inovar para Conservar"[55]. Poderia ter proporcionado uma alteração significativa da política portuguesa – ou, até, uma nova revisão constitucional, como imporia a via federalista.

Sarmento Rodrigues teve intervenção activa em todo o processo. No Conselho de Ministros que antecedeu a convocatória da Reunião Extraordinária do Conselho Ultramarino, apresentou uma proposta no sentido da transformação do Ministério do Ultramar em mero órgão de inspecção e coordenação, o que na orgânica do Governo «teria a conse-

---

[55] Adriano Moreira, "Um cidadão...", cit., in *loc. cit.*, p. 16, e " Comunicação ao Conselho Ultramarino, em 22 de Setembro de 1962", apud *Revisão da Lei Orgânica do Ultramar – Reunião Extraordinária do Conselho Ultramarino*, Lisboa, Academia Internacional da Cultura Portuguesa, 1988, pp. 7 e segs., respectivamente. Os seus três discursos, sob tal lema, estão compilados in Adriano Moreira, *O tempo dos outros*, Lisboa, Bertrand, s. d., pp. 137 e segs.

quência inevitável, que formulou, de que a coordenação, que tocava em várias competências ministeriais, deveria pertencer a um Ministro-Adjunto do Presidente do Conselho, ou Vice-Presidente do Conselho, e que os próprios Governadores-Gerais, nesta fase de mudança, deveriam ter a categoria de Ministros». Mas, nessa reunião do Conselho de Ministros, Sarmento Rodrigues terá cometido o «grave» (se não «gravíssimo») erro de adiantar que a pessoa indicada para o referido cargo de Vice-Presidente do Conselho era Adriano Moreira – sugestão que terá sido «uma coisa terrível, porque havia rivalidades»[56].

A proposta de Sarmento Rodrigues foi enviada aos participantes e convidados do Conselho Ultramarino e, em função dela, Marcello Caetano elaborou um *Memorial* formalmente na qualidade de «Professor da Faculdade de Direito», não assinado mas datado de 2 de Fevereiro de 1962, ou seja, cerca de meio ano antes da sessão do Conselho Extraordinário. Dizia, expressamente, logo a abrir ter sido redigido na sequência do «ofício do Snr. Governador Geral de Moçambique [o qual punha] um problema da maior utilidade e até urgência, o da revisão do sistema governativo das províncias ultramarinas, especialmente de Angola e Moçambique». Neste *Memorial*, Marcello Caetano, ultrapassando as propostas de reforma defendidas por Sarmento Rodrigues, apresentava um completo e renovador projecto de Constituição Federal, discordando de que, na conjuntura, «a solução preconizada pelo Sr. Governador Geral [fosse] a melhor», por não satisfazer as três condições prementes: (1)- melhoria do ambiente internacional; (2)- satisfação dos interesses nacionais; (3)- eficácia administrativa. A modificação constitucional passaria pela transformação do Estado unitário em Estado federal, formado por três Estados Federados (Portugal, Angola e Moçambique), enquanto Cabo Verde receberia o estatuto de Ilha Adjacente e as demais Províncias ultramarinas, entre elas a Guiné, ficariam com o mero estatuto de Província (aliás, não elucidado)[57]. Este *Memorial* foi, de imediato, retirado da circulação por ordem do próprio Salazar[58], cortando cerce as ilusões federalistas. Acrescente-se que, entre os pareceres então solicitados a

---

[56] Adriano Moreira, "Um cidadão...", cit., in *loc. cit.*, p. 17, e "Reformar e Sair", in José Freire Antunes, *A Guerra de África (1961-1974)*, cit., p. 275, respectivamente.

[57] *Fac simile* apud João Paulo Guerra, *Memória das Guerras Coloniais*, Porto, Afrontamento, 1994, p. 333.

[58] Assim, Adriano Moreira, "Um cidadão...", cit., in *loc. cit.*, p. 17, nota (2).

A *Guiné como província ultramarina* 57

Ministros e Subsecretários de Estado do Ultramar, também Francisco Vieira Machado e Vasco Lopes Alves defenderam a adopção da forma de Estado federal.

A convocatória, trabalhos e conclusões do Conselho Ultramarinos caracterizaram-se pela ambiguidade e tergiversação. A revisão da Lei Orgânica do Ultramar visava uma reestruturação político-administrativa, mas publicamente as questões restringiram-se aos seguintes três planos:

a) grau de descentralização administrativa e legislativa;
b) sistema de governo das províncias ultramarinas;
c) representação nos órgãos de soberania e fiscalização da constitucionalidade.

O ponto de referência mais próximo – embora omitido nas intervenções – encontrava-se na forma política do Ultramar francês. A colonização francesa desenvolvera um modelo de colonização semelhante ao português e permitia abranger a evolução de um *Império Colonial*. Começando, na Constituição de 1946, por uma fórmula mista chamada *União Francesa* (associando, enquanto forma de Estado, a confederação, a federação e o império colonial, simultaneamente), passara, depois, à tentativa do "federalismo limitado" da *Loi-Cadre*, em 1956 (inspirada nos princípios da descentralização política, desconcentração administrativa e africanização). Por sua vez, a Constituição de 1958 reconheceu o princípio da «livre determinação» dos povos, o qual servia de base à federal *Comunidade Francesa* instituída pelo art. 1.º (propondo três estatutos: departamento, território ultramarino e Estado associado na Comunidade franco-africana). Mas esta fórmula foi efémera, acabando rapidamente, em 1960, na independência de todas as antigas colónias francesas da África Negra. Por isso, os defensores da linha da integração acusarão o Conselho Ultramarino de, «com notável e conveniente atraso», se ter limitado a juntar, à visão "institucionalista" do Ministro Adriano Moreira, «o que faltava *copiar* do sistema reformado em 1946, em França»[59].

---

[59] Cfr. Fernando Pacheco de Amorim, *Na hora da verdade – colonialismo e neo-colonialismo na proposta de lei de revisão constitucional*, Coimbra, ed. do Autor, 1971, pp. 60/61. Sobre o estatuto do Ultramar francês, ver a cautelosa abordagem de J. M. Silva Cunha, *Questões ultramarinas e internacionais (Direito e política)*, Vol. I, Lisboa,

Silva Cunha ofereceu-se para relator do Parecer final da reunião do Conselho Ultramarino, mas quis renunciar e, apesar de contemplado com a subsequente nomeação para Subsecretário de Estado da Administração Ultramarina, diz que só teve «canseiras e desgostos»[60]. Curiosamente, Salazar limitou-se a acompanhar o processo à distância e, embora o parecer tenha sido aprovado por unanimidade, concluiu que a orientação não ficara «clara»[61]. Por seu lado, Marcello Caetano nunca fez referência pública a esta reunião. Quanto a Adriano Moreira, lamentou-se por todo o processo se ter passado «sob grande tormenta», comprovando a dificuldade de qualquer «evolução útil»[62].

Ao discursar na sessão de encerramento (imediatamente antes da intervenção final do Ministro Adriano Moreira), Sarmento Rodrigues – embora confessando o seu embaraço por, na ocasião, não ter tido nem «iniciativas, nem intervenções e outra parte não tomei além de ver, ouvir e louvar» – não deixou de opinar sobre as conclusões do Conselho Ultramarino «de modo a deixar bem afirmado o [seu] ponto de vista». Porém, apesar da sua extensão, não é evidente o sentido do discurso[63]. Ao fim e ao cabo, terá sido o «atrevimento» da proposta inicial sobre a transformação do Ministério do Ultramar em "Ministério Interterritorial" a principal causa de uma campanha que «inutilizou os objectivos do Plenário, foi mortífera»[64] e o processo acarretou as demissões de Adriano Moreira e Sarmento Rodrigues.

Esta Reunião Extraordinária do Conselho Ultramarino, em Outubro de 1962, acabou, portanto, em novo reforço da linha integracionista da política colonial.

Ática, 1960, pp. 7 e segs. Quanto ao impacto destas questões nos colonos de Angola e Moçambique, ver Cláudia Castelo, *Passagens para África*, Porto, Afrontamento, 2007, pp. 353 e segs., e Fernando Tavares Pimenta, *Angola, os Brancos e a Independência*, Porto, Afrontamento, 2008, pp. 293 e segs.

[60] Silva Cunha, *O Ultramar, a Nação e o "25 de Abril"*, Coimbra, Atântida Editora, 1977, p. 92.

[61] Franco Nogueira, *Salazar – Volume V – A Resistência (1958-1964)*, Porto, Livraria Civilização, 1984, p. 436.

[62] Adriano Moreira, *Saneamento Nacional*, Lisboa, Torres & Abreu, 1976, p. 53.

[63] Cfr. "Discurso do Sr. Governador-Geral da Província de Moçambique, Almirante Manuel Maria Sarmento Rodrigues", apud *Revisão...*, cit., pp. 290 e 285.

[64] Adriano Moreira, "Os transmontanos no mundo, Luciano Cordeiro – Sarmento Rodrigues", in *Estudos Políticos e Sociais*, Lisboa, Vol. XIII, n.os 1 e 2, 1985, pp. 21/22.

O historiador Nuno Ferrão apresenta um balanço – talvez algo elaborado e contemporizador relativamente às eventuais pretensões reformistas de Sarmento Rodrigues. Na sua tese sustenta que, enquanto Ministro do Ultramar, iniciou «a edificação de um sistema federal-tropicalista no império colonial português» e lutou «para que a sociedade portuguesa o consubstanciasse». Tal sistema teria «basicamente duas intenções»: por um lado, representaria «uma solução de compromisso, perante a conjuntura internacional descolonizadora do início dos anos 50, entre os interesses colonialistas e os autonomistas do Ultramar», destinada a preservar o essencial, ou seja, a soberania portuguesa; por outro lado, a política de Sarmento Rodrigues procuraria afastar o emblema pejorativo de "imperialista", de que Portugal era acusado nos meios internacionais, defendendo a «correspondência entre a unidade do Estado federal e a unidade nacional das populações ultramarinas e metropolitanas». Nuno Ferrão avança ainda que Sarmento Rodrigues fora um liberal que apadrinhara e integrara o luso-tropicalismo defendido por Gilberto Freyre. Assim – conclui –, edificara um «sistema federal-tropicalista», mediante a institucionalização e concretização da ideia de unidade nacional por via de três mecanismos: (1)- «uma centralização política do sistema federal»; (2)- a igualização de direitos e oportunidades de instituições e populações, promovendo «uma orientação jurídico-lusotropicalista»; e (3)- o incentivo do «intercâmbio cultural e técnico entre os povos ultramarinos e metropolitanos»[65].

Porém, esta tese, além de rebuscada, só parece ter sido efectivamente desenvolvida quanto à promoção do luso-tropicalismo a novo pilar ideológico da política colonial portuguesa.

Quanto à questão do federalismo como forma de Estado adequada às relações entre a Metrópole e as Províncias Ultramarinas, manter-se-á obnubilada, pelo menos até à chegada de Marcello Caetano à Presidência do Conselho de Ministros, em 1968. Hermínio Martins invoca, a propósito, o «longo silêncio» imposto pelo regime, através da supressão das liberdades de imprensa e de associação[66]. O escasso relevo que lhe foi

---

[65] Nuno de Sotto-Mayor Quaresma Mendes Ferrão, *O Pensamento Colonial de Sarmento Rodrigues enquanto Ministro do Ultramar: 1950-1955* (Dissertação de mestrado), Faculdade de Letras de Lisboa, 1997, pp. 7 e 67 e segs., e, também, idem, *Aspectos da Vida e Obra do Almirante Sarmento Rodrigues (1899-1979)*, Edição da Câmara Municipal de Freixo de Espada à Cinta, 1999, pp. 80/82.

[66] Cfr. Hermínio Martins, "O federalismo no pensamento político português", *in Penélope*, n.º 18, Lisboa, Cosmos, 1998, p. 23.

dado no discurso oficial é comprovado por nem sequer ser referida numa detalhada abordagem das «manipulações do federalismo pelos colonizadores» em África, que acabam limitadas às soluções anglófonas e francófonas[67]. Devem, no entanto, destacar-se duas vozes singulares, com impacto na opinião pública. Por um lado, a do exilado Henrique Galvão, que, em variadas e polémicas intervenções políticas, no início dos anos sessenta, sobretudo numa atribulada exposição na ONU, defendia «como conveniente e perfeitamente adaptável às realidades sociais e económicas, que a preparação para o exercício do direito à autodeterminação se praticasse, desde o início, em regime transitório de Federação ou União de Estados Autónomos, coordenada superiormente pelo Estado federal [...]»[68]. Por outro lado, do interior do regime (e mal recebido por este), o livro de Manuel José Homem de Mello, significativamente prefaciado pelo ex-Presidente da República Craveiro Lopes, onde se propunha uma via autonomista, mantendo, provisoriamente, o cargo de Governador--Geral, de nomeação governamental, e prevendo a eleição directa de Assembleias Regionais, às quais seriam atribuídos extensos poderes legislativos e de fiscalização política, «excepto nas matérias que seriam da competência da Comunidade (defesa, negócios estrangeiros, coordenação económica e poucas mais)»[69].

Quanto ao emergente movimento nacionalista, a tese federalista e a defesa da transformação da Guiné num Estado federado da República Portuguesa, dotado de uma organização político-administrativa semelhante à dos Estados brasileiros, constava do programa do Movimento de Libertação da Guiné (MLG), clandestinamente criado em Bissau, por cerca de uma dezena de "civilizados" guineenses. No entanto, a sua intervenção não se impôs e acabou absorvida pela afirmação do PAIGC como movimento de libertação nacional, sobretudo a partir do chamado "massacre do Pindjiguiti", de Agosto de 1959, como adiante se verá.

---

[67] Cfr. Isabel Castro Henriques, "Hesitações federalistas em África", in Ernesto Castro Leal (coord.), *O federalismo europeu – história, política e utopia*, Lisboa, Colibri, 2001, pp. 182 e segs.

[68] Henrique Galvão, *Da minha luta contra o salazarismo e o comunismo em Portugal*, Lisboa, Arcádia, 1976 (1.ª edição em Portugal; a edição original, no Brasil, data de 1965), p. 154.

[69] Manuel José Homem de Mello, *Portugal, o Ultramar e o Futuro*, Edição do Autor, 1962, pp. 119 e 120.

Dos sucessivos ensaios de política colonial, após a 2.ª Guerra Mundial, e destacando o papel da Guiné, podem retirar-se várias conclusões com especial incidência na forma de Estado, enquanto forma política de relacionamento institucional entre Portugal e colónias:

a) logo no pós-guerra, Marcello Caetano, como Ministro das Colónias, e Sarmento Rodrigues, como Governador por ele escolhido, iniciaram, na Guiné, uma "evolução na continuidade" da política colonial portuguesa;

b) a revogação do Acto Colonial, através da revisão constitucional de 1951, reforçou o princípio da unidade nacional e rompeu o equilíbrio no interior do regime entre os partidários da integração e os partidários da autonomia das províncias ultramarinas;

c) na parte final da década de cinquenta e invocando a Constituição brasileira, a perspectiva federalista chegou a ser aventada pelo emergente movimento nacionalista guineense;

d) com o início da guerra colonial, em 1961, evaporaram-se as ilusões reformistas e luso-tropicalistas defendidas sobretudo no Ministério do Ultramar por Sarmento Rodrigues e Adriano Moreira;

e) aquando do plenário do Conselho Ultramarino, em Outubro de 1962, foi aventada uma nova mudança da política colonial portuguesa, temerosamente formalizada em projectos "federalistas" propugnados, entre outros, por Marcello Caetano e alguns ex-Ministros do Ultramar;

f) diversamente, Adriano Moreira defendia a mera «autonomia progressiva e irreversível» e congeminava uma (preventiva) desvalorização militar e político-administrativa da Guiné, fazendo-a regressar à histórica dependência de Cabo Verde, mediante a reconstituição do «Governo-Geral Cabo Verde-Guiné», que permitiria, em caso de perda da Guiné, que esta fosse considerada como mera «ocupação parcial de uma unidade e não como um Estado autodeterminado»[70];

---

[70] Cfr. Adriano Moreira, "Era possível uma solução política" (entrevista a Adelino Gomes), in jornal *Público – Suplemento – Vinte anos de independências*, de 22/5/1995, p. 4, e idem, *A Espuma do Tempo – Memórias do Tempo de Vésperas*, Coimbra, Almedina, 2008, pp. 268/269, respectivamente.

g) a questão da forma (unitária ou federal) do Estado Português regressará à ribalta a propósito da revisão constitucional de 1971, mas, por opção de Marcello Caetano, manter-se-á encapotada sob a ambígua política de "autonomia progressiva e participada" a prosseguir numas "províncias ultramarinas", que eram também qualificadas de "regiões autónomas" e seriam eventualmente dotadas da «qualificação honorífica» de Estado (tinha-se em vista Angola e Moçambique);

h) no entanto, a tese federativa e a relevância da Guiné serão decisivos para o programa político-militar de António de Spínola, *Portugal e o futuro*, antecedente próximo do "25 de Abril" de 1974;

i) enfim, o projecto federalista como forma de Estado aplicável às relações com as colónias só foi abandonado após o reconhecimento por Portugal do direito dos povos à autodeterminação e aceitação da independência dos territórios ultramarinos, realizado através da Lei n.º 7/74, de 27 de Julho.

Em suma, a Guiné foi uma espécie de "pião das nicas" nos projectos perdidos da transformação de Portugal de Império colonial em Estado federal. Já pouco antes, no início de 1962, segundo um outro "papel" sobre a política ultramarina apresentado a Salazar – e também ele um eventual "plano de descolonização" sem sequência nem consequência – a Guiné revelava-se um "bico de obra": era então considerada um dos territórios ultramarinos «não essenciais» e o único para o qual, expressamente, não se conseguira «delinear uma solução aceitável»[71]. Não obstante seria, ao fim e ao cabo – treze anos depois –, a chave da descolonização portuguesa.

---

[71] Este documento (um *non-paper*), "Notas sobre a Política Externa Portuguesa", de 12 de Janeiro de 1962, está integralmente publicado (e identificado) apud José Duarte de Jesus, *Eduardo Mondlane, os Estados Unidos e Portugal. Estratégias Dissonantes,* (tese de doutoramento), Lisboa, 2009.

CAPÍTULO III – A visita de Gilberto Freyre

As obras iniciais de Gilberto Freyre (sobretudo o livro *Casa-Grande & Senzala*, editado em 1933 – embora a primeira edição portuguesa só date de 1957 – e as conferências universitárias proferidas durante o ano de 1937 em Londres, Lisboa, Porto e Coimbra, reeditadas sob o título *O mundo que o português criou*) foram imediatamente objecto de alguma divulgação crítica em Portugal por parte de jornalistas e intelectuais. Na altura, o entendimento dominante do Império Colonial não era compatível com a ideologia luso-tropicalista e o pensamento de Gilberto Freyre «não conhece qualquer aceitação oficial, junto do regime [nem sequer] acolhe adeptos entre os colonialistas republicanos»[72].

A «boa ideia» e o «bom momento» para convidar Gilberto Freyre a visitar o Ultramar português foram sugeridos por José Osório de Oliveira (então chefe de divisão de propaganda da Agência Geral das Colónias) ao Ministro Sarmento Rodrigues, o qual teve a cautela de, antes de proceder ao convite formal, se certificar da sua receptividade junto de Salazar (a quem emprestou bibliografia) e do próprio Governo brasileiro. Não se conhecendo previamente, Gilberto Freyre sabia do papel de Sarmento Rodrigues, como «homem de estudo», no CEGP. O convite, preparado em princípios de 1951, previa que Gilberto Freyre no termo de uma estadia na Europa passasse por Portugal para então «ir ao Ultramar Português», numa viagem de cerca de um ano. Ao descrever a sua chegada a Lisboa, em Agosto de 1951 (portanto, dois meses depois de publicada a Lei de Revisão Constitucional), Gilberto Freyre tem logo como primeira preocupação informar o leitor que, embora a viagem fosse de iniciativa do Ministro do Ultramar português, não se considerava comprometido.

---

[72] Cláudia Castelo, *«O Modo Português de Estar no Mundo». O luso-tropicalismo e a ideologia colonial portuguesa (1933-1961)*, Porto, Afrontamento, 1999, p. 84.

64   *Invenção e Construção da Guiné-Bissau*

Sublinhava mesmo ter recebido garantias de que a deslocação seria realizada «com olhos de homem de estudo». Não obstante, constatou imediatamente «certo retraimento de velhos camaradas portugueses»[73].

A visita à Guiné decorreu de 4 a 16 de Outubro de 1951 e não foi muito favorável às aventadas teses da superioridade dos trópicos ou sequer à confirmação das apregoadas "constantes portuguesas de carácter e acção". Antes de mais, porque se tratou de uma estadia superficial, diversamente do que Gilberto Freyre tinha pretendido e prometido.

Após ter sobrevoado parte do Senegal francês e a Gâmbia, Gilberto Freyre diz ter apreciado os traços da "cultura lusitana" subsistentes em Ziguinchor – porta de entrada que, de resto, lhe proporcionou várias considerações sobre o exemplo de miscigenação e assimilação personalizado em Honório Barreto –, prosseguindo para Bissau de automóvel. No percurso, impressionaram-no os sinais de combate à "doença do sono" e reflectiu sobre o problema da casa regional ou indígena, que era uma das suas preocupações quanto às condições de povoamento e colonização sistemática. Durante a estadia, sentiu-se como se se encontrasse «numa espécie de Alto Amazonas ou de Alto Mato Grosso» e pareceu-lhe regressar ao passado ao confrontar a expressão esclavagista "peças da Guiné", usada a propósito dos escravos africanos que aportaram ao Brasil, com a variedade de etnias «diferentes nas formas do corpo, na cor da pele e sobretudo nas formas de cultura» visíveis na Guiné. Fazendo um itinerário quase exclusivamente rodoviário, visitou Mansoa, Bissau, Bissorã e Bafatá, mas o essencial da viagem foi preenchido por recepções, cerimónias oficiais, discursos, banquetes e batuques.

Ao partir de Bissau com destino a Cabo Verde, em mensagem lida ao microfone da emissora local, Gilberto Freyre foi gentil: tinha encontrado «gente tão fraterna e uma paisagem tão irmã do Brasil», partia cheio de «boas experiências e boas impressões» e sentindo que na Guiné principiava «uma nova criação lusitana nos trópicos», esboçando-se «nova vitória da velha gente que criou o Brasil»[74]. Na posterior publica-

---

[73] Gilberto Freyre, *Aventura e Rotina – Sugestões de uma viagem à procura das constantes portuguesas de carácter e acção*, 2.ª ed., Lisboa, Livros do Brasil, s.d., pp. 13 e 19. À estadia dedicou ainda Gilberto Freyre o livro *Um Brasileiro em Terras Portuguesas*, Lisboa, Livros do Brasil, s.d..

[74] Mensagem de despedida de Gilberto Freyre lida ao microfone da emissora local in "Crónica da Colónia", *BCGP*, Vol. VII, n.º 25, 1952.

ção destas intervenções a prosa foi um pouco mais refinada, sublinhando ter deixado a Guiné «certo de que não exagerava o meu amigo, o Comandante Sarmento Rodrigues [...] com tanta confiança, no futuro e nas possibilidades desta nova Província – ainda que velha terra – portuguesa em África. Desta já vitoriosa penetração lusitana na mata tropical que é a Guiné»[75].

Afinal o retrato que consta do seu texto central é de outro teor: a terra apresentava-se «primitiva» e de violentos contrastes, de negros muito robustos e cobertos de tatuagens, a «expansão maometana» era evidente, a «madrugada» do luso-tropicalismo e dos «começos africanos do Brasil» não passava de «superficial aventura» e a acção colonizadora enfrentava uma «substância nativa» que, na verdade, estava, «em grande parte, crua e sem formas definidas». Relativamente decepcionado com o que observara nesta primeira etapa (limitada à Guiné e Cabo Verde), será a estadia em Angola – esta, sim, «já não é a Guiné: é outra no tempo, além de ser outra no espaço» – que lhe confirmará a inexistência de qualquer revolta do "assimilado" relativamente à presença portuguesa, diversamente do que acontecia perante as colonizações inglesa, belga, *boer* ou francesa[76].

A ambiguidade da visita, os termos controlados em que foi programada pelo Ministério do Ultramar, a constante cobertura informativa e seu aproveitamento político originaram variadas críticas e polémicas, sobretudo no Brasil e entre os seus amigos portugueses "de esquerda". Além do mais, Gilberto Freyre faz nesta altura, em todas as suas obras, uma apreciação globalmente positiva da política e dos métodos portugueses de colonização, não se encontrando qualquer referência a manifestações de resistência, revolta ou subversão, pretensões reformistas, autonomistas ou independentistas, seja de parte das populações nativas, seja dos colonos. Apesar de, em 1944, ter advertido vagamente o público norte-americano sobre a probabilidade de os «países de língua portuguesa» poderem associar-se, a curto prazo, e «organizar-se numa espécie de federação, dotada de cidadania comum e outros direitos e responsabi-

---

[75] Gilberto Freyre, *Um Brasileiro...*, cit., p. 170. Quanto ao "mal-entendido" sobre Cabo Verde ver, ultimamente, Sérgio Neto, *Colónia Mártir, Colónia Modelo,* Coimbra, Imprensa da Universidade, 2009, pp. 98 e segs.

[76] Idem, *Aventura e Rotina...*, cit., pp. 199/236 e 328, respectivamente.

lidades comuns»[77], somente na década de 1960 Gilberto Freyre se demarcará da política colonial portuguesa e reafirmará que «o seu conceito de comunidade luso-tropical não é um conceito político mas sociológico, admitindo no seu seio várias presenças nacionais, [confessando-se], portanto, sensível às aspirações de independência dos povos sob dominação portuguesa»[78].

Esta viagem de Gilberto Freyre pelo Ultramar português em 1951 teve grande impacto na definição da política ultramarina portuguesa.

---

[77] Citado por Armelle Enders, "Le lusotropicalisme, théorie d'exportation – Gilberto Freyre en son pays", in *Lusotopie, 1997,* cit., p. 206.

[78] Cláudia Castelo, *op. cit.*, p. 26, e "Gilberto Freyre – Invenção de identidade e projecto luso-tropical", in *JL – Jornal de Letras, Artes e Ideias*, n.º 777, de 3 a 16/V/2000.

CAPÍTULO IV – **Constantes da Guiné e do luso-
-tropicalismo**

O luso-tropicalismo fora inicialmente formulado a partir de características particulares da colonização portuguesa do Brasil, enquanto «método de formação, seguido no Brasil pelo português, com a colaboração de grupos culturais e étnicos diversos, de uma sociedade sociologicamente cristã, nos aspectos decisivos do seu comportamento e nas predominâncias da sua cultura»[79]. Era agora inequivocamente alargado ao resto do mundo, pois, além da expansão africana, estendeu-se ao Estado da Índia e o inicial paradigma da "cultura luso-brasileira" alcandorou-se a "cultura luso-tropical". No fundo, esse era um dos objectivos do convite a Gilberto Freyre, que não deixou de "prestar contas" logo ao terminar o périplo, no discurso de despedida proferido no Ministério do Ultramar, em Lisboa, em Janeiro de 1952. Afirmou que a viagem fora extremamente útil (nunca pensara «que um homem de cinquenta anos pudesse aprender tanto, numa viagem»), pois encontrara «em todo o Ultramar o mesmo sentimento de lusitanidade que prende os brasileiros a Portugal» e confirmara na África e no Oriente várias das suas «antecipações sobre a obra colonizadora dos portugueses», que continuava «a ser activa e a ser fecunda». Por tudo isso – prometia –, munido de vasta documentação e observação, iria escrever e «sintetizar as impressões diversas que guard[ava] desse contacto inesquecível com as populações, as terras, as culturas do Ultramar»[80].

---

[79] Gilberto Freyre, *Casa-Grande & Senzala*, Lisboa, Livros do Brasil, 1957, pp. 8/9.

[80] Idem, *Um Brasileiro...*, cit., pp. 271/273.

68   *Invenção e Construção da Guiné-Bissau*

Em segundo lugar, aquela viagem foi «o tempo da apropriação» e justificou o «modo específico»[81] como o luso-tropicalismo foi incorporado e adaptado pelo discurso oficial do salazarismo na conjuntura internacional subsequente à II Guerra Mundial. De facto, o luso-tropicalismo promoveu a assimilação como especificidade da colonização portuguesa e o salazarismo deu-lhe, aliás, um pendor nacionalista e até messiânico, associando o mito do luso-tropicalismo ao mito da herança sagrada[82]. Ao despedir-se oficialmente de Gilberto Freyre, o Ministro Sarmento Rodrigues foi claro e sintético: além de ter narrado como conhecera e convidara Gilberto Freyre (perante o qual se mostrava «admirador» e «português reconhecido»), recordou que, da parte do Governo português, nada «foi dado nem sonegado», defendeu não ter havido «propagandas [...], nem muros, nem sentinelas, nem bastidores», pelo que Gilberto Freyre poderia «com perfeito conhecimento e a sua tradicional independência, escrever novo e grande capítulo sobre o mundo que os seus antepassados criaram e que estamos continuando». Portanto, quer a intervenção de Gilberto Freyre, quer as suas «conclusões cientificamente irrefutáveis» correspondiam não só a «um conforto moral» como também a «um grande estímulo» para os portugueses prosseguirem no Ultramar «a obra em tempos remotos iniciada, com a mesma férrea vontade, a mesma humana generosidade, a mesma honradez, a mesma notável clarividência e a mesma cega confiança no futuro da lusitanidade»[83].

Em terceiro lugar, o luso-tropicalismo passou a ser conhecido e admirado em Portugal e resumia, nesta década de 50, uma espécie de plataforma comum a autores e políticos do regime e da oposição. De resto, "o pensamento gilbertiano" foi o pano de fundo da acção reformista empreendida por Adriano Moreira enquanto Ministro do Ultramar, sobre-

---

[81] Ives Léonard, "Immuable...", cit., in *loc. cit.*, p. 108, e Cláudia Castelo, *op. cit.*, pp. 87 e segs., respectivamente.

[82] Valentim Alexandre, *Velho Brasil, Novas Áfricas – Portugal e o Império (1808-1975)*, Porto, Afrontamento, 2000, p. 228.

[83] "Discurso de despedida do Ministro do Ultramar de Portugal, Comandante Sarmento Rodrigues, no salão nobre do Ministério", apud Gilberto Freyre, *Um Brasileiro...*, cit., pp. 271/273. Ver também M. M. Sarmento Rodrigues, *Gilberto Freyre*, Lisboa, ed. do Autor (Sociedade Industrial de Tipografia), 1972 (trata-se da reprodução das suas «Palavras de apresentação introduzindo a conferência *O Homem brasileiro e a sua morenidade*, proferida pelo Doutor Gilberto Freyre na Fundação Calouste Gulbenkian, em Lisboa, no dia 29 de Maio de 1970»).

tudo quanto à revogação do Estatuto dos Indígenas – decisão «que Gilberto festejou»[84]. E até, nas chamadas "reformas de 6 de Setembro de 1961", seria expressamente citado no relatório preliminar do Decreto n.º 43.895, que regulava as "juntas provinciais de povoamento".

Porém, esta apropriação do luso-tropicalismo pelo salazarismo, além de se basear numa versão resumida e simplificada, foi «tardia e ambígua» precisamente para se casar com «as principais inflexões da política e da ideologia coloniais do regime» português no novo contexto posterior à II Guerra Mundial[85]. O "Estado Novo" aproveitou-se das teses e do prestígio de Gilberto Freyre quer na ONU, quer nas campanhas de propaganda e nos argumentos usados por Salazar nas entrevistas à imprensa estrangeira, quer pela difusão de obras de Gilberto Freyre, incluindo a distribuição pelas missões diplomáticas[86].

Aquando da sua intervenção nas Comemorações do V Centenário da Morte do Infante D. Henrique, em 1960, Gilberto Freyre avançou proposições mais peremptórias e generalistas: em primeiro lugar, afirmou que «a simbiose Luso-Trópico» passara a «inconfundível»; depois sustentou que a tese luso-tropicalista deixara de ser «simples objecto de atenções académicas», tendo-se tornado «um método novo e talvez dinâmico» quanto aos Portugueses e aos Brasileiros; por isso, em suma, portugueses e brasileiros tinham-se elevado à situação de «modesta mas valiosa terceira força» na reorganização do «sistema de relações de brancos com os povos de cor». Alcandorando o luso-tropicalismo a conceito, teoria, sistema e método de colonização, Gilberto Freyre podia exibir a plêiade de «colegas, discípulos e seguidores» em Portugal: o investigador médico Almerindo Lessa, o geógrafo Orlando Ribeiro, o agrónomo Henrique de Barros, os mestres de Direito Marcello Caetano e Adriano Moreira; o antropólogo Jorge Dias; o historiador de arte Mário Chicó[87]. Mas, apesar dos trabalhos promovidos

---

[84] Adriano Moreira, "Gilberto Freyre – Os trópicos da Europa", in *JL – Jornal de Letras, Artes e Ideias*, n.º 777, de 3 a 16/V/2000.

[85] Yves Léonard, "Salazarisme et lusotropicalisme, histoire d'une appropriation", in *Lusotopie, 1997*, cit., pp. 211 e segs., e Armelle Anders, "Le lusotropicalisme...", cit., in *loc. cit.*, pp. 201 e segs.

[86] Cfr. Cláudia Castelo, *op. cit.*, pp. 37 e 96 e segs.

[87] Gilberto Freyre, *O Luso e o Trópico – sugestões em torno dos métodos portugueses de integração dos povos autóctones e de culturas diferentes da europeia num complexo novo de civilização: o luso-tropical*, Lisboa, Comissão Executiva das Comemorações do V Centenário da Morte do Infante D. Henrique, 1961, pp. 2/3.

70   *Invenção e Construção da Guiné-Bissau*

pelo Centro de Estudos Políticos Sociais (dirigido por Adriano Moreira), o seu impacto na historiografia portuguesa seria quase nulo.

Na altura da viagem ao Ultramar, Gilberto Freyre mostrou-se desiludido com a debilidade dos estudos portugueses sobre o tropicalismo. Não deixou, porém, de destacar o lugar ímpar ocupado pelo *Centro de Estudos da Guiné Portuguesa* (CEGP) onde pontificava Avelino Teixeira da Mota – que enquanto etnólogo o acompanhara e que «como ninguém hoje conhece a Guiné Portuguesa» –, rotulando-o de «princípe dos [seus] guias oficiais»[88]. Aquando da sua estadia em Bissau fora formalmente recebido na «tranquila casa de homens de estudo» que eram as instalações do CEGP, embora não tenha ficado agradado com o programa da visita. Se os discursos oficiais e académicos, eram inevitáveis, talvez não houvesse «motivo para que, em centros portugueses de estudos em terras tropicais, solenes discursos substituam o refresco de maracujá ou a água de coco, o assaí ou o mate ou o café ou o guaraná, como sinais de hospitalidade ou de cordialidade lusitana para estranhos». Para além de ter escolhido mal os exemplos (de frutos tropicais brasileiros) – que, salvo o café, não se usam ou não existem na Guiné-Bissau – na verdade, quanto aos anfitriões, a recepção no CEGP visara servir «de prelúdio para uma conversa pura e simples» do ilustre visitante não apenas com os membros residentes do CEGP «como ainda com algumas personalidades mais marcantes do meio oficial e intelectual da Guiné». A desvalorização dos discursos deverá justificar-se pelo desgosto de Gilberto Freyre quanto à sua própria intervenção, tanto mais que ela fora gravada e logo retransmitida durante a recepção nocturna oferecida no Palácio do Governo e a sua voz soara-lhe como «um guincho inumano»[89].

O fundamental, se não paradoxal, é a circunstância de as teses do luso-tropicalismo não serem nada favorecidas pela formação da Guiné--Bissau, muito embora esta seja apontada como berço do Império

---

[88] Gilberto Freyre, *Um Brasileiro...*, cit., pp. 210/211. Quanto à Guiné, agradece também «a António Carreira e a outros chefes de circunscrição e de posto», faz uma referência genérica a magistrados, médicos, militares, missionários e técnicos, e agradece a hospitalidade da família do Encarregado do Governo (Inspector Administrativo, Carlos Henrique Jones da Silveira).

[89] Cfr. Gilberto Freyre, *Aventura...*, pp. 207/208 e "Discurso do Médico João Leal da Silva Tendeiro, Presidente do Centro de Estudos da Guiné", apud Gilberto Freyre, *Um Brasileiro...*, cit., pp. 234/235.

Português. Aqui, durante séculos, a actividade comercial restringiu-se aos rios e portos de "tratos e resgastes" e a expansão portuguesa nos *Rios da Guiné do Cabo Verde* coubera aos chamados "lançados" e "tangomaos" – ou seja, aventureiros, renegados e cristãos-novos, todos fora da lei e fugidos às autoridades portuguesas de Cabo Verde, que se "lançavam" na terra-firme, estabelecendo residência e ocupando-se do comércio de vários produtos[90]. Depois, na passagem do século XIX para o século XX, a resistência foi encarniçada e o ódio à ocupação europeia não condizia «com o luso-tropicalismo de Gilberto Freyre nem com toda a propaganda ulterior»[91] e permaneceu, nos Bijagós, até aos anos trinta.

Na década de cinquenta, as impressões e teorias de Gilberto Freyre tiveram alguma influência na história da Guiné.

Antes de mais, com Avelino Teixeira da Mota que, ao fazer em 1955 a história dos primeiros dez anos do CEGP, em conferência perante o Presidente da República, Craveiro Lopes, por ocasião da visita deste às respectivas instalações, invocou o luso-tropicalismo em duas distintas perspectivas. Assim, depois de citar a opinião positiva de Gilberto Freyre sobre a orientação dos estudos prosseguidos em Bissau, Avelino Teixeira da Mota recordou que as investigações do CEGP privilegiavam o factor regional e a investigação local, com uma delimitação geográfica e politicamente definida, correspondente à área da Guiné Portuguesa. No entanto, quase inevitavelmente, essas investigações foram «acumulando dados importantes para caracterizar além de tal região, a área mais vasta onde ela se integra, os actuais territórios portugueses e o Brasil». Acontecia, porém, que o estudo histórico-social da região entre o Senegal e a Serra Leoa não interessava «apenas à área luso-tropical da actualidade, mas aos territórios franceses e ingleses vizinhos que daquela fazem parte»[92]. Considerando que abarcava áreas tão diferentes, era evidente que o âmbito das investigações não convergia e a perspectiva luso-tropicalista não se adaptava aos trabalhos regionais do CEGP.

---

[90] Maria Emília Santos, "Lançados na costa da Guiné: aventureiros e comerciantes", in Carlos Lopes (org.), *Mansas, Escravos, Grumetes e Gentio – Cacheu na encruzilhada das civilizações*, Lisboa/Bissau, INEP, 1993, p. 67.

[91] René Pélissier, *Les campagnes coloniales du Portugal (1844-1941)*, Paris, Pygmalion, 2004, p. 268.

[92] Avelino Teixeira da Mota, "O Centro de Estudos da Guiné Portuguesa. História e perspectivas", in *BCGP*, Vol. X, n.º 40, Outubro de 1955, p. 654.

72   *Invenção e Construção da Guiné-Bissau*

Embora se sustente que teria assumido, teoricamente, «uma posição claramente favorável» às teses de Gilberto Freyre[93], Avelino Teixeira da Mota não considerava o luso-tropicalismo adequado ao caso da Guiné e até invocou expressamente Gilberto Freyre para advertir os investigadores mais dados a ingenuidades e ligeirezas, de que tal conceito não podia ser «levianamente aplicado» na Guiné, onde a «população civilizada» era mínima (correspondia a 0,3% do total) e, pior ainda, apenas um quarto dela era «constituída por brancos»[94].

A crítica científica e a denúncia política do luso-tropicalismo foram, por sua vez, vitais para a autonomização cultural e a afirmação internacional dos movimentos nacionalistas das colónias portuguesas. Por exemplo, o bem informado Ronald Chilcote defende que uma das (quatro) matrizes relevantes na formação do nacionalismo africano foi, precisamente, o desencanto da elite intelectual mulata com a "mística portuguesa", que a conduziu não só à recusa das teses de Gilberto Freyre como, ao invés, à identificação com as massas rurais e urbanas da África portuguesa[95].

Antes de mais, foi significativo o primeiro trabalho não literário publicado por Mário Pinto de Andrade (sob o pseudónimo de Buanga Fele), acabado de chegar ao exílio em Paris[96]. O seu objectivo principal era criticar a bonomia com que era apreciada a política colonial portuguesa em França, sobretudo nos manuais e no ensino universitário – por exemplo, nos cursos ministrados na *École Pratique des Hautes Études* por Roger Bastide, que traduzira para francês o livro de Gilberto Freyre, *Casa-Grande & Senzala*.

No artigo, Mário Pinto de Andrade começava por sustentar que o colonialismo português adoptara a fórmula política da "assimilação"

---

[93] Assim, Diogo Ramada Curto, "Introdução" a Charles Ralph Boyer, *Opera Minora – III*, Lisboa, Fundação Oriente, 2002, p. XX e, também, Carlos Manuel Valentim, "A África na acção e na obra de Avelino Teixeira da Mota (1920-1982) – Notas para uma biografia", in *Anais do Clube Militar Naval*, Vol. CXXXIV, Outubro a Dezembro de 2004, pp. 804 e segs.

[94] Avelino Teixeira da Mota, *ibidem*, p. 656.

[95] Ronald H. Chilcote, *Portuguese Africa*, New Jersey, Prentice-Hall, 1967, pp. 50 a 52.

[96] Buanga Fele [Mário Pinto de Andrade], "Qu'est-ce que le luso-tropicalisme?", in *Présence Africaine*, Paris, n.° 4/5, 1955, pp. 24 a 35. Ver também Mário Pinto de Andrade, *Uma entrevista dada a Michel Laban*, Lisboa, Sá da Costa, 1997, p. 115.

(e não a da "segregação" típica do colonialismo britânico), como consequência da própria escassez demográfica e pobreza ideológica e económica. Por isso – sustenta –, a defesa da alegada adaptação espontânea dos portugueses à vida tropical e deliberada prática da mestiçagem apenas serviria para encaminhar alguns sociólogos e historiadores (incluindo professores da Sorbonne) na via de uma «espécie de generosidade própria da 'raça' e do carácter dos portugueses».

Para Mário Pinto de Andrade, a então recente viagem e a utilização do nome e da obra de Gilberto Freyre pelo Governo de Salazar inseriam-se «no quadro de uma mistificação colonial moderna». Quanto à formação colonial africana, a teoria do luso-tropicalismo era «inteiramente falsa», pois pressupunha «a aceitação de uma *concorrência* de todos os elementos da população colonial na vida social, económica, cultural e política»; ora, a prática da administração colonial portuguesa excluía de tal concorrência quer os indígenas e assimilados, quer mesmo os mulatos. Citando os textos publicados por Gilberto Freyre após a referida visita às colónias africanas e ao Estado da Índia, Mário Pinto de Andrade rotula o luso-tropicalismo de mera tentativa de justificação da colonização portuguesa, provinda de «uma falsa interpretação da expansão marítima portuguesa» e viciada «desde a base», pois, efectivamente, nunca houvera, «pelo menos em África, um acto de casamento de duas culturas [...] mas uma relação entre uma cultura dominante e culturas dominadas»[97].

Também Amílcar Cabral se preocupou com o luso-tropicalismo. Por exemplo, quando avisou que nenhuma história da luta de libertação das colónias africanas portuguesas poderia omitir dois factores condicionantes: de um lado, o "muro do silêncio" erguido pelo colonialismo português e, de outro, o mito da felicidade existencial dos "portugueses de cor", cujo eventual sofrimento não passaria «de mera nostalgia da pátria-mãe branca, separada por fatalidade geográfica». Ora, acrescentava Amílcar Cabral, tal mito tinha como suporte teórico o luso-tropicalismo, pois fora Gilberto Freyre quem, «confundindo, talvez involuntariamente, realidades (ou necessidades) biológicas com realidades socio-económicas (históricas)», pretendera tornar os povos das colónias-províncias portuguesas em «ditosos habitantes do paraíso luso-tropical». E, para compro-

---

[97] Buanga Fele [Mário Pinto de Andrade], "Qu'est-ce...", cit., in *loc. cit.*, pp. 24/25 e 29/34.

74   *Invenção e Construção da Guiné-Bissau*

var o efectivo êxito internacional do mito luso-tropicalista, Amílcar Cabral invocava um significativo episódio ocorrido na Conferência de Tunes, de Janeiro de 1960, quando um delegado lhe «replicou com toda a simpatia» que o caso das colónias portuguesas era «diferente», não havendo propriamente «problemas», pois «com os Portugueses vocês estão muito bem»[98].

Recentemente, Adriano Moreira veio mesmo dizer que Amílcar Cabral fora «o mais lusotropicalista dos líderes da revolta africana»[99]. Compreende-se a reivindicação, mas não parece que este qualificativo fosse bem recebido, até porque a promoção do luso-tropicalismo foi, na altura, uma acrescida razão para Amílcar Cabral concluir que os movimentos de libertação das colónias portuguesas pouco poderiam esperar de apoios internacionais e tinham de contar sobretudo consigo mesmos.

Então, a política portuguesa estava numa encruzilhada. 1960 fora o "Ano de África": o movimento de descolonização tornara-se irresistível e, em especial, a independência das colónias africanas impusera-se. Salazar desdobrou-se em entrevistas, usando alguns argumentos luso--tropicalistas. Gilberto Freyre discursou (numa intervenção qualificada de «magistral») e editou um extenso livro a propósito das Comemorações do V Centenário da Morte do Infante D. Henrique, a cuja Comissão Ultramarina presidiu Sarmento Rodrigues. As perspectivas luso-tropicalistas expandiam-se quer para o passado quer para o futuro. Gilberto Freyre decidiu abranger toda a colonização portuguesa e defendeu que o Infante D. Henrique iniciara o luso-tropicalismo, tese para que apresentava dois argumentos: em primeiro lugar, pela sua influência «nas relações entre os Portugueses e os negros da Guiné»; depois, por o Infante ter sido «pioneiro de uma política social de integração de não europeus no sistema luso-cristão de convivência»[100]. Sarmento Rodrigues reafirmou a tese cara a Salazar de que Portugal não era mera nação europeia – pois tinha de ser considerada não só nação africana e nação asiática como, sobretudo, nação marítima –, e responsabilizou a Europa e os EUA

---

[98] Amílcar Cabral, "Prefácio" a Basil Davidson, *Révolution en Afrique – la libération de la Guinée Portugaise*, Paris, Seuil, 1969, pp. 11/12.

[99] Adriano Moreia, *A espuma do tempo...*, cit., p. 264.

[100] Gilberto Freyre, *O Luso e o Trópico...*, cit., pp. 255 e segs.

pela «desorientação e agitação política em África»[101]. Foi o momento da máxima aposta e da máxima convergência "situacionistas" no luso-tropicalismo.

Em 1961 chegou a guerra. Esta ruptura dos movimentos nacionalistas definiu a segunda fase do processo de independência das colónias. Do lado do Governo português, a fixação na intransigente "política de defesa" e, em especial, quanto à Guiné, a dúvida sobre a capacidade de resistir, levaram ao abandono, puro e simples, das eventuais benfeitorias que poderiam advir da incorporação do luso-tropicalismo no discurso oficial português.

---

[101] Cfr. Sérgio Campos Matos, "O V Centenário Henriquino (1960): Portugal entre a Europa e o Império", in António José Telo (coord.), *O fim da Segunda Guerra Mundial e os novos rumos da Europa*, Lisboa, Edições Cosmos, 1996, pp. 164 e 161, respectivamente.

PARTE III – A CAUSA DO NACIONALISMO

Sumário:
CAPÍTULO I – **Poder e subversão**
CAPÍTULO II – **As primeiras organizações nacionalistas: o PAI, o MAC e o MLG**
CAPÍTULO III – **O massacre do Pindjiguiti**
CAPÍTULO IV – **Do PAI ao PAIGC**

A natureza fascista do governo português e a condição jurídica da quase totalidade dos africanos da Guiné não podiam deixar-lhes senão uma via para o exercício das actividades políticas: a clandestinidade. Os africanos nacionalistas desenvolveram, assim, o seu movimento de libertação nacional na clandestinidade.

Amílcar Cabral, "As leis portuguesas de dominação colonial", in *Obras Escolhidas de Amílcar Cabral,* Volume I, Lisboa, Seara Nova, 1978, p. 83.

O PAIGC do período pré-independência era, pois, um movimento de libertação anti-colonial, potencialmente nacional, unido sob um fim político que transcendia as divisões de classe.

Lars Rudebeck, "Observations sur la stratégie de mobilisation anti-coloniale d'Amilcar Cabral", in Carlos Lopes (org.) *Mansas, Escravos, Grumetes e Gentios – Cacheu na encruzilhada das civilizações* Lisboa/Bissau, INEP, 1993, p. 307.

CAPÍTULO I – **Poder e subversão**

Na década de quarenta, a colonização mantinha uma conotação positiva, os Impérios coloniais eram exaltados e não se falava de "descolonização" (nem, muito menos, de "independências africanas", reivindicação que só surgirá a partir de meados ou mesmo finais da década de cinquenta).

Na Guiné, a maioria dos oposicionistas ("republicanos e constitucionalistas") havia sido saneada na sequência do fracasso da chamada "Revolução Triunfante" em Bissau e Bolama, como vertente guineense das revoltas de 1931 contra a Ditadura Militar instalada em Lisboa – ao todo, cerca de «três dezenas» de militares e civis, «deportados ou não»[102]. Mais ainda, a administração colonial portuguesa consolidara-se desde os anos quarenta e não se manifestava qualquer ideia protonacionalista. A Polícia de Segurança Pública (PSP), com funções de polícia, de informação e de cadastro, tinha sido instalada em 1944, ficando na dependência directa do Governador. A Policia Internacional e de Defesa do Estado (PIDE) só chegará efectivamente em 1957.

Como se viu, a substituição de Sarmento Rodrigues demorou vários meses, pois o novo Ministro das Colónias (1947-1950), Teófilo Duarte, alterou a política prosseguida na Guiné, optando por um "administrador colonial" que privilegiasse o incremento da produção agrícola. O Ministro considerava que as obras do cais de Bissau e da ponte de Ensalma estavam a ser bastante custosas e que os correspondentes 40 mil contos de empréstimos tinham de ter rápida influência na vida da colónia. Por isso, as verbas disponíveis no orçamento local iriam ser concentradas em melhoramentos de importância vital para a economia da colónia e esses eram, apenas, por um lado, a melhoria das condições de navegabilidade das

---

[102] Mário Matos e Lemos, A *"Revolução Triunfante". Guiné – 1931*, Separata da Revista de História das Ideias, Vol. 17, Faculdade de Letras, Coimbra, 1995, p. 326.

grandes artérias fluviais, e, por outro, o incremento e mecanização da agricultura, sobretudo quanto à cultura de arroz, de que a Guiné deveria ser o grande fornecedor da Metrópole. Ora, na opinião do Ministro, os resultados da produção agrícola eram insuficientes e estavam longe de atingir «as quantidades compatíveis com a área, com a população e com as faculdades de trabalho dos habitantes da Guiné». Com efeito, a exportação de amendoim – que em 1939 fora de 32 mil toneladas – tinha andado sempre à volta desse número, atingindo o máximo em 1947 com 38 mil toneladas; o mesmo aconteceu com a exportação de coconote, que passara de 12 mil para 14 mil toneladas, enquanto a de arroz baixara de 4.900 para 1.700 toneladas. Aliado a esta questão estava o problema demográfico, pois a população da Guiné era escassa, havendo «necessidade imperiosa de uma campanha em larga escala a favor da infância», procurando reduzir para metade, «pelo menos, a brutal mortalidade infantil»[103].

Finalmente, por decreto de 2 de Junho de 1949, foi designado Governador Raimundo Serrão. Considerando-se «soldado do Estado Novo e soldado de Portugal», amigo e colega do Subsecretário de Estado das Colónias, Rui de Sá Carneiro, este especialista da construção de portos não conhecia a Guiné e não trazia qualquer programa de governo pois entendia que a «traça superior» era, sim, de competência do Ministro das Colónias. Conforme lhe fora sugerido, dispunha-se tão-só a «concluir as obras iniciadas e dar andamento aos problemas em curso», sobretudo quanto às duas mais importantes realizações, ou seja, o cais de Bissau e a ponte entre a ilha de Bissau e a terra firme[104].

Entretanto, a reeleição presidencial de António Óscar de Fragoso Carmona, em 13 de Fevereiro de 1949, tinha tido pouco impacto. Segundo informações da secção local da "União Nacional" (partido único na Metrópole e colónias), haveria 1.929 eleitores inscritos. Ter-se-ão abstido 716 e a "União Nacional" informava mesmo que 503 abstenções foram «voluntárias», enquanto as demais 213 se deveram a «ausentes, mortes e presos». Votaram, pois, 1.213 eleitores: 1.202 a favor do candidato e 11 contra (4 votos em Bissau, 1 em Bafatá, 4 em Cacheu e 2 em Fulacunda), pelo que é (só) de cerca de 62% a percentagem de votantes sobre o total

---

[103] Discurso do Ministro Teófilo Duarte apud A. Rodrigues e Raimundo Moita, "Crónica da Colónia – Nomeação e posse do novo Governador da Guiné, Capitão de Engenharia Raimundo António Rodrigues Serrão", in *BCGP*, Vol. IV, Outubro de 1949, n.º 16, p. 746.

[104] Discurso do Governador Raimundo Serrão, *ibidem*, p. 748.

de inscritos. Destaque-se o escasso número de eleitores e de votos recalcitrantes e a sua dispersão geográfica.

Pouco depois, com vista às eleições para a Assembleia Nacional, marcadas para 13 de Novembro de 1949, as autoridades de Bissau prepararam «uma bem orientada campanha da qual fez parte uma importante sessão de propaganda». Na «vasta sala» do tribunal da comarca, após a intervenção inicial do presidente da "União Nacional", os três oradores seleccionados (em representação, respectivamente, dos portugueses da Metrópole, dos portugueses de Cabo Verde e dos portugueses da Guiné) restringiram-se à «apologia do candidato pela Guiné, enaltecendo a obra do Estado Novo». Encerrou a sessão o Governador Raimundo Serrão, recordando ser daqueles que foram buscar Salazar a Coimbra; disse lamentar «a ausência da oposição na presente campanha eleitoral», concluindo com uma «alta lição de patriotismo e de afecto ao Estado Novo». Quanto aos resultados do sufrágio, perante 1.643 inscritos, votaram 1.451 eleitores, correspondentes – acrescentava-se – «a uma percentagem-recorde de 93% no total geral». Ou seja, entre a eleição presidencial de Fevereiro e esta eleição parlamentar, ainda diminuiu o número de recenseados e de eleitores. O Ministro das Colónias celebrou, telegraficamente, o resultado, mas quanto ao candidato único (o tenente-coronel Ricardo Vaz Monteiro, que havia sido Governador da Guiné entre 1941-1945) nem esteve presente em qualquer acto eleitoral nem foi citado nos discursos, tendo-se limitado a uma mera "alocução" à colónia.

Pelo fim da década, terão surgido os primeiros movimentos políticos de contestação ao poder colonial. Revelavam pretensões democráticas e incluíam alguns "ex-assimilados" e "civilizados" que, mais tarde, irão formar o Movimento de Libertação da Guiné (MLG) e, também, o PAIGC como José Ferreira de Lacerda e Rafael Barbosa. Tratou-se, antes mais, da tentativa de criação, provavelmente em 1947, de um Partido Socialista da Guiné (PSG), que, porém, não conseguiu desenvolver acção relevante, «porque os irmãos [César e Hipólito Mário] Fernandes não estavam a gostar muito do trabalho» do José Ferreira de Lacerda, não tendo sido tal partido mais que um projecto vago e «coisa fugaz»[105]. Um pouco mais

---

[105] Rafael Barbosa (entrevista) apud Aristides Pereira, *O Meu Testemunho – uma luta, um partido, dois países (versão documentada)*, Lisboa, Editorial Notícias, 2003, p. 575. Cfr. o resumo de Leopoldo Amado, "Da embriologia nacionalista à guerra de libertação na Guiné-Bissau", apud www.didinho.org/daembriologia nacionalista.htm

significativa, já na década de cinquenta e envolvendo membros do mesmo pequeno grupo, seria a apresentação de uma lista "oposicionista" às eleições para os membros electivos do Conselho de Governo, que terão sido perdidas apenas «por falta de experiência e medo de alguns»[106].

Em Julho de 1952, a propósito do terceiro aniversário do seu desembarque em Bissau e para demonstrar que este «rincão da África Portuguesa» estava a atravessar «um surto de felicidade», realizou-se uma sessão de homenagem ao Governador, concluindo o próprio Raimundo Serrão que tal homenagem lhe dava «a impressão que não se encontram completamente extintas as esperanças» depositadas na sua nomeação[107]. Obviamente, a linha política traçada pelo ex-Ministro Teófilo Duarte fora afastada e a governação da Guiné tornara-se problemática. Por carta, dirigida ao «Amigo e Senhor Ministro» Sarmento Rodrigues, Raimundo Serrão desmente as queixas do Chefe de Repartição Militar quanto «à existência de propaganda comunista entre os indígenas», até porque, aquando do censo geral de 1950, houvera «um contacto grande entre as autoridades e os indígenas e nada constou». Além disso, mais recentemente, a propósito da entrada em vigor do imposto de capitação, os indígenas vieram junto das autoridades «nas melhores disposições e até acatando de boa vontade a nova ordem neste aspecto da modificação do sistema de cobrança do imposto indígena», o que, portanto, levava a garantir «a certeza que nada há»[108].

Mesmo que, com toda a probabilidade, não houvesse entre os indígenas qualquer influência político-partidária, Elisée Turpin testemunha que recebia então o jornal *Avante* e militava no PCP (tal como Abílio Duarte), acrescentando ainda que tal militância datava de «muito antes de se pensar na fundação do PAIGC»[109]. Ao que se sabe, durante a década de cinquenta, na Guiné, o PCP não se impôs, nem quanto a núcleos organizados (fossem

---

[106] Vítor Robalo e Elisée Turpin (entrevista), apud Aristides Pereira, *O Meu Testemunho...*, cit., pp. 633 e segs.

[107] Cfr. Joaquim A. de Oliveira e Joaquim A. Areal, "Crónica da Província", in *BCGP*, Vol. VII, n.º 28, Outubro de 1952, pp. 846 e segs.

[108] Carta de Raimundo Serrão, gabinete do Governador, datada de Bissau, 15 de Outubro de 1952, in *Arquivo Mário Soares*, "Espólio Sarmento Rodrigues – Correspondência", Pasta n.º 4290.01, Imagem 50.

[109] Elisée Turpin, "Entrevista", cit, apud Aristides Pereira, *O Meu Testemunho...*, cit., p. 634, e também in "Depoimento de Eliséee Turpin", apud www.paigc.org/DEPOIM~1.HTM.

colonos ou trabalhadores guineenses), nem quanto à criação de um eventual "Partido Comunista Guineense", mas há, desde cedo, provas de alguma presença. Concretamente, trata-se de notícias publicadas no jornal *Avante* e, sobretudo, da influência da farmacêutica Sofia Pomba Guerra – uma alentejana que chegara a Bissau no início da década, "desterrada" depois de ter sido presa em Moçambique e detida nas instalações da PIDE em Portugal. Desenvolveu uma variada campanha antifascista, distribuindo panfletos, jornais e livros, dando aulas, promovendo sessões culturais e, até, apresentando os primeiros companheiros de luta (por exemplo, Aristides Pereira e Osvaldo Vieira) a Amílcar Cabral. Foi, no resumo de Luís Cabral, «a amiga e conselheira de cada um de nós»[110]. Nesta época, guineense e elemento "activo" do PCP era Vasco Cabral que, porém, desde os tempos escolares vivia em Lisboa e só se integrou no PAIGC depois de, em 1962, ter fugido de barco com Agostinho Neto para Marrocos[111].

A comissão de Raimundo Serrão, de quatro anos, terminava em Junho de 1953. Apesar de ter inaugurado importantes obras (entre elas, o Colégio-Liceu, a Ponte-cais de Bissau, a ponte Sarmento Rodrigues, o aeródromo de Bissalanca, a Catedral, o Palácio do Governo e o alcatroamento de várias ruas de Bissau e algumas estradas), nenhuma delas fora de sua iniciativa e responsabilidade. O mandato não foi renovado e o Ministro Sarmento Rodrigues entendeu enviar o Subsecretário de Estado, Raúl Ventura, para percorrer a Província e inaugurar a ponte-cais.

Raúl Ventura foi recebido oficialmente, pelas autoridades da África Ocidental Francesa e pelo representante do consulado português, no aeroporto de Dacar, em 15 de Maio de 1953. Desembarcou, no dia seguinte, no

---

[110] Luís Cabral, *Crónica...*, cit., p. 39. Ver, *infra*, **Biografia** e, também, Mário Pinto de Andrade, "Moçambique – Entrevista – João Mendes", Pasta 04329.003.001, apud *Arquivo Mário Pinto de Andrade, Fundação Mário Soares*, Judith Manya, *Le Parti Communiste Portugais et la question coloniale, 1921-1974*, Tese de doutoramento, Bordéus, Université Mostesquieu, 2004, pp. 279/482 e 354, João Madeira, "O PCP e a Questão Colonial – dos fins da guerra ao V Congresso (1943-1957)", in Luís Reis Torgal e Luís Oliveira Andrade, *Colonialismo, Anticolonialismo e Identidades Nacionais – Estudos do Século XX*, n.º 3 – 2003, Universidade de Coimbra, Quarteto, pp. 220/222, e José Pacheco Pereira, *Álvaro Cunhal – Uma biografia política – O prisioneiro (1949- -1960)*, Lisboa, Temas e Debates, 2005, pp. 507 e segs.

[111] Cfr. Vasco Cabral (entrevista) apud Dalila Cabrita Mateus, *A Luta pela Independência – a formação das elites fundadoras da FRELIMO, MPLA e PAIGC*, Mem Martins, Inquérito, 1999, pp. 290 e segs.

aeródromo de Bissalanca, assistiu a um *Te Deum* na nova Catedral e foi percorrer o interior da Província. De regresso a Bissau, visitou o quartel da Amura, as instalações da Sociedade Comercial Ultramarina, a Missão do Sono, a Granja do Pessubé – que foi visitada demoradamente «na companhia dos Engenheiros Agrónomos Nobre da Veiga e Amílcar Cabral» –, o Asilo de Bór e a enfermaria de Cumura. Em 28 de Maio, realizou-se finalmente a inauguração festiva e demorada da ponte-cais de Bissau[112]. Logo a 13 de Junho embarcava para Lisboa o Governador Raimundo Serrão. Antes, empossara o novo Encarregado do Governo, o Inspector de Saúde Fernando Pimentel, que, ao discursar, fez um resumo da gestão governamental de Raimundo Serrão: não obstante «algumas arrelias e dissabores», até representara «uma época de fulgurante grandeza»[113].

Para novo Governador foi rapidamente nomeado Diogo Mello e Alvim – mais um «esclarecido oficial» da Marinha, da escola de Sarmento Rodrigues, cedido à administração ultramarina[114].

De formação aristocrata, politicamente conciliador, Diogo Mello e Alvim passara pela Guiné dezasseis anos antes. O Centro de Estudos da Guiné Portuguesa (CEGP) mostrou-se particularmente agradado com a nomeação. No discurso de posse, a 3 de Dezembro de 1953, o Ministro Sarmento Rodrigues lembrou-lhe que todos os governantes ultramarinos deviam «manter em actividade uma imaginação criadora», pois a governação não podia contentar-se «com a conservação do passado», sendo «para o futuro que têm de estar voltadas as suas principais atenções»; além disso, realçou os recentes melhoramentos na Guiné e incentivou à continuação do desenvolvimento agrícola, por constituir «a base da economia da província»[115].

O Governador chegou a Bissau em 7 de Janeiro de 1954, a bordo do navio-motor "Alfredo da Silva", que atracou à nova ponte-cais, na ocasião

---

[112] Cfr. Joaquim A. de Oliveira e Joaquim A. Areal, "Crónica da Província – Visita de Sua Excelência o Subsecretário de Estado do Ultramar, Prof. Doutor Raúl Jorge Rodrigues Ventura", in *BCGP*, Vol. VIII, n.º 29, 1953, pp. 525 e segs.

[113] Cfr. Joaquim A. de Oliveira e Joaquim A. Areal, "Crónica da Província – Posse do Encarregado do Governo [e] embarque do Governador Raimundo Serrão", in *loc. cit.*, pp. 570 e segs.

[114] Cfr. Gilberto Freyre, *Aventura…* cit., pp. 420/421.

[115] Cfr. Joaquim A. de Oliveira e Joaquim A. Areal, "Crónica da Província", in *BCGP*, vol. IX, n.º 33, Janeiro de 1954, pp. 207 e segs., e (Álbum), *Guiné: início de um governo – 1954*, Bolama, Imprensa Nacional da Guiné, 1954.

«repleta, vendo-se desde as personagens mais em evidência no nosso meio até à enorme multidão de indígenas». Em princípios de Fevereiro, iniciou uma viagem pelo interior, começando por Bolama. Na sua correspondência com o Ministro fez um apanhado da situação: agora, em 1954, a Guiné estava «muito diferente» daquela que Sarmento Rodrigues deixara em 1948 pois todos pretendiam mandar e «ninguém se entendia», pelo que decidira começar, progressivamente e «sem pressas», a centralizar «os comandos ao Governo», notando-se «mais um bocadinho de ordem em tudo; nas despesas, na disciplina e até, perdoe-me o desabafo, na justiça», com satisfação quase geral, sobretudo entre os indígenas, que o consideravam já «continuador da sua obra»[116].

Também o bem informado comandante Teixeira da Mota enfatizava a «perfeita tranquilidade no que se referia às relações entre brancos e pretos» reinante na Província, propiciada não só pelas leis vigentes como pelo «trato individual dos Portugueses, avessos a discriminações raciais». Mais tarde, porém, manifestou-se preocupado por causa do que qualificava como «problema dos territórios vizinhos», onde se estavam a gerar «movimentos, chamados movimentos de libertação da Guiné e de Cabo Verde [...]»[117]. Curiosamente os n.os 33 e 34 do *BCGP* que noticiavam, respectivamente, a nomeação e a chegada do Governador Mello e Alvim publicavam artigos de Amílcar Cabral (e um deles de co-autoria com sua mulher Maria H. Cabral) relativos à agricultura na Guiné Portuguesa e à utilização da terra na África Negra. De facto, a 4 de Agosto de 1953, Amílcar Cabral fora encarregado de «estudar, planear e executar» o Recenseamento Agrícola da província[118]. Este trabalho proporcionou-lhe um conhecimento do território e um relacionamento pessoal ímpares; nos matos da Guiné, ficará a memória do (primeiro e único) engenheiro negro.

---

[116] Carta de Diogo Mello e Alvim, Governador da Guiné, a Sarmento Rodrigues, Ministro do Ultramar, datada de 23/10/1954, in *Arquivo Mário Soares*, "Espólio Sarmento Rodrigues – Correspondência", Pasta n.° 4296.002, Imagem 7.

[117] Cfr. A. Teixeira da Mota, *Guiné Portuguesa*, cit. pp. 47/48, e *A Guiné – o seu Presente e o seu Futuro*, s. l., Instituto de Altos Estudos Militares, Conferências proferidas em 1960-1961, p. 103, respectivamente.

[118] Em 1947, na reunião de Londres da FAO (Organização das Nações Unidas para a Alimentação e Agricultura), Portugal assumira o compromisso de levar a efeito o Recenseamento Agrícola, durante 1950, nas suas parcelas ultramarinas e a sua execução na Guiné pelos Serviços Agrícolas e Florestais. Retardada pelas dificuldades materiais, fora só então determinada pelo Ministério do Ultramar.

86 *Invenção e Construção da Guiné-Bissau*

Ainda no mandato do Ministro Sarmento Rodrigues, através da reorganização de 1954, promovida pelo Decreto n.° 39.749, de 9 de Agosto, foi alargada a competência da polícia política (PIDE) ao Ultramar, onde ficava sob superintendência do Ministro do Ultramar (e não do Ministro do Interior). A instalação efectiva demorou algum tempo: por um lado, o Decreto-Lei n.° 40.541, de 27 de Fevereiro de 1956, introduziu alterações no funcionamento dos quadros da PIDE no Ultramar e, quanto à Guiné, passou a prever um subinspector de polícia, um agente de 1.ª classe e dois agentes de 2.ª classe; por outro lado, a abertura da delegação em Bissau ocorreu em 1957, mas a rede da PIDE só foi completada na sequência da Portaria n.° 16.750, de 28 de Junho de 1958, mediante a criação de 5 postos (com 12 subpostos) em S. Domingos, Catió, Bafatá, Farim e Gabu.

Por isso, as primeiras informações sobre a "subversão" pertenceram ainda à PSP. Uma nota datada de 3/5/1955 registou as reuniões dirigidas por Amílcar Cabral com mais de uma dúzia de amigos, visando a constituição de uma Associação Desportiva e Recreativa dos Africanos (ADRA), reservada aos "filhos da Guiné", para a prática de futebol e «desenvolvimento de actividades nativistas, incluindo uma biblioteca». Obtidos os fundos para as despesas iniciais dos "Estatutos" elaborados por Amílcar Cabral, aprovados estes e assinada a petição por 11 subscritores, foi requerida a respectiva aprovação administrativa. Mas esta foi negada e Amílcar Cabral ficou com a fama de «estar feito com os grumetes», enquanto a PSP registava que «o Eng.° Cabral e a sua mulher comportaram-se de maneira a levantar suspeitas de actividades contra a nossa presença nos territórios de África com exaltação de prioridade dos direitos dos nativos». De resto, estas notas da PSP não só identificavam os locais e intervenientes nos vários encontros como continham uma relação nominal de guineenses "anti-situacionistas"[119]. Porém, o grupo de subscritores da referida "petição" acomodou-se e não iria participar em quaisquer actividades nacionalistas.

Ainda em 1955, influenciado pela evolução política nas limítrofes coló-nias francesas do Senegal e da Guiné, um pequeno grupo de "civilizados" (são citados vários nomes, mas tudo aponta para Amílcar Cabral e seus auxiliares na granja de Pessubé) criou um (clandestino) Movimento para a Independência Nacional da Guiné (MING). Segundo as fontes de

---

[119] Cfr. Leopoldo Amado, "Da embriologia …", cit., in *loc. cit.*

A causa do nacionalismo

informação das autoridades portuguesas, os responsáveis do MING tentavam alargar a influência que vinham exercendo, «estendendo o aliciamento aos mestiços e trabalhadores braçais»[120]. Não há qualquer prova de actividade nacionalista deste grupo, que se revelou «pouco consistente» e, até, não terá sido mais que uma «escola ilegal»[121]. Nesse mesmo ano, o Governador Mello e Alvim convocou telefónica e formalmente Amílcar Cabral e comunicou-lhe ter recebido denúncias sobre reuniões subversivas a que teria de dar seguimento pelo que punha termo às suas funções na "estação agrária" e à estadia em Bissau, embora autorizando-o a fazer uma visita anual à família. Amílcar Cabral regressou a Lisboa[122].

Entre 2 e 14 de Maio de 1955, a Guiné recebeu a visita do Presidente da República, Craveiro Lopes, acompanhado pelo Ministro do Ultramar, Sarmento Rodrigues. Do extenso programa destacaram-se, em Bissau, a inauguração do aeroporto, da Escola Central das Missões Católicas, do monumento a Teixeira Pinto, a visita ao CEGP e, no interior, as passagens por Bolama, Fulacunda e Catió, Bafatá, Nova Lamego, Farim, Cacheu e Teixeira Pinto. Porém, na documentação da viagem não ficou qualquer referência a uma "Representação", subscrita por vários "oposicionistas" e redigida por José Ferreira de Lacerda, contendo uma relação de aspirações quanto ao futuro da Guiné.

No ano seguinte, em Lisboa, durante o IV Congresso da União Nacional – convocado por Salazar para finais de Maio de 1956, a propósito das tarefas políticas de defesa do Ultramar – apareceu referida uma eventual «ameaça islâmica» sobre a Guiné. De facto, uma das comunicações considerava que, apesar de fulas, mandingas e outros islamizados continuarem, de momento, «respeitadores, nada havendo a recear deles», tal comportamento poderia alterar-se em caso de instigação «por qualquer movimento vindo do exterior», tanto mais que eles mantinham intensas

---

[120] Luís Fernando Dias Correia da Cunha, "Alguns Aspectos da Subversão na Província Portuguesa da Guiné", in *Ultramar*, Lisboa, n.° 32, Vol. VIII, 1968, p. 135.

[121] Respectivamente, Jean Mettas, *La Guinée Portugaise au XX siècle*, Paris, Académie des Sciences d'Outre-Mer, 1984, p. 99 (citando Amílcar Cabral, que entrevistou a propósito) e Oleg Ignátiev, *Amílcar Cabral*, Moscovo, Edições Progresso, 1984, p. 81. Ver, ainda, Daniel P. A. Santos, *A questão colonial: o contributo de Amílcar Cabral*, Dissertação de mestrado, ISCSP, Lisboa, 2005, pp. 203/204..

[122] Sobre o episódio (que se tornou lendário), ver Luís Cabral, *Crónica da Libertação*, Lisboa, Edições O Jornal, 1984, pp. 32/34. Amílcar Cabral voltará a Bissau, para tais curtas estadias, em 1956, 1958 e 1959.

88   *Invenção e Construção da Guiné-Bissau*

ligações «com os seus confrades dos vizinhos territórios estrangeiros (onde a semente subversiva começa a agitar os povos)»[123]. As autoridades portuguesas não iriam descurar este aviso.

Porém, o ano de 1956 foi politicamente assinalado na Guiné por outras razões. Na tarde de 6 de Março, ocorreu uma grande agitação social: uma greve dos descarregadores africanos da "Casa Gouveia"[124]. Segundo o relato feito por Henrique Pinto Rema, tudo começou por um recontro entre seis guardas da polícia e um grupo de marítimos e estivadores amotinados e excitados, que reivindicavam aumento de salário. Como a polícia recebera ordens para não utilizar a força, «os desordeiros perceberam, agrediram o chefe e os guardas»; chamados, então, reforços policiais, foram detidos cinco amotinados. A PSP ainda se terá sentido mais "humilhada" por, horas depois, o Governador Mello e Alvim ter ido à esquadra libertar os detidos. Segundo Pinto Rema, a agitação estava concertada com movimentações visando a fundação de um partido político independentista, pois, a 7 de Março, por sua vez, «os marinheiros das embarcações de Mário Lima, alegando igualmente aumentos de salários, recusaram-se a sair para o mar» e, para mais, no dia seguinte, «os marinheiros e manjacos da casa NOSOCO não quiseram receber os salários daquele mês e não permitiram a saída de embarcações, da Casa Gouveia, do cais do Piguigiti para o ilhéu do Rei com trabalhadores»[125].

O PCP, através do jornal *Avante*, acompanhou estes acontecimentos. Assim, no n.° 213, de Maio de 1956, num artigo intitulado «Greve vitoriosa dos carregadores da Guiné!», saudava «os trabalhadores indígenas da Guiné, carregadores da Casa Gouveia» por, após uma greve por melhores salários que durara vários dias, conseguirem «a conquista das suas reivindicações»; de seguida, no n.° 216, correspondente à 1.ª quinzena de

---

[123] Cfr. António George Cristóvão de Sousa Franklin, *A ameaça islâmica na Guiné portuguesa*, Comunicação apresentada ao IV Congresso da União Nacional, Lisboa, 1956, pp. 23 e 24. Sustenta também, em capítulo autónomo, que os cabo--verdianos (cerca de 1.700 residentes) eram «o tipo de colono que a Guiné precisa» (*op. cit.*, pp. 28 e segs.).

[124] A "Casa Gouveia" era um estabelecimento da A. Silva Gouveia, Lda. (associada da CUF – Companhia União Fabril) que monopolizava parte significativa dos produtos coloniais e se dedicava a múltiplas actividades económicas.

[125] Henrique Pinto Rema, OFM, *História das Missões Católicas da Guiné*, Braga, Editorial Franciscana, 1982, p. 855.

A *causa do nacionalismo* 89

Agosto de 1956, destacava as «Greves e lutas dos africanos na Guiné e em Angola», enumerando várias acções comprovativas de que, após a independência de Marrocos, «o que se tem passado na Guiné tem sido espectacular, em comparação com a acalmia então existente».

Pela mesma altura, «por via aérea e por motivo de saúde», o Governador Mello e Alvim partiu para Lisboa, tendo feito entrega do Governo ao inspector administrativo, capitão Abel de Sousa Moutinho. Um dos seus últimos actos oficiais foi o descerramento, na biblioteca do Museu, do retrato de Sarmento Rodrigues como fundador do CEGP. Em 13 de Setembro de 1956, chegou o novo Governador, Álvaro da Silva Tavares, tendo como programa seguir a «linha inspirada por Marcello Caetano, sob a égide de Salazar, e desenvolvida por Sarmento Rodrigues»[126].

Outro facto relevante em Setembro foi a chegada de Amílcar Cabral que vinha não só para uma curta visita à família (mãe e irmãos) como para uma conversa decisiva com alguns amigos.

A 1 de Outubro, reuniu o Conselho de Governo. Em 22 de Outubro, na posse da nova Comissão Executiva do CEGP, presidida por Avelino Teixeira da Mota, o representante da comissão executiva cessante referiu que, quanto ao n.º 40 do *BCGP*, relativo a Outubro de 1955, se aguardava «ainda que o Engenheiro Amílcar Cabral nos envie de Angola, onde presentemente reside, um trabalho relativo ao Censo Agrícola da Província da Guiné, tirado do seu Relatório Oficial, que julgamos ser de interesse publicar». Mas o relacionamento de Amílcar Cabral com a administração portuguesa ia-se rompendo, este trabalho nunca foi enviado e o nome de Amílcar Cabral será ignorado na detalhada «exposição de trabalhos e projectos» apresentada por Teixeira da Mota[127].

---

[126] In Jaime Nogueira Pinto (org.), *Salazar visto...*, cit., p. 198. Relata o seu mandato no texto "Doutor Silva Tavares, Governador da Guiné, 1956-1958", in AAVV, *Os últimos governadores do império*, Lisboa, Edições Neptuno, 1994, pp. 47 e segs.

[127] Apud "Notas e Informações – Centro de de Estudos", in *BCGP*, Vol. XII, n.º 45, Janeiro 1957, pp. 125 e segs.

CAPÍTULO II – **Primeiras organizações nacionalistas: o PAI, o MAC e o MLG**

Segundo uma "versão consolidada", a 19 de Setembro de 1956, domingo à tarde, em Bissau, intervindo numa roda de amigos convidados para o efeito, Amílcar Cabral propôs a constituição de um partido político para alcançar a independência da Guiné e de Cabo Verde e defender a união entre os povos guineense e cabo-verdiano, numa perspectiva geral de unidade africana. Tal partido chamar-se-ia Partido Africano da Independência (PAI).

Há dúvidas sobre o alcance desta reunião e desta proposta. O encontro durou cerca de uma hora, foram poucos os presentes, quase todos de origem cabo-verdiana, e não há qualquer documento comprovativo. Rafael Barbosa – que não participou na reunião, «porque o Amílcar pediu-me que não me aproximasse e que ficasse ali fora por causa da sua segurança» – afirma que «no dia seguinte estive com o Amílcar em Bor, na propriedade do senhor Neto, um português de esquerda [...] conversei com ele [Amílcar] e deixou-me uma cópia do programa», acrescentando que se encontrou ainda com Victor Robalo «que também me disse que Amílcar o tinha deixado com outra cópia do programa». Elisée Turpin diz terem sido «aprovados os Estatutos do PAI, elaborados por Amílcar», mas o seu testemunho foi posto em causa. Nunca apareceu a dita versão do "programa" do PAI e Aristides Pereira é peremptório: «nada, absolutamente» foi então escrito ou subscrito e os primeiros documentos do PAI só aparecerão depois do "massacre do Pindjiguiti"[128]. A versão conhecida dos

---

[128] Cfr. Rafael Barbosa (entrevista) apud Aristides Pereira, *O Meu Testemunho...*, cit., p. 576, Elisée Turpin, "Depoimento", in *loc. cit.*, e Aristides Pereira, *Guiné-Bissau e Cabo Verde – Uma luta, um partido, dois países*, Lisboa, Editorial Notícias, 2003,

«Estatutos» do «Partido Africano da Independência – P.A.I. – (Guiné dita Portuguesa), Bissau, 1956» (*sic*) não faz qualquer referência à reunião de 19 de Setembro (nem a sua extensão parece adequada a uma leitura e debate *in loco*). Embora mais ou menos coetâneos e claramente anteriores aos programas («Maior» e «Menor») do PAIGC discutidos na reunião de Dacar em Outubro de 1960 (em que será definitivamente adoptada a sigla PAIGC), aqueles «Estatutos» parecem, pois, ter sido dactilografadas posteriormente à dita reunião "fundadora" [129].

As precauções de segurança e discrição e a insistência nas reuniões culturais tinham sido adquiridas por Amílcar Cabral no trabalho clandestino e de consciencialização, desde os tempos de estudante em Lisboa (recorda que, acabada «a hora da brincadeira» nos encontros de amigos que promovera em Bissau, para se passar a umas «pequenas conversas», alguns deles deixaram de aparecer por entenderem – dada a «realidade da nossa terra» – que a criação do PAI era «uma doidice»[130]). Não há sequer consenso quanto ao número de "fundadores" e, para além da intenção de formar um partido político, as principais medidas ter-se-ão limitado ao incentivo da preparação teórica pela leitura, a uma incipiente distribuição de tarefas e à escolha de pseudónimos.

Mas, em qualquer caso, a fundação do PAIGC tem de ser vista como um processo amplo, em que houve antecedentes, várias reuniões e diversos intervenientes, que só se concluirá pela afirmação pública e organizacional do PAI/PAIGC no decurso de 1960. Esta reunião de 19 de Setembro de 1956 e a intervenção de Amílcar Cabral corresponderam – como decorre dos testemunhos coetâneos, incluindo os do próprio – apenas ao momento do lançamento do PAIGC como ideia e organização nacionalista e, portanto, o seu essencial "momento constituinte". De resto, tais activi-

---

pp. 366/367. Cfr., também, as declarações de Abílio Duarte e Aristides Pereira, in José Vicente Lopes, *Cabo Verde – Os Bastidores da Independência*, Praia-Mindelo, Centro Cultural Português, 1996, pp. 40 e segs. Fernando Fortes diz recordar-se de um documento que «continha essencialmente o juramento» ("Fernando Fortes evoca a criação do PAIGC", in *Nô Pintcha*, n.º 75, de 18/9/1975). Ver, ainda, o relato de Luis Cabral, *op. cit.*, pp. 42 e segs.

[129] O seu *fac-símile* está publicado como "apenso documental", apud Aristides Pereira, *O Meu Testemunho...*, cit., pp. 651/656, segundo o qual eles só foram publicados «em Dezembro de 60» (cfr. *op. cit.*, p. 366).

[130] Amílcar Cabral, "Os princípios do partido e a prática política", in *Obras...*, Vol. I, cit., p. 146.

A causa do nacionalismo 93

dades continuavam a corresponder ao "projecto político" que Amílcar Cabral desenvolvera, durante o seu tempo universitário e a sua formação política, sobretudo através do Centro de Estudos Africanos, em Lisboa, e que o «enquadrara» (como gostava de dizer) no regresso à Guiné em 1952.

Usando linguagem desenvolta e olhando para a obra e o destaque futuros do PAIGC, Jean Ziegler – além de caracterizar o original grupo fundador como mero «núcleo fraternal, unido por uma sensibilidade idêntica, alimentado por uma memória comum» – avança mesmo que a reunião de 19 de Setembro de 1956 teve um «carácter *irrisório*», por se assemelhar a uma «assembleia constitutiva» de um mero círculo político, humanista e patriótico. Em sua opinião, os debates foram «medíocres» e os fundadores do PAI não passavam de «pequeno-burgueses mestiços ou negros instalados no seu papel subalterno de auxiliares do colonialismo»[131].

Historicamente, este PAI guineense inseria-se na vaga pan-africana que agitava a África Negra mas a sua actividade inicial não foi significativa, limitando-se à tentativa de recrutar simpatizantes. Talvez tenha influenciado uma lista eleita, em Abril de 1957, para a direcção do único sindicato existente, o corporativo Sindicato Nacional dos Empregados do Comércio e Indústria, mas rapidamente desistiu dos propósitos sindicalistas[132]. Remetido à clandestinidade numa "cidadezinha" colonial, a estrutura do PAI continua a ser, ainda hoje, nebulosa, resulta de alguns depoimentos orais, e enquanto Patrick Chabal adianta que o PAI «começou com um escasso número de membros, 20 a 30 em Bissau e uns poucos mais noutras cidades», Gérard Chaliand acrescenta que, após o aparecimento da PIDE, a organização do PAI se acautelou mediante «células de três a cinco membros, garantindo uma compartimentação rigorosa»[133]. Segundo Eliséee Turpin, a maioria das reuniões posteriores à criação

---

[131] Jean Ziegler, *Les Rebelles – Mouvements armés de libération nationale du Tiers Monde*, Paris, Éditions du Seuil, 1983, pp. 184-186.

[132] Luís Cabral, *op. cit.*, pp. 49 e segs.

[133] Cfr. Patrick Chabal, *Amilcar Cabral – Revolutionary leadership and people's war*, Cambridge, University Press, 1983, p. 56, e Gérard Chaliand, *Lutte armée en Afrique*, Paris, François Maspero, 1967, p. 34. Ver, ainda, sobre esta fase (embora com erros históricos e parecendo exagerar na implantação do PAI), Mustafah Dhada, *Warriors at Work*, Colorado, University Press, 1993, pp. 1 e segs., e, quanto à (posterior) implantação rural e mobilização multi-étnica do PAIGC, Joshua B. Forrest, *Lineages of State Fragility – Rural Civil Society in Guinea-Bissau*, Athens, Ohio University Press/ Oxford, James Currey, 2003, pp. 181 e segs., e Dalila Cabrita Mateus, *A Luta...*, cit., pp. 61 e segs.

94 Invenção e Construção da Guiné-Bissau

do PAI realizou-se «na residência de João Rosa, que se situava no Chão de Papel»[134].

Em qualquer caso, uma marca de identidade ficará: a formação do PAIGC radica-se nas elites crioulas.

Em Novembro de 1957 o movimento nacionalista vai receber um grande impulso, a partir da convocatória, por Amílcar Cabral e Viriato da Cruz, da recente "diáspora parisiense" (Mário Pinto de Andrade, Guilherme Espírito Santo e Marcelino dos Santos) para uma *Reunião de consulta e estudo para o desenvolvimento da luta nas colónias portuguesas*. Esta reunião a cinco durou alguns dias e realizou-se no quarto de Marcelino dos Santos, na Praça da Sorbonne, em Paris. Além de várias referências dos intervenientes, é testemunhada por um texto dactilografado, não assinado e datado *"Europa 1957"*, que enuncia a "Declaração de Princípios» e as «Resoluções» adoptadas, «por unanimidade», na referida *Reunião*[135].

Os "Princípios" aprovados constam de 20 pontos, correspondentes a uma espécie de "proposições". Primeiro, constata-se que as províncias portuguesas de África viviam sob regime colonial (n.º 1) e que os interesses vitais dos africanos impunham uma «luta concreta», activa e sagrada das massas populares até à eliminação completa e incondicional do colonialismo (n.ºs 2 a 7). Abordam-se, depois, as especificidades e condicionantes da luta contra o colonialismo português, como eram, por exemplo, o analfabetismo da quase totalidade das populações (n.º 8) e a necessidade de preparação prévia e clandestina da luta contra o colonialismo português (n.ºs 9 a 12). Impunha-se, pois, criar uma organização patriótica, que trouxesse ânimo, confiança e convicção (n.ºs 13 a 16). Além do «princípio da luta», era indispensável o «princípio da unidade» na libertação do jugo colonial e imperialista (n.ºs 17 a 19). Finalmente, a *Reunião* reconhecia a «concepção, digamos, marxizante ou marxista ortodoxa» da formação política – «aliás, de uma forma que se verificou em seguida estar errada»[136]. Em suma, a conclusão de que a classe operária constituía a classe social mais revolucionária e que caberia «ao proletariado o papel de mobilizar e organizar as massas e de dirigir a luta contra o colonialismo» (n.º 20).

---

[134] "Depoimento de Eliséee Turpin", apud www.paigc.org/DEPOIM~1.HTM

[135] In *Arquivo Mário Soares – Documentos Mário de Andrade*, pasta 4337.005, Imagem 136.

[136] Mário Pinto de Andrade, *Uma entrevista dada a Michel Laban*, Lisboa, Edições João Sá da Costa, 1997, p. 142.

A causa do nacionalismo 95

Seguem-se as cinco «Resoluções» tomadas pela *Reunião*:

a) favorecer a criação e consolidação de organizações patrióticas;
b) criar, de imediato, na Europa, o *movimento de libertação nacional das colónias portuguesas*, com o objectivo de contribuir para a liquidação do colonialismo português;
c) tentar participar (o que, note-se, não foi conseguido) na Conferência Afro-Asiática do Cairo, em Dezembro de 1957;
d) designar um *Comité provisório de direcção colectiva*, ao qual incumbia «começar imediatamente a execução das tarefas inerentes às soluções da presente *Declaração*».

O mais importante resultado desta *Reunião* foi, pois, o lançamento do designado Movimento Anti-Colonialista para a Libertação das Colónias Portuguesas, que mais tarde ficou conhecido por *Movimento Anti-Colonialista* (MAC)[137]. A sua criação foi impulsionada por Viriato da Cruz, aquando da passagem por Lisboa (onde residiu em casa de Amílcar Cabral) a caminho de Paris. O MAC vai agrupar os estudantes africanos da Casa dos Estudantes do Império (CEI), servindo para associar os elementos da chamada "geração de Cabral" (que constituíram o primeiro *Directório do MAC*, em Lisboa, formado por Amílcar Cabral, Agostinho Neto, Eduardo Macedo dos Santos, Lúcio Lara e Noémia de Sousa e que Edmundo Rocha identifica como os "Mais Velhos") com o «numeroso grupo de estudantes da 'Nova Vaga' mais ligados às actividades na CEI e sem qualquer vínculo com as organizações da Oposição portuguesa»[138]. Apesar de ser «um grupo muito restrito e

---

[137] Há muitas dúvidas quanto à data da formação do MAC – cfr., sobretudo, Lúcio Lara, *Documentos e Comentários para a história do MPLA – até Fev. 1961*, Lisboa, Dom Quixote, 1999, Edmundo Rocha, *Contribuição ao estudo da Génese do Nacionalismo Moderno Angolano*, Lisboa, Edição do Autor (Kilombelombe), 2003, pp. 117 e segs., e Julião Soares Sousa, "Os movimentos unitários anti-colonialistas (1954-1960). O contributo de Amílcar Cabral", in Luís Reis Torgal e Luís Oliveira Andrade, *Colonialismo, Anticolonialismo e Identidades Nacionais – Estudos do Século XX*, n.º 3 – 2003, Universidade de Coimbra, Quarteto, pp. 337 e segs.

[138] Edmundo Rocha, "A Casa dos Estudantes do Império nos anos de fogo", in AAVV, *Mensagem – Número Especial*, Lisboa, Associação Casa dos Estudantes do Império, 1977, p. 106.

fechado»[139], o MAC era composto por estudantes de todas as colónias e mantinha algumas "relações orgânicas" com a "componente externa", ou seja, os chamados "Grupo de Paris" e "Grupo da Alemanha" (integrados por exilados políticos), e com os núcleos nacionalistas de Bissau e Luanda.

Entretanto, na Guiné crescera a contestação política e a expansão de Bissau levara a que muitos "civilizados" passassem a residir no antigo bairro indígena do "Tchon di Papel". Ora, perto do *Cobom di Bandé* – que correspondeu ao «berço da Luta, o local que forneceu a nata dos dirigentes»[140] do movimento nacionalista – , em Agosto de 1958, cerca de uma dezena de "civilizados" guineenses de origem (estatuto que os afastava da conotação cabo-verdiana), decidem formar um Movimento de Libertação da Guiné (MLG)[141]. Era um movimento nacionalista (com várias derivações posteriores) que, por um lado, se pretendia continuador da republicana "Liga Guineense" e, por outro, defendia que a Guiné se deveria tornar um Estado Federado da República Portuguesa. À semelhança do PAI, também assentava na pequena burguesia crioula e nos descendentes dos "grumetes". A Guiné seria dotada de uma organização político-administrativa semelhante à dos Estados brasileiros (uma das constantes propostas de José Ferreira de Lacerda, o "patriarca" deste MLG), teria um Governador, eleito por sufrágio universal e directo, e uma assembleia legislativa representativa, enquanto as despesas com as Forças Armadas seriam custeadas pelo orçamento da República Portuguesa. Mas, segundo informação de Hélio Felgas, a actividade do MLG limitou-se «à difusão de panfletos, comunicados e manifestos»[142].

Em Fevereiro de 1957, criticada na ONU a recusa de reconhecer para as "províncias ultramarinas" o estatuto previsto para os "territórios não autónomos", as autoridades guineenses promoveram manifestações de repúdio a tais críticas e de solidariedade com a política nacional. A 3 de Novembro, realizaram-se eleições legislativas de que resultou, sem sur-

---

[139] Tomás Medeiros (entrevista), apud Dalila Cabrita Mateus, *A Luta...*, cit., p. 260.

[140] Filinto de Barros, *Kikia Matcho*, Bissau, Centro Cultural Português, 1997, p. 18.

[141] Ver Rafael Barbosa (entrevista), apud Aristides Pereira, *O Meu Testemunho...*, cit., p. 577, com relação nominativa dos oito "fundadores" e referência a outros membros.

[142] Hélio Felgas, *Guerra na Guiné*, Lisboa, SPEME, 1967, p. 45, e *Os movimentos terroristas de Angola, Guiné e Moçambique (influência externa)*, Lisboa, 1966, pp. 44 e segs.

presa ou contestação, a designação do candidato único a deputado pelo círculo da Guiné, comandante Avelino Teixeira da Mota. Mas o ano não acabou sem uma revelação: o Ministro do Ultramar, Raúl Ventura, deslocou-se a Bissau, informando o Conselho de Governo da eventual existência de petróleo e confirmando a próxima celebração de contratos de pesquisa e exploração com a *Esso Exploration Guiné Inc.*, de que apresentou os traços gerais[143].

Em Abril de 1958, foi comemorado, como habitualmente, o aniversário da entrada de Salazar para o Governo e, a propósito das comemorações do "28 de Maio", efectuaram-se várias inaugurações, entre as quais a da ponte General Craveiro Lopes no Saltinho. Em Junho, realizaram-se eleições presidenciais – num ambiente de alguma tensão, pois excitaram-se «os ânimos de alguns», indo até ao «delírio da paixão política» –, embora a campanha do candidato da União Nacional se tenha limitado a duas sessões de propaganda, porque «dela não necessitava». Os resultados proclamados pelo presidente da mesa eleitoral e dirigente do partido único "União Nacional", António Carreira, mas contestados pela "Oposição", foram os seguintes: Américo Thomaz, 1.624 votos; Humberto Delgado, 430 votos[144].

Por essa altura, sem alarde e para trabalhos de campo, chegou a Bissau a "Missão de Estudo dos Movimentos Associativos em África", chefiada por Silva Cunha. Fora criada por portaria de Fevereiro de 1957, no âmbito do "Centro de Estudos Políticos e Sociais", dependente da Junta de Investigações do Ultramar e adstrito ao ISCSPU. Segundo o (prévio) relatório confidencial elaborado por Jorge Dias, o caso da Guiné não era «preocupante», mas haveria que tomar «medidas especiais», dada a «reduzida influência da cultura e da língua portuguesa junto dos indígenas e a resistência à penetração da religião católica». Opinião semelhante tinha Richard Pattee, que salientava, por um lado, a «franca expansão» do Islão e, por outro, a «pressão cada vez maior dos territórios vizinhos, não só no campo religioso, mas também no político»[145].

---

[143] Cfr. Joaquim Areal, "Crónica da Província", in *BCGP*, n.º 50, p. 220/222.

[144] Conforme descrição de Joaquim Areal, "Crónica da Província", in *BCGP*, n.º 51, pp. 376 e segs.

[145] Cfr. Relatório enviado a Marcello Caetano, Ministro da Presidência, em 8 de Novembro de 1956, citado por Cláudia Castelo, *«O Modo Português...*, cit., p. 104, e Richard Pattee, *Portugal na África Contemporânea*, Coimbra, Faculdade de Letras (Instituto de Estudos Ultramarinos), 1959, sobretudo pp. 581 e segs.

A referida "Missão" fizera a primeira campanha, em 1956 e 1957, em Angola, e adoptaria modelo idêntico nesta acção na Guiné. A urgência da sua realização derivava da situação política nas colónias francesas limítrofes e tinha em vista a «referenciação de eventuais movimentos de reacção», que fizessem propaganda de «ideias semelhantes às que agitam as populações» daquelas colónias. A campanha da "Missão" abrangeu todo o território, tendo examinado os arquivos dos Serviços da Administração Civil, da PIDE, da PSP, do Tribunal de Comarca e das administrações de circunscrição e concelho e interrogado muita gente, desde autoridades a cidadãos e indígenas. O Relatório consta de cerca de 100 páginas e as "Conclusões" mais relevantes são:

a) perante a conjuntura social interna, não se afigurava haver um perigo imediato de «efeitos de reacção anti-portuguesa», mas ele podia «surgir, de um momento para o outro, em resultados de influências externas», sendo «de excepcional interesse» o que se passava na Guiné-Conacri, recém-independente;

b) havia o risco de as associações mutualistas tradicionais serem aproveitadas para acção politica, pelo que era de acompanhar a evolução dos chamados *clubes* que poderiam servir como «veículos de penetração de movimentos subversivos que sob eles se acobertam»;

c) devia ser revista a política cultural e de ensino, considerando que a crescente islamização das populações facilitava a expansão de ideias anti-portuguesas;

d) apesar de reinar a paz, havia que «estar atento», pois os fenómenos sociais evoluem rapidamente e os «indígenas sabem tudo o que se passa à roda. Sabem que no *chão francês* os brancos estão a ir embora e que os pretos agora é que mandam»[146].

Nas reuniões de Junho e Julho de 1959 do "Conselho Orientador" do referido Centro de Estudos Políticos e Sociais, foi discutido e aprovado, como fora determinado por despacho do Ministro do Ultramar, um

---

[146] J. M. da Silva Cunha, *Missão de Estudo dos movimentos associativos em África. Relatório da Campanha de 1958 (Guiné)*, Lisboa, Junta de Investigações do Ultramar, 1959, pp. 98 e 99.

A causa do nacionalismo

"Relatório" sobre as medidas a tomar, mas que não se limitou «ao escopo restrito dos movimentos associativos», começando até pelos «problemas políticos de fundo». Os aspectos específicos da Guiné não foram autonomizados embora, na reunião de 5 de Julho, o dr. Henrique Martins de Carvalho se tenha mostrado «bastante impressionado» com o que se passava na Guiné, «pois essa província está dominada pela CUF e aí existe um sentimento de revolta contra essa companhia», em particular contra os seus «dirigentes locais» [147].

Na mesma altura, o governador Álvaro Silva Tavares foi empossado como Secretário de Estado da Administração Ultramarina, a 14 de Julho de 1958. Para novo Governador da Guiné, o Conselho de Ministros de 7 de Outubro de 1958 nomeou Peixoto Correia. No discurso de posse, após chegada a Bissau em 29 de Dezembro, afirmou vir «prosseguir a obra notável de fomento e valorização» iniciada por Sarmento Rodrigues, e invocou o especial cuidado a dispensar à população nativa, reforçando «os laços de fidelidade à Pátria, evidenciados pelos indígenas, elemento primordial a opor a qualquer acção dissolvente que porventura surja»[148].

Outra era a análise política feita por Armando de Castro que, em meados de 1958, visitara a Guiné preparando um estudo encomendado pelo PCP. Considerava estarem a desenvolver-se entre os guinéus algumas «lutas de massas» (como a de Maio de 1956) e uma «resistência surda» à exploração, enquanto cresciam quer a influência islâmica quer a luta política, como, quanto a esta, demonstrava a apresentação de uma lista de candidatos ao Conselho de Governo. Na sua análise, a vaga anticolonialista não tivera eco na política das autoridades portuguesas, que «não sofreu qualquer transformação», tendo até sido intensificada «a vigilância e a repressão policial», comprovada pela recente instalação da PIDE. Concluía não ter tido notícia de qualquer organização política anticolonial, num quadro de «aparente calma», atraso do «despertar da consciência nacional» e de vasta ofensiva ideológica e propagandística do regime vigente[149].

---

[147] Centro de Estudos Políticos e Sociais, Conselho Orientador, *Acta n.º 9 (borrão)*, de 5/6/1959 (dactilografado), pp. 7/8. Henrique Martins de Carvalho fora responsável dos Negócios Políticos Ultramarinos no MNE.

[148] Cfr. Joaquim Areal, "Crónica da Província", in *BCGP*, n.º 53, pp. 125 e segs..

[149] Armando Castro, *O Sistema Colonial Português em África (meados do século XX)*, Lisboa, Caminho, 1980, pp. 366/368 e 15/16.

Por sua vez, em visita de "observação" quanto ao impacto da independência da Guiné-Conacri, o cônsul britânico em Dacar, embora com uma «opinião favorável» à perspectiva de Portugal «reter o controlo da situação», achou que os funcionários portugueses se mostravam «nervosos», perante a perspectiva da independência do Senegal, o que, depois da independência da Guiné-Conacri, «condenaria a colónia a uma vizinhança complicada»[150].

---

[150] Citado por Pedro Aires de Oliveira, *Os despojos da Aliança – A Grã-Bretanha e a questão colonial portuguesa (1945-1975)*, Lisboa, Tinta da China, 2007, p. 186.

CAPÍTULO III – O massacre do Pindjiguiti

Antes de mais, uma precisão ortográfica. A escrita corrente é *Pidjiguiti*. Na ortografia tradicional, escrevia-se *Pindjiguiti* e a ela se voltou após a independência. É, desde sempre, a que melhor corresponde ao "falar" local. Porém, a partir de 1948, na sequência da aprovação de normas para a escrita dos nomes geográficos, passara a usar-se *Pigiguiti* – que era a escrita oficial portuguesa, na altura do "massacre" e, por isso, também a de Amílcar Cabral. Optou-se, todavia, pelo regresso à ortografia tradicional, que tem vindo a impor-se.

Histórica e geograficamente, Pindjiguiti designava o local do cais de lanchas onde terminava a antiga muralha da cidade. Ficava junto de um poço (tapado nos anos quarenta) que abastecia os habitantes e fora bravamente disputado pelos papéis durante as guerras com a "praça" de Bissau. Este poço esteve na origem do dito local *bebeu a água do Pindjiguiti*, no sentido de ter ficado "amarrado à Guiné"[151]. Não deve confundir-se o local do "massacre", ou seja, o "cais do Pindjiguiti" – situado no termo da actual Avenida Amílcar Cabral (ex-Avenida da República), defronte do monumento a Nuno Tristão, inaugurado em 1947 e hoje demolido –, com as pontes-cais de Bissau, localizadas à sua esquerda, no sentido da marginal do Geba, sejam as iniciais pontes de atracação (a do Governador Correia e Lança e a do Governador Carlos Pereira, ambas destruídas), seja a "nova" ponte-cais, iniciada em 1948 e inaugurada em Maio de 1953.

Como se viu, a partir de 1957 o Governo português intensificara as medidas contra a previsível "guerra subversiva" e, a 11 de Dezembro de 1958, chegara a Bissalanca uma delegação militar, chefiada pelo Subsecretário de Estado do Exército, Francisco da Costa Gomes.

---

[151] Cfr. A. Teixeira da Mota, *Guiné Portuguesa*, Vol. II, Lisboa, Agência Geral do Ultramar, 1954, p. 65.

102 *Invenção e Construção da Guiné-Bissau*

Percorreu várias localidades numa missão de carácter militar, mas relacionada com aspectos económicos e com a instalação de aquartelamentos. Tratava-se de aplicar a alteração da organização militar do Ultramar, decidida no início de 1958, e a prioridade da Guiné resultava de os órgãos superiores da Defesa Nacional terem previsto sérios riscos de um ataque organizado pela novel República da Guiné-Conacri. A Guiné colocava-se, então, «em segundo lugar», logo a seguir ao Estado da Índia, nas preocupações portuguesas quanto à «defesa do Ultramar»[152]. Costa Gomes voltou mais tarde a Bissau, em princípios de Julho de 1959, com a mesma finalidade «de estudar assuntos relacionados com actividades do Comando Militar»[153], tendo na ocasião prevenido o Governador Peixoto Correia de que estaria «em mente, em preparação, uma revolta dos homens que faziam o serviço do porto, cargas e descargas» e aconselhando a satisfação das respectivas reivindicações, visto que o tratamento dos trabalhadores era desumano[154].

E, de facto, nos últimos dias de Julho de 1959, os marinheiros do cais do Pindjiguiti, incluindo contra-mestres e cozinheiros, prepararam um novo movimento grevista (o anterior fora em 1956). As embarcações das nove firmas armadoras em causa eram "lanchas", "motoras" e "barreiros" ou "botes" a remos e a grande maioria dos indígenas tinha de fazer cumulativamente o trabalho de estiva. Os salários eram concertados anualmente pelas casas comerciais e a exigência de uma nova melhoria de salários havia sido apresentada em Fevereiro, tendo obtido a promessa de estudo da pretensão.

A preparação da greve coube aos "capitães" dos barcos; a exigência de aumento dos salários assentava na dureza das condições de trabalho e no custo da alimentação – arroz, azeite de palma e "casseque", ou seja, peixe-seco. Em 31 de Julho, dia habitual do pagamento, não estando o pagador da "Casa Gouveia" preparado para qualquer aumento, os marí-

---

[152] Cfr. António José Telo, *Homens, Doutrina e Organização – 1824-1974*, Tomo I, Lisboa, Academia da Marinha, 1999, p. 522, e idem, "A mudança-1959", in Aniceto Afonso e Matos Gomes, *Guerra Colonial – Angola, Guiné, Moçambique*, Lisboa, Diário de Notícias, 1977/1978, pp. 26/27. Ver, ainda, John P. Cann, *Contra-Insurreição em África – o Modo Português de Fazer a Guerra (1961-1974)*, S. Pedro do Estoril, Atena, 1998, pp. 63 e segs.

[153] Cfr. Joaquim Areal, "Crónica da Província" , in *BCGP*, n.º 56, p. 737.

[154] Cfr. a entrevista do marechal Costa Gomes in Drumond Jaime e Hélder Barber (org.), *Angola: Depoimentos para a História Recente*, 1.º Volume, Luanda, Edição dos Autores, 1999, pp. 285/286.

A *causa do nacionalismo* 103

timos recusaram os salários apresentados. O fracasso das negociações posteriores com o gerente António Carreira, na manhã de 3 de Agosto, despoletou a crise.

Os "capitães" convocaram uma concentração para as 14 horas, pretendendo devolver os barcos. Os manifestantes, todos manjacos, eram uma multidão – os números das autoridades portugueses variam entre cerca de cem e quatrocentos. Interveio logo o patrão-mor da Capitania que convocou os marinheiros para o edifício das Oficinas Gerais, insistindo em que teriam de levantar os seus salários. Não tendo conseguido mudar a posição dos grevistas, voltou a chamar o gerente da "Casa Gouveia". António Carreira, às 15 horas, foi à esquadra da PSP buscar os chefes Dimas, Rocha e Assunção. Cerca das 16 horas, o subchefe Assunção «dirigiu-se ao porto e foi dar ordens aos marinheiros para continuarem a trabalhar e como eles nem sequer se mexeram dali, começou a empurrá-los e até chegou a dar uma bofetada a um deles»; os marítimos ripostaram violentamente, brandindo os remos, paus, barras de ferro e arpões com que se haviam armado[155].

O referido subchefe, cercado pelos grevistas, fez vários disparos (para o ar), registando-se luta pelo domínio das armas e várias agressões mútuas. Chegou o piquete da PSP (no testemunho de um agente, o tenente Carlos Eduardo Simões foi logo à esquadra onde organizou o pessoal para o Pindjiguiti porque estava a haver «guerra com os marinheiros») que assumiu imediatamente posição de combate[156]. Os manifestantes tentaram avançar e vários guardas abriram fogo (para uns, a ordem foi dada pelo comandante militar, tenente-coronel Filipe Rodrigues, enquanto outros dizem que veio do tenente Simões). Seguiram-se vários minutos de tiroteio, lançamento de granadas lacrimogéneas e perseguição dos grevistas, que fugiam, na direcção do cais e tentavam abrir os portões encerrados (por darem acesso às instalações da "Casa Gouveia").

---

[155] Depoimentos de Sido Balde, 50 anos, guarda da PSP, e de Salio Camará, 56 anos, cabo da PSP, in *Nô Pintcha*, n.° 56, de 2/8/1975, p. 9. Este desenrolar dos acontecimentos é confirmado pelo "Relatório [datado de 4 de Agosto de 1959 e elaborado pelo Comandante Militar, Luís Alberto Filipe Rodrigues tenente-coronel de cavalaria]", publicado apud Carlos de Matos Gomes e Aniceto Afonso, *Os Anos da Guerra Colonial*, Volume I, Lisboa, Quidnovi, 2009, pp. 30/33.

[156] Corrigiram-se os nomes dos agentes da PSP envolvidos nos acontecimentos, com a ajuda de António Júlio Estácio.

104   *Invenção e Construção da Guiné-Bissau*

A PSP – resume um relato elaborado a partir dos dados da "Missão Católica – perdera o autodomínio e atirara «a matar em força, sem quaisquer considerações. No fim, há uns 13 a 15 mortos espalhados no cais do Pindjiguiti; mais cadáveres de marítimos e estivadores são arrastados pelas águas do Geba, não se sabe quantos; alguns moribundos ou gravemente feridos vão falecer no hospital [...]. Muitos dos amotinados conseguiram escapar para o Senegal e República da Guiné-Conacri nos próprios barcos em que trabalhavam»[157]. Efectivamente, segundo o "Comando da Defesa Marítima da Guiné" (CDMG), mesmo depois das primeiras descargas e mortes, a repressão continuou «atirando polícias e militares sobre manifestantes fugitivos, uns dentro de água, acocorados outros atrás de embarcações, outros ainda correndo pelo lodo»; então, o comandante militar, para «impedir a fuga destes últimos» fez «fogo comprido, à maneira de 'barragem' para que eles não a pudessem atravessar e retrocedessem» e o substituto do Capitão dos Portos «mandou sair uma lancha-motor da capitania para que impedisse a fuga de algumas canoas»[158]. De resto – apesar de estes relatos não o referirem –, há testemunhos de que também alguns civis colaboraram, por iniciativa própria, no tiroteio aos grevistas em fuga.

Segundo a versão do PAIGC – procurando «reconstituir fielmente o desenrolar dos factos», aquando do seu 20.º aniversário –, «[a] luta foi desigual: dum lado do portão do cais do Pidjiguiti, fechado pelos colonialistas, os marinheiros e estivadores empunhando, apenas, remos e paus; face a eles, os colonos e seus lacaios africanos – polícias, soldados e civis – armados de metralhadoras e espingardas»[159].

---

[157] Henrique Pinto Rema, *op. cit.*, p. 856 (com base nos números de 6, 20 e 21 de Agosto de *O Arauto*, diário do clero católico, e nas notas do chefe da PSP, Francisco Valoura).

[158] Cfr. "[Relatório] Confidencial do Comandante da Defesa Marítima, cap. ten. Raul de Sousa Machado, ao Estado Maior da Armada, de 18 de Agosto de 1959" (de 5 folhas dactilografadas, "desclassificado" em 10/3/2003), apud Luís Sanches de Baêna, *Fuzileiros – Livro III – Crónica dos Feitos da Guiné (1962/1974)*, Comissão Cultural da Marinha, Edições Inapa, 2006, pp. 238-242.

O CMDG fora activado nesse ano de 1959, integrado no Comando Naval de Cabo Verde e Guiné. Perante estes acontecimentos foram deslocados para a Guiné «e à pressa» a fragata "Pêro Escobar" e o patrulha "Boavista" – cfr. António José Telo, *Homens, Doutrina...,*, cit., p. 578.

[159] Aristides Pereira, "Intervenção na sessão de abertura do simpósio sobre 'O Significado Político do Massacre de Pidjiguiti', Bissau, 1 de Agosto de 1979", in

Os feridos e os cadáveres foram transportados, com a ajuda dos sobreviventes e em camiões, sob vigilância militar, para o hospital e a casa mortuária. Só as mulheres dos mortos foram autorizadas ao velório e os funerais realizaram-se logo na manhã de 4 de Agosto.

A repressão subsequente foi violenta, com prisões e interrogatórios no Quartel-General. A área do cais esteve isolada e sujeita a vigilância policial, alargada a várias ruas da capital. O Governador proibiu qualquer noticiário para o exterior. As unidades militares entraram de "prevenção rigorosa" e chegou mesmo a ser prevista uma intervenção de forças paraquedistas. A PIDE procurou descortinar "cabecilhas políticos" por detrás dos marítimos indígenas e diligenciou para o envio dos presos com destino ao Tarrafal, em Cabo Verde, ordem essa que acabaria por ser revogada; a administração insistia ter-se tratado de uma "guerra" entre marítimos manjacos e guardas papéis.

Foi instaurado um inquérito administrativo (a cargo do Inspector Manuel Bento Gonçalves Ferreira) aos ditos "incidentes de 3 de Agosto". Concluiu que tinha havido nove mortos e catorze feridos (com internamento hospitalar), a que acresciam «alguns presos à ordem da PIDE, desconhecendo, no entanto, o seu número»; estes nove mortos e catorze feridos foram identificados (nome, profissão e firma em que trabalhavam), os primeiros enquanto «indígenas manjacos mortos» e os segundos enquanto «marítimos feridos nos incidentes de 3 do corrente»[160]. Segundo os já citados "relatórios" preliminares, os acontecimentos teriam sido «devidamente organizados do antecedente» e tinham provocado, do lado da PSP, três feridos (dois subchefes e um guarda), quanto aos manifestantes, 9 mortos, 15 feridos de certa gravidade e hospitalizados e 23 marítimos presos[161]. Este número de 9 manifestantes mortos limita-se, porém, aos cadáveres transportados para a casa mortuária e nenhum destes "relatórios" oficiais refere os grevistas que foram abatidos pelos guardas e alguns civis

---

Discursos – Volume I (1973-1980), Edição do Gabinete da Presidência da República, Praia, 1988, p. 450.

[160] Cfr. "Documentos Inéditos do 3 de Agosto de 1959 – Confidencial n.º 27, endereçada ao «[...] Inspector Manuel Bento Gomes Ferreira»", apud *Nô Pintcha*, n.º 56, de 2/8/1975 (edição especial subintitulada *O Massacre do Pidjiguiti – 16 anos depois*, de 14 págs.), pp. 6 e 10.

[161] Cfr., conjugadamente, "[Relatório] Confidencial...", cit., fls. 2, apud *loc. cit.*, e "Relatório [datado de 4 de Agosto...]", cit., apud *loc. cit.*, p. 32.

106   *Invenção e Construção da Guiné-Bissau*

(em "caça ao homem" e em "tiroteio de barragem") quando fugiam pela lama e lodo e cujos cadáveres foram arrastados pelas águas do rio Geba.

Na manhã de terça-feira, 4 de Agosto, o Administrador do concelho de Bissau, José Eduardo Silva Marques, contactou um dos capitães, o mestre Ocante Benunte, que lhe apresentou as cinco condições dos grevistas para retomarem o trabalho[162]:

- aumento dos salários;
- afastamento de António Carreira, por, além das suas responsabilidades pelas mortes nos incidentes do dia anterior, ser useiro em insultos e descontos arbitrários nos vencimentos, e ainda por não ter cumprido a ordem de aumento de salários que a CUF, de Lisboa, lhe transmitira oportunamente;
- afastamento do patrão-mor da Capitania da área do cais, pelo uso contínuo de frases insultuosas;
- afastamento do chamado "patrão-mor da Ultramarina";
- libertação dos marítimos presos.

As negociações por parte das autoridades couberam ao já citado Comando da Defesa Marítima da Guiné (CDMG), o qual teria de respeitar as seguintes directivas fixadas pelo Governador Peixoto Correia (que se manteve em contacto diário por via telegráfica com o Ministro do Ultramar, Vasco Lopes Alves):

«1.º – Que a questão dos salários só poderia tratar-se de forma disciplinada, por intermédio da Capitania e intervenção das casas armadoras.

2.º – Que a libertação dos presos não se faria de maneira alguma sem que fossem apuradas responsabilidades; então castigar-se-iam os culpados e pôr-se-iam em liberdade os que não fossem responsáveis.

3.º – Que nenhuma das diligências se iniciaria sem que retomassem o trabalho»[163].

---

[162] Cfr. "Documentos …", cit., apud *loc. cit.*, p. 10. Ocante Benunte seria militante do PAI e a sua biografia consta do artigo "Irmão Ocante, herói do povo", in *Nô Pintcha*, n.º 56, cit., pp. 5 e 10.

[163] "[Relatório] Confidencial…", cit., fls. 3, apud *loc. cit.*. Ver os sete telegramas enviados pelo Governador ao Ministro do Ultramar apud Carlos de Matos Gomes e Aniceto Afonso, *Os Anos*…, cit., pp. 33/34.

A *causa do nacionalismo* 107

As autoridades procuravam, sobretudo, a retoma do trabalho pois só os grevistas (e nenhuma outra "raça") conheciam os "segredos da navegação". Em 6 de Agosto à noite, o Governador Peixoto Correia teve uma conversa prévia com três manjacos idosos, que lhe apresentaram as razões dos grevistas. As negociações formais iniciaram-se na sexta-feira, 7 de Agosto, mas no domingo subsequente «a propaganda da rádio Conacri, referindo-se aos acontecimentos e imprimindo-lhes carácter político, prejudicou ligeiramente o [seu] andamento». Foi solicitada «a presença e a ajuda muito compreensiva» de Baticã Ferreira, régulo (manjaco) de Cantchungo, embora as negociações se tenham tornado «delicadas pelo aspecto de comício em que por vezes decorriam». Finalmente, na segunda-feira, 10 de Agosto, as autoridades apresentaram um ultimato, pois que «se o assunto não fosse resolvido imediatamente o caso seria entregue a outras entidades que o resolveriam pela força». Tal ultimato terá quebrado «as últimas resistências e nesse dia mesmo começou a apresentar-se em massa todo o pessoal». Assim, para regressar à normalidade, apenas houve que «fazer novas matrículas, acertar tripulações», contratando-se cerca de 50 manjacos, antigos desempregados; logo retomaram o trabalho as tripulações de sete lanchas e em 11 de Agosto estavam em funcionamento 30 de um total de 53 lanchas. Depois, na quarta-feira, 12 de Agosto, retomaram as restantes embarcações «podendo considerar-se o caso resolvido no que tinha de grave, no momento»[164].

Recentemente, Mário Dias produziu um depoimento importante, mesmo que o testemunho presencial se limite à parte final dos acontecimentos. Conta que, no regresso de uma guarda de honra prestada no aeroporto, a coluna em que se integrava foi desviada para o cais, onde viu uma «considerável multidão», fechados os portões do Pindjiguiti e cerca de uma dezena de seguranças da PSP. A missão da coluna de que Mário Dias fazia parte visava «cercar os terrenos anexos», impedindo qualquer passagem, sobretudo para as instalações da "Casa Gouveia"; aí se mantiveram «aproximadamente 30 minutos, até os ânimos se acalmarem (era o que se pretendia)». Na opinião de Mário Dias, a ocorrência foi mais que mera greve pois «rapidamente se transformou numa revolta violenta» e deve considerar-se «inteiramente da responsabilidade dos

---

[164] Todas as citações são do "[Relatório] Confidencial ...", cit., fls. 3 e 4, apud *loc. cit.*

108   *Invenção e Construção da Guiné-Bissau*

marinheiros e trabalhadores do cais pertencentes à Casa Gouveia, por motivos puramente laborais», sem envolvimento do então chamado PAI[165].

Também para o historiador guineense Leopoldo Amado, o PAI «não teve, pelo menos directamente, uma acção ou influência decisivas nas acções que viriam a desembocar em Pindjiguiti». Pelo contrário, terão sido vários «activistas» do MLG quem se empenhara «em acções de discreta mobilização e consciencialização política dos trabalhadores portuários». Por isso, conclui que «a reivindicação *a posteriori* da paternidade de Pindjiguiti por parte do PAI(GC) só se pode compreender na medida em que o MLG como o PAIGC partilhavam indistintamente o mesmo espaço político», havendo mesmo vários casos de dupla filiação ou simpatia[166].

De facto, Rafael Barbosa (que, na época, usava o pseudónimo de "Zain Lopes" e era membro do MLG) reconheceu ter sido «um dos responsáveis da questão do Pindjiguiti» – já que controlava António Nola que fora «quem organizou a greve» –, acrescentando ainda que, além dele, também Ladislau Lopes Justado e Hipólito Mário Fernandes (ambos, igualmente, do MLG) mobilizaram «os marinheiros e os trabalhadores do cais»[167].

Hélio Felgas destaca que o MLG «gostava de insinuar que fora o impulsionador dos incidentes»[168]. Por sua vez, o investigador alemão, da Universidade de Friburgo, Alexander Keese, teve oportunidade de consultar documentação do Ministério da Defesa Nacional e do conselheiro diplomático francês em Dacar, donde concluiu que o massacre de Pindjiguiti era «vivamente criticado, tanto pelos administradores locais, como pelos responsáveis das forças armadas»[169].

---

[165] Mário Dias, "Guiné 63/74 – DXXXV: Pidjiguiti, 3 de Agosto de 1959: eu estive lá", in http://blogueforanada.blogspot.com/

[166] Leopoldo Amado, "Simbólica de Pindjiguiti na óptica libertária da Guiné--Bissau", apud *http://guineidade.blogs.sapo/pt/arquivo/1019191.html*.

[167] Cfr. "Rafael Barbosa, mito do nacionalismo africano, ao *Público*", in *Público*, de 6/12/1999, p. 19, e Rafael Barbosa (entrevista), apud Aristides Pereira, *O Meu Testemunho...*, cit., p. 577. António Nola foi um dos três «elementos indígenas considerados preponderantes nos acontecimentos do passado dia 3» – cfr. "António Nola – Marinheiro Heróico" e "Documentos Inéditos do 3 de Agosto de 1959 – Confidencial n.° 26", apud *Nô Pintcha*, n.° 56, de 2/8/1975, pp. 6 e 10.

[168] Hélio Felgas, *Guerra na Guiné...*, cit., p. 45.

[169] Alexander Keese, " 'Proteger os pretos'. Havia uma mentalidade reformista

Apesar da censura noticiosa imposta pelo Governador Peixoto Correia, os acontecimentos tiveram repercussão internacional, através da difusão clandestina de notícias. Serão aproveitados pelos movimentos de libertação nacional das colónias portuguesas, então em fase de "explosão organizacional". Mas a acção decisiva iria ser empreendida por Amílcar Cabral.

Logo a 7 de Agosto, em carta a Ruth Lara, escrita em Kano (Nigéria), Amílcar Cabral comunicava-lhe andar armado em «caixeiro-viajante», tencionando ir «ver a terra» e «regressar a Lisboa em Setembro», e informava-a, de modo telegráfico, que na Guiné houvera «há dias 7 mortos e 5 feridos»[170]. Enviou, então, um relatório aos seus «[b]ons amigos», referindo-se à «etapa nova e decisiva» que impunha o regresso a África, afirmando que continuava «a tentar cumprir o programa» que traçara (ou seja, a implantação de um decidido movimento anticolonialista, numa «marcha» que «não pode parar»), e concluindo que visitaria Bissau e tentaria ir a Conacri[171]. Por seu lado, Lúcio Lara encarregou-se de denunciar internacionalmente os acontecimentos da Guiné, escondidos pelo Governo português «receando a opinião internacional», nos quais – acrescentou – houvera «muitos mortos e feridos (o jornal francês *Le Monde*, menciona 12 mortos)»[172].

Em seguida, por carta de 24 de Setembro, Amílcar Cabral resumiu a sua ida a Bissau. Por um lado, encontrara provas da «vontade espontânea» e do «desejo consciente» de lutar e, perante o aparecimento de outras organizações nacionalistas, deveria ser «objectivo fundamental do programa

---

na administração portuguesa na África Tropical (1926-1961)?", in *Africana Studia*, n.º 6, 2003, pp. 116/117.

Sobre os acontecimentos, há ainda importantes testemunhos de Carlos Fabião in José Freire Antunes, *A Guerra de África...*, cit., pp. 363/364, de Carlos Correia e de Lourenço Gomes, bem como a reportagem de José Upadai Gomes, "Marinheiros sobreviventes do Pidjiguiti relatam o massacre" in *Nô Pintcha*, n.º 56, de 2/8/1975, cit., pp. 11 e 4/5, respectivamente. Ver também o "Guião" do (incompleto) filme de Chris Marker, "Massacre de Pidjiguiti. 1959. PAIGC", in *Arquivo Mário Soares – Documentos Mário de Andrade*, pasta 4357,012.

[170] "Carta de Amílcar Cabral a Ruth Lara", apud Lúcio Lara, *Documentos...*, cit., pp. 119/120.

[171] "Relatório de Amílcar Cabral" apud Lúcio Lara, *op. cit.*, pp. 153/155.

[172] "Carta do MAC à Conferência Pan-Africana", apud Lúcio Lara, *op. cit.*, pp. 141/142.

traçado, conseguir uma união sólida, a formação de uma só frente para lutar». Por outro lado, quanto à «chacina feita pela polícia e civis portugueses», afinal o balanço era: «24 mortos e 35 feridos, alguns muito graves. Chegaram mesmo a matar alguns africanos dentro da água [...]»; tratou-se de crime «do mais hediondo», que teria de ser vingado, mas os acontecimentos eram também «uma lição e importa tirar daí as maiores vantagens para a luta»[173].

De facto, este "massacre do Pindjiguiti" tornou-se um marco histórico e, politicamente, foi aproveitado pelo PAIGC para impor a passagem da agitação nacionalista à "fase superior" da luta de libertação nacional.

---

[173] "Carta de Amílcar Cabral" apud Lúcio Lara, *op. cit.*, p. 161/162.

CAPÍTULO IV – **Do PAI ao PAIGC**

Amílcar Cabral tinha programado visitar a família em Bissau no decurso do périplo que fazia, em Agosto e Setembro de 1959, com vista ao "regresso a África". Entretanto ocorreu este caso do Pindjiguiti e, em consequência, o encontro com os seus amigos na Guiné acabará por tornar-se a «mais decisiva reunião» da história do movimento de libertação na Guiné.

Aliás, há mesmo uma investigação recente que considera ter sido «então que foi fundado o PAI, mais tarde PAIGC (Partido Africano da Independência da Guiné e Cabo Verde) e não em 1956 como se tem insistentemente defendido no discurso oficial»[174]. Embora, de facto, até fins de 1959, não exista qualquer referência coetânea a tal PAI, esta última tese parece exagerada[175], pois afasta os antecedentes de um processo de formação prolongado e clandestino (como se viu) e cujo "desaparecimento" se deve sobretudo à ausência física de Amílcar Cabral da Guiné e à sua deriva pessoal pela formação de movimentos unitários contra o colonialismo português[176].

A dita «mais decisiva reunião» realizou-se a 19 de Setembro de 1959 (três anos, precisamente, depois do encontro em que fora proposta a fundação de um PAI) num «lugar seguro no Bairro de Belém», diz Rafael Barbosa; além dele e de Amílcar Cabral, participaram Aristides Pereira, Luís Cabral, Fernando Fortes, «o Bacar da Granja» e (sem confirmação)

---

[174] Julião Soares Sousa, "Os movimentos unitários..", cit., in *loc cit.*, p. 344.

[175] Temos presente a polémica quanto à data da fundação do MPLA.

[176] Segundo Rafael Barbosa (entrevista), apud Aristides Pereira, *O Meu Testemunho*..., cit., p. 577, «Amílcar deixou as coisas a germinarem, mas ele pouco podia fazer porque as autoridades já o tinham visado».

Epifânio Souto Amado[177]. Porém, Luís Cabral – referindo, sim, uma «reunião com o Amílcar (19/9/959)», durante a qual apresentou o «relatório sobre os trágicos acontecimentos de 3 de Agosto» – acrescenta ainda um outro encontro, por volta das sete e meia da tarde. Enquanto Amílcar Cabral e Rafael Barbosa conversavam, dentro do automóvel de Luís Cabral, Aristides Pereira montava «guarda na rua tangente à parte lateral da Catedral de Bissau, sob as árvores que seguem o passeio [e Luís Cabral vigiava] dentro do jardim do edifício dos Serviços de Administração Civil»[178].

Segundo o *Relatório* que a veio testemunhar, na reunião de 19 de Setembro reviram-se «a experiência de três anos de luta clandestina», a situação política e o significado dos recentes acontecimentos do Pindjiguiti, concluindo-se que só «a luta por todos os meios, incluindo a luta armada», poderia «conduzir à libertação do país». Por isso, para «passar à nova fase», foi adoptado um «programa de acção», com várias medidas estratégicas:

a) evitar manifestações urbanas, preservar a clandestinidade e deslocar a mobilização para o campo, organizando os camponeses;

b) confirmada a natureza violenta do colonialismo português, «esperar o melhor, mas preparar-se para o pior» (ou seja, a luta armada);

c) preparar o maior número de quadros e mobilizar os emigrados;

d) transferir parte da direcção para o exterior, indo Amílcar Cabral instalar-se na República da Guiné (Conacri);

e) formalizar o acordo entre Amílcar Cabral ("Abel Djassi") e Rafael Barbosa ("Zain Lopes") quanto à *Carta da Frente de Libertação da Guiné e Cabo Verde* (FLGCV), ou seja, à «frente orgânica de unidade», que permitiria a integração dos «principais responsáveis» do MLG nos «organismos superiores do PAI».

---

[177] Rafael Barbosa (entrevista), apud Aristides Pereira, *O Meu Testemunho...*, cit., p. 578. Aristides Pereira ainda inclui João da Silva Rosa. Segundo o próprio Epifânio Souto Amado, quer ele próprio, quer César Mário Fernandes foram convocados, mas houve um desencontro, pelo que apenas foram informados do resultado da conversa entre Amílcar Cabral, Rafael Barbosa e Alfredo Menezes – cfr. Leopoldo Amado, "Da embriologia...", cit., in *loc. cit.*

[178] Luís Cabral, *Crónica...*, pp. 74.

A causa do nacionalismo 113

Quatro documentos testemunham esta importante reunião e permitem algumas ilações quanto à génese da luta de libertação. O primeiro é um *Relatório confidencial* – obviamente da autoria de Amílcar Cabral e redigido, segundo acrescenta Basil Davidson, «imediatamente depois» desta reunião «alargada» de 19 de Setembro de 1959 – que, além das já referidas conclusões ou "programa de acção", invoca a «experiência de três anos de luta», embora não cite no texto a sigla PAI, mas sim «o Partido», sem mais[179]. O segundo é a referida *Carta da Frente de Libertação da Guiné e Cabo Verde*, expressamente datada de «Bissau, 19 de Setembro de 1959» – apesar de a fixação do seu texto ser, por certo, posterior, até porque se encontra assinada apenas por Abel Djassi (Amílcar Cabral) – e na qual se invoca o PAI enquanto «organização política autónoma criada por guineenses e cabo-verdianos na Guiné dita Portuguesa»[180]. O terceiro, é uma expressiva carta enviada de Conacri, em 16 de Junho de 1960, por A[bel] Djassi aos seus camaradas do PAI e da FLGC, onde Amílcar Cabral se refere ao «encontro do ano passado», ou seja, a «célebre reunião com Zain», menciona a actividade política que, entretanto, desenvolveu e, no último parágrafo, recorda ser ele o «irmão, o vosso camarada de sempre, aquele que criou o PAI, o nosso Partido autónomo». Sublinhava ainda que é «aquele que ama a <u>agricultura</u>», o mesmo «que fez uma reunião com o Zain [Rafael Barbosa], o ano passado para criar a Frente de Libertação» e, antes de concluir com incitamentos e pedidos de notícias, insiste na sua qualidade de «Secretário-Geral do nosso PAI»[181]. O quarto é um pedagógico esclarecimento (trata-se, mesmo, de uma espécie de "programa do PAI") dirigido «Aos povos da Guiné e Cabo Verde», datado de «África, 14 de Julho de 1960» e assinado na qualidade de «Secretário Geral», sobre o que pretendia o PAI, a curto e médio prazo, quer, primeiro, para Guiné e Cabo Verde «em geral», quer, depois e particularmente, quanto à Guiné e quanto a Cabo Verde concluindo que, no sentido de «conseguir tudo isto»,

---

[179] Este "Relatório da reunião de 19 de Setembro de 1959" foi dado a conhecer por Basil Davidson, *Révolution en Afrique – la libération de la Guinée Portugaise*, Paris, Seuil, 1969 (tradução do original inglês; há edição portuguesa), pp. 36/37. Ainda segundo Davidson, o PAIGC disporia então de meia centena de «membros activos», metade dos quais em Bissau.

[180] Está publicada apud Mário de Andrade, *Amilcar Cabral*, Paris, Maspero, 1980, pp. 90/91.

[181] O original em francês (e a tradução portuguesa) encontram-se apud *Amílcar Cabral – Sou um simples africano...*, Fundação Mário Soares, 2000, p. 23.

se havia começado «a lutar corajosamente para acabar com o primeiro obstáculo – o *colonialismo português*»[182].

Rafael Barbosa tornar-se-á, a partir de então e dentro da Guiné, o elemento fundamental da campanha de mobilização a favor do PAI/PAIGC, que se traduziria sobretudo no encaminhamento de jovens militantes para o exterior, visto que «como elemento da construção civil estava bem posicionado para dialogar com os assalariados e operários [...]. Fazia viagens e mobilizava as pessoas». Nas várias deslocações pelo interior era frequentemente acompanhado por Fernandes Fortes e a quantidade de lançamentos de panfletos por todo território, foi constante e «em grande escala»[183].

Como veremos melhor, o PAI só vai, porém, surgir publicamente em fins de Janeiro de 1960, aquando da invocação do Movimento Anti-Colonialista (MAC) na II Conferência Pan-Africana, realizada em Tunes. Assim acontece no (adiado) texto definitivo do *Manifesto do MAC* onde o PAI aparece ao lado do MPLA como fundador do MAC, de que ambos constituíam «a estrutura basilar»; depois, nos documentos apresentados ou aprovados em Tunes e, sobretudo, a propósito da substituição do MAC pela Frente Revolucionária Africana para a Independência Nacional (FRAIN).

Recorde-se que este processo de constituição do MAC – cuja criação se data de 1957 ou de 1958 – correspondeu a uma época em que, após a Conferência de Bandung, vários congressos de estudantes, escritores e artistas negros, bem como partidos e movimentos políticos, agitaram África de ponta a ponta, numa «agitação febril, que atingiu o paroxismo anticolonialista»[184]. Em Abril de 1958, o Presidente do Gana, Kwame Nkrumah, líder do pan-africanismo, promoveu em Acra a I Conferência dos Estados Africanos e, logo a seguir, a I Conferência dos Povos Africanos. Esta última teve vasta representação, tendo comparecido, pelas

---

[182] Amílcar Cabral, "O que quer o nosso Partido?», apud Aristides Pereira, *O Meu Testemunho*…, cit., pp. 657/659. Ver, também, da mesma época, a "Declaração de Princípios" do PAI, in *Arquivo Amílcar Cabral*, Fundação Mário Soares.

[183] Rafael Barbosa (entrevista), apud Aristides Pereira, *O Meu Testemunho*…, cit., pp. 578/579. A campanha de mobilização crescerá a partir de encontro de Dacar, de Outubro de 1960. O processso de unificação (de parte) do MLG com o PAI foi muito atribulado – cfr. Leopoldo Amado, "Da embriologia nacionalista…", cit., in *loc. cit.*

[184] Eduardo dos Santos, *Pan-Africanismo*, Lisboa, Edição do Autor, 1968, p. 196.

colónias portuguesas, Holden Roberto, que aproveitará a oportunidade para passar a designar o seu movimento como UPA – União dos Povos de Angola e tem o primeiro encontro com Frantz Fanon[185]. A Conferência aprovou quatro resoluções gerais, condenando todas as formas de colonialismo e propugnando o agrupamento regional de Estados, como forma intermédia para alcançar a unidade africana.[186].

Um ano depois, de 26 de Março a 1 de Abril de 1959, realizou-se em Roma o II Congresso Internacional de Escritores e Artistas Negros, «uma continuidade e uma exigência ditadas pela situação existente com os problemas criados em consequência de Bandung e das diferentes reivindicações já em curso em África e nas Américas»[187]. Das colónias portuguesas compareceram Viriato da Cruz, Lúcio Lara, Marcelino dos Santos e Mário Pinto de Andrade. Tinham preparada uma (frustrada) intervenção crítica ao Acordo Missionário e suas repercussões nos "indígenas" das colónias portuguesas e divergiram de Frantz Fanon, pois este defendia a inevitabilidade da luta armada, tendo prometido apoio do movimento de libertação argelino ao treino militar de angolanos e moçambicanos. Na altura, foi cometido a Amílcar Cabral o recrutamento de 11 jovens nacionalistas angolanos, embora esta missão tivesse acabado por fracassar (de facto, tais jovens angolanos foram, entretanto, presos pela PIDE). Mas este último episódio serviu para reforçar o radicalismo de Frantz Fanon – cada vez mais defensor da UPA e do uso da violência – no sentido do âmbito "nacional" das várias lutas.

O movimento nacionalista das colónias portuguesas revelou muito interesse em participar na II Conferência dos Povos Africanos a realizar em Tunes, de 25 a 31 de Janeiro de 1960, sob o lema *A África será livre e unida*. Os correspondentes objectivos eram ambiciosos e foram enunciados por Amílcar Cabral:

a) agir numa frente única representativa, excluindo posições separadas ou individuais;

---

[185] Ver, desenvolvimento, João Paulo N'ganga, *O Pai do Nacionalismo Angolano – As memórias de Holdon Roberto*, Volume I, São Paulo, Edição do Autor, 2008, pp. 72 e segs.

[186] Cfr. Eduardo dos Santos, *op. cit.*, pp. 210/215.

[187] Lúcio Lara, *op. cit.*, pp. 78/80. Sobre este Congresso, também Mário Pinto de Andrade, *Uma entrevista...*, cit., pp. 150/151.

116   *Invenção e Construção da Guiné-Bissau*

b) informar a Conferência das características do colonialismo português;

c) mostrar como a luta contra o colonialismo português «é hoje o problema mais importante para a liquidação do colonialismo em África»;

d) mostrar como essa luta «tem de ser e está a ser realizada em dois campos, interna e externamente»;

e) acertar concretamente o apoio moral e material, sobretudo quanto à urgente instalação «de alguns dos nossos 'leaders' nesses países» e à formação de quadros[188].

Lúcio Lara, por ter chegado primeiro a Tunes, discursou como chefe da delegação do MAC na sessão de abertura; Holden Roberto interveio em nome da UPA; Amílcar Cabral veio mais tarde e, sob o pseudónimo de Abel Djassi, apresentou um *Relatório sobre o colonialismo português*.

Para o movimento nacionalista, esta Conferência de Tunes correspondeu a um sucesso, pois conseguiu impor as suas pretensões. A política portuguesa foi condenada por uma resolução, onde a Conferência reafirmava o direito à independência, exigia a libertação dos presos políticos, propunha a organização imediata, a 3 de Agosto (em comemoração do massacre do Pindjiguiti), de uma jornada de solidariedade e apelava ao Comité Especial das Nações Unidas para se debruçar sobre os territórios não autónomos administrados por Portugal.

No termo da II Conferência, os delegados nacionalistas tentaram proceder à divulgação pública do *Manifesto do MAC* – que circulava confidencialmente desde 1957. Este *Manifesto* distinguia-se por três tópicos: primeiro, continha os argumentos favoráveis à criação de movimentos nacionalistas unitários; segundo, adoptava uma visão marxista-leninista; terceiro, embora optando pela via legal e prevendo o eventual recurso à violência, não defendia ainda a via da luta armada[189]. Considerado concluído em 1 de Janeiro de 1960, talvez seja a mais ambiciosa e global crítica do colonialismo português anterior ao início das lutas de libertação e, correspondendo à fundamentação do nacionalismo, incentivava do exte-

---

[188] Cfr. "Memorandum de Amílcar Cabral e Mário de Andrade", apud Lúcio Lara, *op. cit.*, pp. 328/333.

A causa do nacionalismo 117

rior a luta em todas as colónias. Embora nele perpassasse a inevitabilidade da guerra, o MAC declarava-se «partidário de uma liquidação pacífica, leal, justa, rápida, incondicional e sem imposições de etapas, do colonialismo português». Apostando no termo do colonialismo, responsabilizava «o povo português e os seus governantes, pelas guerras coloniais que Portugal desencadear». O direito dos povos à insurreição – que a primeira parte do *Manifesto* integrava na tradição histórica da luta dos povos africanos contra a dominação estrangeira – era invocado genericamente, nos seguintes termos: «o direito à insurreição contra a injusta privação da liberdade é um direito fundamental contra a opressão colonial, é um direito inerente a todos os povos que a sofrem, e está reconhecido pelo Direito Internacional».

A propósito da reacção portuguesa ao nacionalismo africano, sustentava que, a partir de 1956, «o colonialismo português desencadeou uma violenta repressão contra os Patriotas africanos e contra os movimentos e organizações nacionalistas». Referiam-se vários exemplos, como o «massacre de 50 africanos indefesos», ocorrido em Bissau, em Agosto de 1959. Era a primeira vez que se contava tal número de vítimas.

Mas, simultaneamente à conclusão e tentativa de divulgação do *Manifesto*, este MAC foi considerado inadequado e, por proposta de Viriato da Cruz, substituído pela Frente Revolucionária Africana para a Independência Nacional (FRAIN).

A criação da FRAIN resultava da necessidade e oportunidade da passagem de um mero "movimento anticolonialista", à existência, desde Janeiro de 1960, de uma «frente revolucionária», uma vez que as novas independências permitiam a sua instalação em África. Assim, enquanto o MAC não passara de um agrupamento clandestino agrupando jovens militantes, a FRAIN representaria um conjunto de movimentos nacionalistas. Formalmente constituída em Tunes, a 28 de Janeiro de 1960, com sede prevista em Conacri, a FRAIN pretendia-se sucessora por evolução do MAC e era, na altura, «formada estruturalmente pelo PAI e pelo MPLA, com a adesão de Africanos sem partido, nativos das colónias portuguesas e residentes no exterior dos seus países». Aprovou uma *Carta da FRAIN* e, também, a *Declaração da FRAIN*. Nos termos da Base II da

---

[189] Cfr. Mário Pinto de Andrade e Christine Messiant (entrevista, 1982), "Sur la première génération du MPLA:1948-1960", in *Lusotopie*, 1999, Paris, Karthala, pp. 214/215.

Carta visava «a conquista da Independência Nacional dos países africanos sob dominação colonial portuguesa e a liquidação total do colonialismo português em África», propondo-se usar «meios pacíficos de não violência e de desobediência civil», mas pondo a hipótese de recorrer «a represálias contra a violência, se a isso for obrigado pelo colonialismo português». A constituição da FRAIN significava, em suma, a actualidade de organizações que, para cada colónia, fossem, simultaneamente, nacionais e revolucionárias[190].

Em 31 de Janeiro, último dia da Conferência de Tunes, Amílcar Cabral (ainda sob o pseudónimo de Abel Djassi e apresentando-se pelo PAI e pela FRAIN), Hugo de Meneses (pela FRAIN), Holden Roberto (sob o pseudónimo de José Guilmore, pela UPA), Lúcio Lara e Viriato Cruz (ambos em representação da FRAIN e do MPLA) subscreveram uma *Declaração de Compromisso* secreta, concordando não só em convergir «numa acção conjunta contra o colonialismo português», como em manter a autonomia da personalidade, doutrina e independência dos respectivos movimentos e «estabelecer o mais cedo possível um programa concreto de acção para 1960 que conduza os nossos povos à independência no mais breve espaço de tempo»[191]. Esta pretensão era ambígua e «evidentemente, não sairia do papel»[192], até porque já eram grandes as divergências tácticas e estratégicas entre a UPA e o MPLA.

Em suma, as reuniões, documentos e deliberações adoptados em Tunes, em Janeiro de 1960, originaram «uma transformação qualitativa, uma verdadeira mutação»[193] nos movimentos nacionalistas angolano e guineense. Mais ainda: delimitaram efemérides relativas à fundação do MPLA e do PAIGC e fixaram o número de cinquenta vítimas nos acontecimentos de 3 de Agosto de 1959, no cais do Pindjiguiti, número esse que se generalizou, apesar de não comprovado e de não se distinguir entre mortos, feridos e desaparecidos.

Ainda sob o pseudónimo de Abel Djassi, Amílcar Cabral passou depois por Paris e deslocou-se a Londres, onde defendeu, em nome da FRAIN, o sentido e a motivação da luta contra o colonialismo português.

---

[190] Cfr. Mário Pinto de Andrade e Christine Messiant (entrevista, 1982), "Sur la première génération...", cit., in *loc. cit.*, p. 219.

[191] Apud Lúcio Lara, *op. cit.*, pp. 351/353.

[192] Marcelo Bittencourt, *op. cit.*, p. 175.

[193] Edmundo Rocha, *op. cit.*, p. 159.

A causa do nacionalismo

Para isso, escreveu um primeiro relatório, traduzido e editado por Basil Davidson, sob o título *The Facts about Portugal's African Colonies*. A sua viagem a Londres destinava-se a cumprir as decisões de Tunes e arrumar alguns assuntos pessoais, alertar a opinião pública, e «estabelecer os novos contactos num meio nunca explorado por nós, maduro na questão colonial e onde estão presentes quase todos os n/amigos potenciais»[194].

Decidiu então assumir a sua identidade e já não voltou a Lisboa. Numa extensa carta que escreveu a Lúcio Lara e Viriato da Cruz, em 14 de Março, começava por referir que abordaria os «milhentos problemas» pendentes, acrescentando em tom profético e empenhado: «Creiam que gosto disto: estamos decididos a dar o máximo, a pôr e resolver todos os problemas. Mas, desculpem o lugar comum, devagar, porque temos pressa[...]. Temos tempo para lutar e para vencer – e venceremos»[195].

Na mesma altura, por *Memorandum*, a FRAIN dirigiu-se ao Governo da República da Guiné e, entre outras permissões e «fontes de apoio material», pedia autorização para abrir um "bureau" em Conacri e facilidades para o trabalho desse "bureau"[196].

Em Maio, Amílcar Cabral passou a viver e trabalhar em Conacri, onde, em difíceis condições materiais, preparou um "Lar do Combatente" e uma "Escola [Política] de Quadros". Conjuntamente com o pequeno núcleo do MPLA conseguiu efectuar uma viagem à República Popular da China em Agosto, que iria proporcionar os primeiros cursos de formação sobre a guerra de guerrilha e uma ajuda financeira substancial. Esta viagem foi, por várias razões, determinante para o PAI e o MPLA e foi-o «primeiro, no quadro da preparação, visto que os próprios dirigentes se submeteram a uma preparação armada. Altos responsáveis, ligados à Grande Marcha e à luta armada, à revolução chinesa, deram verdadeiros cursos de formação sobre a guerra de guerrilha a Amílcar Cabral, Eduardo dos Santos, Viriato da Cruz»[197].

Nos primeiros dias de Outubro, em Dacar, o PAI vai reorganizar-se através de uma reunião de dirigentes, intitulada Conferência de Quadros

---

[194] Amílcar Cabral, "Carta de Londres", de 3/3/1960, enviada a Lúcio Lara e Viriato da Cruz, apud Lúcio Lara, *op. cit.*, pp. 402/404. Sobre a estadia de Amílcar Cabral, ver José Pedro Castanheira, "Basil Davidson [Perfil]", in *Expresso – Revista*, de 03/02/2001, pp. 36 e segs.

[195] Apud Lúcio Lara, *ibidem*, p. 423.

[196] Apud idem, *ibidem*, p. 678.

das Organizações Nacionalistas. Segundo Luís Cabral, foram «vários dias de intenso trabalho», com a participação, além dele próprio, de Amílcar Cabral, Rafael Barbosa, Francisco Mendes e Victor Saúde Maria, tendo como mais importante medida «a integração total do grupo do Rafael [Barbosa] no Partido, ficando ele a fazer parte da sua direcção, como secretário do interior». Mas, segundo Rafael Barbosa, foram mesmo tomadas outras decisões no sentido da luta total e irreversível pela independência[198]:

a) adopção da nova sigla PAIGC em substituição da anterior PAI, sobretudo para reafirmar o seu carácter nacional (demarcando-se do homónimo PAI senegalês[199]) e a política da Unidade Guiné – Cabo Verde (que voltara a ser discutida e tinha sido decisiva aquando da integração dos membros do MLG);

b) preparação dos programas do PAIGC – o *Programa Maior* e o *Programa Menor* (cuja versão definitiva, bem como a dos *Estatutos do PAIGC*, data de 1962);

c) escolha da bandeira do PAIGC;

d) novo envio ao Governo português da proposta de abertura de negociações e preparação, para a hipótese negativa, do início imediato da luta armada;

e) elaboração de "Mensagens" aos jovens, aos funcionários públicos e empregados comerciais, aos colonos, aos militares;

f) reorganização partidária, de tarefas e cargos, mediante a criação de sete secretariados;

g) confirmação de Amílcar Cabral como secretário-geral do PAIGC.

---

[197] Mário Pinto de Andrade, *Uma entrevista...*, cit., p. 16.

[198] Luís Cabral, *Crónica...*, cit., p. 101, e Rafael Barbosa em entrevista ao Autor (Bissau, 22/7/1991) e entrevista apud Aristides Pereira, *O Meu Testemunho...*, cit., pp. 579/580.

[199] Trata-se do "Parti Africain de l'Indépendance" (P.A.I.) criado, em 1957, por Majhemout Diop apoiado em membros da "Federação dos Estudantes da África Negra em França" e em dirigentes sindicais. Reclamava-se do socialismo científico, sendo defensor da independência total e da luta anti-imperialista. Propugnou métodos violentos, foi interdito em 1960, entrou na clandestinidade e Majhemout Diop esteve, primeiro, preso e, depois, exilado até 1975.

A causa do nacionalismo   121

Pouco depois, em Dezembro de 1960, aproveitando o apoio de Basil Davidson e os contactos do goês João Cabral, bem relacionado com os dirigentes do partido trabalhista inglês – pois a intenção era surgir publicamente através de uma capital europeia – deslocou-se a Londres uma delegação da FRAIN, para realizar uma conferência de imprensa num gabinete da Câmara dos Comuns[200]. Essencialmente, foi lido um "Comunicado à Imprensa" em que os nacionalistas, além de anunciarem um próximo encontro em Marrocos, ameaçaram, pela primeira vez publicamente, com o «recurso à acção directa» se o Governo português não acatasse as resoluções da ONU. Mais rigorosamente, explica Lúcio Lara que os «amigos ingleses convenceram-nos a não referirmos as palavras luta armada que não seriam bem compreendidas pela opinião pública britânica, e por isso o texto da conferência de imprensa, ao denunciar a preparação pelos portugueses da guerra colonial, refere a alternativa da acção directa e o plano organizado de defesa»[201].

Este conjunto de intervenções ainda correspondia ao estatuto jurídico-político da descolonização anterior à resolução 1514 (XV), de 15 de Dezembro de 1960 – a famosa *Declaração sobre a concessão de independência aos países e aos povos coloniais*. Em particular, Amílcar Cabral, considerando as características da colonização portuguesa, inseria o caso da Guiné numa estratégia de independência de todas as colónias e de unidade africana, privilegiando os factores políticos e invocando a autodeterminação como princípio geral da sociedade internacional. Ora, as resoluções sobre a descolonização aprovadas pela ONU em Dezembro de 1960 vão alterar substancialmente esta perspectiva: os "ventos da história" varriam, então, as potências coloniais da África. Quanto às colónias portuguesas, os movimentos nacionalistas «estavam persuadidos que a pressão

---

[200] Segundo Edmundo Rocha, *op. cit.*, p. 180, a delegação incluía Viriato da Cruz e Américo Boavida (pelo MPLA), Aristides Pereira (pelo PAI) e Mateus Mayolo (pela União do Povo Maconde). Mas também estiveram presentes, além de João Cabral, o cirurgião goês Pundlik Gaitonde e Mário Pinto de Andrade (que deu uma entrevista ao jornalista do jornal *Le Monde*, Eric Rouleau) – cfr. Mário Pinto de Andrade, *Uma entrevista...*, cit. pp. 163/165.

[201] Lúcio Lara, *op. cit.*, p. 566. A conferência de imprensa foi registada pelas autoridades portuguesas – cfr. João Baptista Pereira Neto, "Movimentos subversivos da Guiné, Cabo Verde e S. Tomé e Príncipe", in AAVV, *Cabo Verde, Guiné, São Tomé e Príncipe*, Lisboa, ISCSPU, 1966, pp. 556/557.

internacional, na sequência das resoluções adoptadas pela ONU, obrigaria o Governo português a negociar a transferência de poderes»[202].

A partir de então, as acções nacionalistas privilegiarão a defesa da nova legalidade internacional e os factores externos transformam-se em determinantes fundamentais da conquista da independência. Esta nova linha vai predominar, quanto à Guiné, entre fins de 1960 e princípios de 1963. Continuaram, entretanto, os esforços organizativos.

---

[202] Mário Pinto de Andrade, "Notes biographiques", in Amilcar Cabral, *Unité et Lutte*, Paris, Maspero, 1980, p. 17.

PARTE IV – A VIA DA LIBERTAÇÃO NACIONAL

Sumário:
CAPÍTULO I – **A luta política, de 1960 a 1962**
CAPÍTULO II – **O início da luta armada**
CAPÍTULO III – **A batalha de Como ("Operação Tridente") e o Congresso de Cassacá**
CAPÍTULO IV – **O PAIGC como Movimento de Libertação Nacional**
CAPÍTULO V – **Cuba e a "euforia terceiro-mundista"**
CAPÍTULO VI – **Os destinos (paralelos) de Che Guevara e Amílcar Cabral**

> **Libertação nacional, luta contra o colonialismo, construção da paz e do progresso – independência – tudo isso são coisas vazias e sem significado para o povo, se não se traduzem por uma real melhoria das condições de vida.**

Amílcar Cabral, "Palavras de ordem gerais",
in *Obras Escolhidas de Amílcar Cabral*, Vol. II, Lisboa,
Seara Nova, 1977, p. 156.

CAPÍTULO I – A luta política, de 1960 a 1962

Surgindo numa época de grande efervescência anticolonialista, o PAIGC não se constituiu como partido "revolucionário" ou "armado" nem, tão pouco, como uma frente ou "movimento" nacionalista, antes como mero partido político, na linha do pan-africanismo dominante. Foram a clandestinidade e as circunstâncias históricas da descolonização que o transformaram em *movimento de libertação nacional*.

Esta forma de organização política – cujos antecedentes se podem encontrar nos "reconhecimentos como nação" durante a I Guerra Mundial e nos "Comités Nacionais" de resistência ao nazismo na II Guerra Mundial – apareceu, no dealbar dos anos sessenta, nos casos em que a autodeterminação dos povos coloniais foi recusada ou retardada. Consolidou-se como categoria jurídica através da autonomia do direito da descolonização e a sua teoria geral apresenta três marcos fundamentais: a luta pela independência da Argélia, o reconhecimento (enquanto organizações nacionalistas e combatentes) pela OUA a partir de 1965, e a definição de um estatuto (enquanto legítimos e únicos representantes dos respectivos povos) pela ONU a partir de 1970.

Na própria versão do PAIGC teriam sido os acontecimentos do cais do Pindjiguiti, em 3 de Agosto de 1959, «dolorosa lição para o nosso povo», a demonstrar que «não se podia escolher entre a luta pacífica e a luta armada»[203], levando à reformulação da estratégia e à adopção de um conjunto de medidas com vista à preparação da luta armada. Mas, entre 1960 e 1962, o PAIGC, embora a «preparar-se para o pior», apostava ainda na acção externa da ONU e na cessação pacífica do domínio colonial. Veremos agora como se foi formulando, até ao seu desencadeamento, a questão da legitimidade da via da luta armada.

---

[203] Amílcar Cabral, "O povo...", cit., in *Obras*...., cit., Vol. II, p. 180.

126   *Invenção e Construção da Guiné-Bissau*

Após a referida reunião de Dacar, em Outubro de 1960, o PAIGC tentara entrar directamente em contacto com o Governo português, ou seja, com Salazar, por via postal (à semelhança, aliás, do que fizera o MPLA, em declaração com data de 13 de Junho de 1960). Para isso, enviou, «neste momento grave e decisivo», um *Manifesto do PAIGC* (assinado, à cabeça, por Rafael Barbosa, sob o pseudónimo de Zain Lopes) e, pouco depois, um *Memorandum ao Governo português* (assinado, também sob pseudónimos, na Guiné e em Conacri, respectivamente, a 15 de Novembro e 1 de Dezembro de 1960), apresentando uma série de medidas com vista à «liquidação pacífica da dominação colonial» na Guiné e Cabo Verde[204]. Estes documentos iniciavam uma série que, insistindo na via pacífica e perante a falta de resposta, serviria para legitimar o recurso à luta armada (que o PAIGC só desencadeará, formalmente, em Janeiro de 1963).

O citado *Memorandum* abria com a apresentação do PAIGC, da sua acção e das razões da clandestinidade. Aguardando, «com paciência», que o Governo português, no interesse de todos, reconhecesse «o direito à autodeterminação, consagrado pela Carta das Nações Unidas e respeitado pela maioria das potências coloniais», lamentava, «com profundo desgosto», que Portugal, em vez de acatar as «leis internacionais e a moral do nosso tempo», continuasse a «reforçar e manter o seu domínio», enquanto tentava simultaneamente convencer a opinião pública mundial de que «nada se passa[va] nas suas províncias ultramarinas» e que os povos respectivos viviam «felizes e indiferentes ao que se passa[va] nos outros países africanos».

A esta parte do *Memorandum* – destinada a mostrar como «a posição do Governo português é cada dia mais insustentável e absurda» – seguia-se a análise dos factores internos e internacionais. Internamente, a actividade do PAIGC e consequente repressão elevavam «dia a dia a consciência política das massas». No campo internacional, o PAIGC contava com «o apoio incondicional da esmagadora maioria dos povos do mundo e [...] com a ajuda eficaz de vários países amigos». Na ONU, a

---

[204] Não se encontra referência a estes documentos no *Arquivo Oliveira Salazar*. Quanto ao "Memorandum", ver Amílcar Cabral, *Obras...*, cit., Vol. II, pp. 27 e segs. Mas os textos do MPLA e do PAIGC estão na base de duas "resposta oficiosas" dadas pelo governamental *Diário da Manhã*: o artigo "Quem são eles?", de 2/9/1960, e o editorial "O que eles não entendem", de 19/6/1960 (ambos reproduzidos apud Lúcio Lara, *op. cit.*, pp. 694/697).

aprovação da resolução 1542 (XV), ao enumerar os territórios não autónomos sob administração portuguesa sujeitos às disposições da Carta, significava que «o mito das províncias ultramarinas» estava definitivamente enterrado e quer a Guiné quer Cabo Verde eram, «pois, territórios não autónomos e, *a fortiori*, colónias». Embora aquela resolução da ONU se limitasse a ser mera «vitória moral sobre o colonialismo português», em nada mudando a sua natureza, o resultado da votação comprovava um novo contexto internacional, visto que a esmagadora maioria dos Estados mostrava estar «decidida a intervir eficazmente na solução do conflito existente entre os povos das colónias portuguesas e o Governo português».

Insistindo na abertura de negociações, responsabilizando o Governo português pela forma que assumiria o fim do colonialismo, apelando ao «bom senso» para impedir «o erro de empurrar o povo de Portugal para o sacrifício inglório e vão duma guerra colonial na Guiné e Cabo Verde», então o PAIGC propunha a realização de doze medidas, das quais merecem destaque as seguintes três: (1)- o «reconhecimento solene e imediato do direito dos povos guineense e cabo-verdiano à autodeterminação»; (2)- a concessão dos direitos e liberdades políticas fundamentais; e (3)- a eleição (que se deveria realizar «por sufrágio universal, directo e secreto, em eleições gerais e livres, controladas por uma Comissão Especial da ONU») de órgãos representativos (designados por «Câmaras de Representantes») dos povos da Guiné e de Cabo Verde, aos quais competiria decidir «o seu próprio destino».

Pouco depois, a 18 de Janeiro de 1961, em nome do PAIGC, Amílcar Cabral e Aristides Pereira enviaram um *Memorandum* ao Conselho de Solidariedade Afro-Asiática, com sede na Cairo, no qual – além de recordarem que «a realidade objectiva é actualmente muito favorável à luta de libertação dos povos da Guiné e das ilhas de Cabo Verde iniciada, há alguns anos» e de se referirem às suas condições específicas – pretendiam a adopção de dois tipos de medidas de apoio:

– por um lado, «nos planos moral e político», uma campanha de «acusação do colonialismo português perante a opinião mundial, por todos os meios de expressão», acompanhada de «medidas de represália, no plano diplomático»;
– por outro lado, medidas de «ajuda concreta», de natureza financeira e, também, «ajuda para obtenção dos meios materiais indis-

128 *Invenção e Construção da Guiné-Bissau*

pensáveis a uma acção directa contra as principais forças dos colonialistas portugueses»[205].

Em Março, Amílcar Cabral deslocou-se a Moscovo mas as suas diligências também não obtiveram êxito (os soviéticos suspeitavam, então, de tendências "pró-chinesas" do PAIGC). No regresso, passou pelo Cairo (onde iria decorrer a III Conferência do Povo Africano) e por Belgrado (onde decorreria a Conferência dos Países Não Alinhados). Finalmente, conseguiu ajuda militar em Marrocos e no Gana.

Entretanto, Rafael Barbosa que, juntamente com Fernando Fortes, se empenhara mais activamente, regressou ao interior da Guiné como "Secretário de Controlo", para actuar na *Zona 1* (ou seja, "no mato", mobilizando, politica e militarmente, todo o norte e o leste até Gabú e Bafatá, e obtendo grandes êxitos dentro da etnia balanta) e posteriormente na *Zona 0* (que correspondia à área de Bissau). Tratou-se de um período fundamental na preparação da luta até porque uma facção do antes referido MLG (sobretudo, por parte de José Ferreira de Lacerda, então vivendo em Bolama), divergia radicalmente da política de unidade Guiné-Cabo Verde. Sobretudo, porque considerava que a Guiné «ainda não estava preparada para a independência» imediata e que esta implicava a subordinação dos guineenses aos cabo-verdianos, sendo «preferível uma autonomia progressiva, a fim de dar tempo para que se pudesse formar quadros»[206].

Já após o brusco início da guerra em Angola (e também como sua consequência) realizou-se em Casablanca, de 18 a 20 de Abril de 1961, organizada pelo MPLA, o PAIGC e a Liga de Goa, a I Conferência das Organizações Nacionalistas das Colónias Portuguesas (CONCP). Esta reunião destinava-se «a atear outros fogos de luta de libertação», tendo como objectivos «manifestar a solidariedade com o MPLA [...] e sensibilizar a opinião internacional»[207]. Compareceram 13 delegados, em representação de dez organizações nacionalistas (duas por Angola, duas pela Guiné e Cabo Verde, quatro por Goa, uma por Moçambique e uma por S. Tomé e Príncipe), alargando a frente de luta contra o colonialismo português

---

[205] Amílcar Cabral e Aristides Pereira, *Memorandum au Conseil de Solidarité Afroasiatique*, Conacri, 18/1/1961, manuscrito.

[206] Rafael Barbosa (entrevista), apud Aristides Pereira, *O Meu Testemunho...*, cit., pp. 580/581.

[207] Mário Pinto de Andrade, *Entrevista...*, cit., p. 167.

A via da libertação nacional 129

a todas as colónias. A UPA de Holden Roberto recusou participar. A Embaixada portuguesa foi convidada, não compareceu, mas "acompanhou", documentalmente e mediante informações orais, toda a reunião[208].

No discurso de abertura, Mário Pinto de Andrade enunciou os objectivos da assembleia: não só «aprofundar a especificidade» da colonização portuguesa como «consolidar a personalidade» dos movimentos nacionalistas. Mais concretamente, os trabalhos da CONCP, face à «clara inevitabilidade da guerra», deveriam permitir a coordenação e unidade das organizações nacionalistas presentes, num combate que seria desencadeado quer num plano nacional, quer nos planos africano e afro-asiático. Por isso, a abertura solene desta I CONCP fazia-se, em síntese, «sob a bandeira da luta decisiva *por todos os meios*, com vista à liquidação imediata» de todas as formas de opressão e, também, das «ameaças de qualquer dominação estrangeira»[209].

Viriato da Cruz (na qualidade de secretário-geral do MPLA) interveio sobre a situação de Angola, que caracterizou de forma dilemática: «ou a manutenção do regime colonial ou a guerra». A representação do PAIGC coube a Aristides Pereira que justificou a ausência de Amílcar Cabral e concluiu a sua intervenção afirmando que o PAIGC, enquanto organizador da reunião, aguardava «resultados frutuosos e práticos em vista de uma maior unidade de acção e coordenação da luta», a fim de liquidar total e completamente o colonialismo.

A I CONCP elegeu como Presidente Mário Pinto de Andrade (que participara enquanto Presidente do MPLA) e como Secretário-Geral, inicialmente, o dr. Pundlik Gaitonde (que se apresentara como Presidente do Congresso Nacional de Goa), logo substituído pelo moçambicano Marcelino dos Santos, que ficou em permanência no Secretariado instalado em Rabat. A reunião aprovou uma *Declaração Geral*, em que a CONCP se definia como «frente unida» dos movimentos de libertação das colónias portuguesas, e uma série de mensagens e resoluções. Estas últimas referiam-se a cada uma das colónias e, ainda, à Oposição portuguesa e à ONU. Por fim, declarou-se a extinção da FRAIN.

---

[208] Cfr. José Duarte de Jesus, *Casablanca – O início do isolamento português. Memórias diplomáticas: Marrocos 1961-1963*, Lisboa, Gradiva, 2006, pp. 59 e segs.

[209] Cfr. *Conférence des Organisations Nationalistes des Colonies Portugaises – Casablanca, 18-20 Avril 1961*, Secretariat Permanent de la CONCP, Rabat, Marrocos, s. d., pp. 13 e segs.

130   *Invenção e Construção da Guiné-Bissau*

Os representantes da CONCP foram depois recebidos pelo Rei de Marrocos, Hassan II, para solicitar a abertura de uma delegação permanente em Rabat. O Rei, mantendo a orientação do falecido Mohammed V, prometeu-lhes apoio (diplomático, material e logístico, de formação militar e financeiro) destinado ao programa de imediata conquista da independência. Grande amigo de Aquino de Bragança, o ministro marroquino dos Negócios Africanos, Abdelkrim Khatib, ligado à família real, apresentou um *Plano* que previa a formação de "corpos expedicionários africanos". De facto, nesta fase, o apoio concreto do Governo de Rabat à CONCP e aos movimentos de libertação (nomeadamente, ao PAIGC) foi decisivo para o começo da luta armada.

Além de pressionada pelos acontecimentos de Angola, a convocação desta I CONCP visava coordenar esforços, mediante a institucionalização da unidade de acção dos movimentos nacionalistas. Ratificando o caminho da luta armada como única alternativa para alcançar a independência das colónias portuguesas, esta reunião culminava o processo unificador iniciado pelo MAC e desenvolvido pela FRAIN. A CONCP foi decisiva quanto à coordenação dos movimentos nacionais já instituídos e dispôs «de muitos mais meios financeiros, de facilidades de difusão da informação e também de facilidade de utilização dos aquartelamentos marroquinos e argelinos»[210].

A CONCP também reafirmou que a luta dos povos coloniais não era contra o fascismo português, mas sim contra o colonialismo português. Por isso, demarcou-se das teses do Partido Comunista Português (PCP) que, de resto, não foi convidado a assistir à reunião. As organizações constituintes da CONCP mostravam, inequivocamente, não querer integrar ou associar-se ao PCP na sua luta e, antes pelo contrário, pretendiam emancipar-se das políticas e questões metropolitanas. Só em 1965 a II CONCP aceitará uma representação dos chamados "Democratas portugueses"[211].

Em Outubro de 1961, uma delegação da CONCP participou no *Seminário sobre os Problemas das Colónias Portuguesas*, realizado em Nova Deli e Bombaim, a convite do Governo indiano, para definir um

---

[210] Edmundo Rocha, *Contribuição...*, cit., pp. 182. Ver, também, Hélder Martins, *Porquê Sakrani? Memórias dum médico de uma guerrilha esquecida*, Maputo, Editorial Terceiro Milénio, 2001, pp. 138 e segs.

[211] Cfr. Judith Manya, *Le Parti Communiste...*, cit., pp. 585/587.

A referida I CONCP fora uma reunião constitutiva (a projectada II Conferência da CONCP prevista para Dezembro foi cancelada por, entretanto, se ter dado a invasão indiana de Goa, Damão e Diu) e as consequências significativas vão ser, essencialmente, três: apoio à formação da FRELIMO, mediante a unificação de várias organizações nacionalistas moçambicanas; apoio à instalação de elementos da Oposição portuguesa no exílio, nesta fase, sobretudo em Marrocos; e acolhimento de Agostinho Neto e Vasco Cabral aquando da sua fuga clandestina de Portugal, realizada através do PCP, em Julho de 1962.

plano comum com vista à independência de todas as colónias portuguesas. Este *Seminário* tinha sido promovido para associar a Índia à luta dos nacionalistas africanos e marcou o «fim progressivo – e programado – das hesitações de Nehru sobre Goa, quanto a uma intervenção militar»[212].

Em Abril de 1961 ocorrera a primeira grande vaga de prisões, atingindo o PAIGC e o MLG. Conhecido como "processo de 1961", traduziu-se na prisão de 22 nacionalistas, julgados em Tribunal Militar, resultando em seis condenações a dois anos de prisão e originando significativa mobilização e politização dos guineenses. Nesta época, segundo Amílcar Cabral, vivia-se na Guiné «num verdadeiro estado de sítio», com reforço das forças militares, sobretudo do exército, que contava «com cerca de nove mil e quinhentos soldados e oficiais», e chegada constante de navios, desembarcando soldados e material de guerra. Acrescentava haver cerca de «trezentos e cinquenta patriotas africanos [...] presos nas masmorras da PIDE», além de centenas de deportados «no campo de concentração da ilha das Galinhas», no arquipélago dos Bijagós[213].

Inesperadamente vindo do Brasil (S. Paulo), trazendo notícias da "Operação Dulcineia" (sequestro do navio português "Santa Maria", em Janeiro de 1961) e, em particular, das posições de Henrique Galvão, apareceu em Conacri, para uma série de entrevistas e reportagens, Miguel Urbano Rodrigues. Na altura, ainda não seria membro do PCP antes, segundo diz, «um esquerdista romântico, marcado pelo revolucionarismo pequeno-burguês de fachada socialista». Trazia a proposta de instalar em

---

[212] Sandrine Bègue, *La Fin de Goa et de l'Estado da Índia: Décolonisation et Guerre Froide dans le Sous-Continent Indien (1945-1962)*, Volume II, Lisboa, Instituto Diplomático/Ministério dos Negócios Estrangeiros, 2007, p. 1006.

[213] Amílcar Cabral, "A Guiné e as Ilhas de Cabo Verde face ao colonialismo português", in *Obras...*, Vol. I, cit., p. 75.

132 *Invenção e Construção da Guiné-Bissau*

Conacri o grupo de revolucionários portugueses e espanhóis envolvidos na citada "Operação Dulcineia" e que pretenderiam colaborar com o MPLA e o PAIGC na luta pela independência das colónias portuguesas. Num encontro com Amílcar Cabral, prometeu a «solidariedade incondicional» perante a luta armada que o PAIGC se preparava para desencadear, falou da perspectiva de «uma lancha armada para atacar os transportes de tropas portuguesas» e pediu que o PAIGC «permitisse, eventualmente, na altura adequada, a instalação em territórios libertados da Guiné da sede de uma futura organização antifascista portuguesa». Amílcar Cabral não se pronunciou sobre tais propostas de Miguel Urbano Rodrigues, tendo-se limitado ao «mais difícil», ou seja a criar «uma atmosfera de confiança» mútua[214]. Esta iniciativa não teve, portanto, qualquer outra sequência, nem mais nenhuma referência.

Sediado em Conacri, o PAIGC solicitou ao Presidente Sékou Touré um vasto programa de apoio (aliás, não concedido), evidenciando bem as suas carências materiais. Na sequência dos *Memorandos* de 14 de Julho e 23 de Outubro de 1960, Amílcar Cabral enviou mais dois *Memorandos*, enunciando, no segundo, a «ajuda concreta» que esperava receber «do povo guineense, do seu Partido e do seu Governo», quer quanto a «material para a luta», quer quanto a ajuda financeira, moral e política, quer, ainda, quanto a apoio para a preparação militar, ideológica e académica de quadros[215].

Seguidamente, de 12 a 14 de Julho de 1961, realizou-se em Dacar uma Conferência das Organizações Nacionalistas da Guiné e das Ilhas de Cabo Verde, onde o PAIGC tentou juntar as organizações existentes no exterior (Senegal e Conacri), chamadas "movimentos fora da terra". Nessa conferência, Amílcar Cabral apresentou um *Relatório Geral sobre a Luta de Libertação Nacional*, onde, entre outros temas, analisou «o absurdo da nossa situação» bem como os factores e condicionantes da «evolução da luta». Segundo o *Relatório*, após as tentativas junto do Governo português, as diligências diplomáticas e o recente início da guerra em Angola, impusera-se a firme convicção «de que os colonialistas portugueses só

---

[214] Miguel Urbano Rodrigues, *O tempo e o espaço em que vivi*, Porto, Campo das Letras, 2002, pp. 223/240. Sobre o "Caso do Santa Maria" cfr. o texto do "Comunicado" emitido em Conacri pelo MPLA, apud Lúcio Lara, *op. cit.*, pp. 589/590.

[215] Amílcar Cabral, *Memorandum au camarade Sécrétaire Général du Parti Démocratique de Guiné*, Conakry, s.d., manuscrito.

serão expulsos de África pela força». Em consequência, qualquer aposta na alteração da política portuguesa não passaria de «um sonho oportunista ou o resultado de uma análise errada da natureza e da história da colonização portuguesa em África». Segundo Amílcar Cabral impunha-se a conclusão de só restar uma via para a libertação: destruir «as principais forças dos colonialistas portugueses». Por fim, o citado *Relatório Geral [...]* passava a expor a situação concreta na Guiné e em Cabo Verde[216].

Ora, das considerações anteriores, *supra* referidas, e das que aqui agora são feitas resultavam a teorização de Amílcar Cabral e a posição do PAIGC sobre o recurso à luta armada. Em síntese, a luta armada tornara--se a via necessária para a liquidação do colonialismo português e – além da fundamentação no "direito" e princípios consagrados originariamente na Carta das Nações Unidas e na "base legal" que lhe conferira a resolução 1514 (XV) – decorria de três causas específicas:

a) o legítimo direito à insurreição contra um domínio estrangeiro, fundamento da « luta política de libertação», a qual assumiria as formas «exigidas pela sua evolução»;

b) a integração histórica «na tradição de resistência patriótica dos povos da Guiné e das Ilhas de Cabo Verde», que, no caso da Guiné e até aos anos 30, «nunca cessou de se manifestar»;

c) a existência de um processo decididamente desencadeado e irreversivelmente estabelecido desde meados dos anos cinquenta e do qual a luta armada seria continuação e consequência.

Por isso e como uma espécie de "declaração de guerra", o PAIGC preparou uma *Proclamação da acção directa*, que – em comemoração do segundo aniversário do massacre do Pindjiguiti – declarava o dia 3 de Agosto de 1961 como «dia de passagem da nossa revolução nacional da fase da luta política à da insurreição nacional, à acção directa contra as forças colonialistas»[217].

Esta proclamação foi, no entanto, principalmente determinada pelo esforço do PAIGC em apoiar as revoltas de Angola, iniciadas em Fevereiro, e em não se deixar ultrapassar pelo MLG. Este, fizera em Julho

---

[216] Não é conhecida publicação integral – cfr. Ronald H. Chilcote, *Emerging...*, cit., pp. 306/312, e Amílcar Cabral, *Obras...*, Vol. I, cit., pp. 7 e segs. e pp. 192 e segs.

[217] Apud Amílcar Cabral, *Obras...*, Vol. II, cit, pp. 35/36.

alguns ataques junto da fronteira norte, «com bastante precipitação», talvez por pretender «obter algum avanço sobre o PAIGC que, entretanto, desenvolvia no sul da Província uma silenciosa mas eficiente campanha de aliciamento»[218].

No entanto, tal "acção directa", concretizada em sabotagens económicas e das vias de comunicação, originou uma rápida e eficaz resposta das forças policiais e militares portuguesas. Amílcar Cabral ainda defendeu aquelas sabotagens por terem dado «os melhores frutos», seja pela situação de insegurança criada e pelos castigos aos «africanos servidores dos colonialistas», seja pelo reforço da organização e influência do PAIGC, seja pelas consequências militares (instalação de bases de guerrilha e apropriação de material de guerra)[219]. Mas um tal balanço era deficitário e parcial, pois, como confessa Luís Cabral, «em Conacri, não tinha sido possível dispormos do armamento que o Governo guineense tinha recebido para nós» e, «no interior, a situação tornava-se verdadeiramente insustentável»[220].

Talvez por isso e tomando em consideração as *Reformas de 1961*, patrocinadas em Setembro pelo novo Ministro do Ultramar, Adriano Moreira, o PAI[GC] fez uma nova e «última tentativa» para dialogar com o Governo português, remetendo de Conacri, a 13 de Outubro de 1961, uma *Nota Aberta ao Governo português*. Nela, começava por refutar tais reformas – que não passariam de tentativa para travar o desenvolvimento da luta de libertação – pois que «os povos da Guiné e de Cabo Verde não estão a lutar para serem portugueses [mas] para conquistar a independência nacional». Retomava a seguir a iniciativa da solução pacífica, apresentando duas propostas alternativas: ou a realização das medidas indicadas no *Memorando* de Dezembro de 1960 ou a aceitação imediata do princípio da autodeterminação e abertura de negociações, até ao fim desse ano de 1961. Mas, para o caso de reiteração da recusa portuguesa, o PAIGC anunciava que cumpriria «a sua missão histórica», ou seja, que responderia «pela violência à violência» e liquidaria «completamente, por todos os meios, a dominação colonial na Guiné e em Cabo Verde»[221].

---

[218] Hélio Felgas, *Guerra...*, cit., p. 61.
[219] Amílcar Cabral, " O desenvolvimento da luta de libertação nacional na Guiné 'Portuguesa' e Cabo Verde", in *op. cit.*, p. 37.
[220] Luís Cabral, *op. cit.*, p. 132.
[221] Apud Amílcar Cabral, *op. cit.*, pp. 33/34.

A via da libertação nacional

Além destas propostas e consolidando a estratégia de esgotamento das vias pacíficas, o PAIGC enviou uma série de *Mensagens* à ONU, reafirmando a determinação de lutar pelo termo do colonialismo e de negociar com o Governo português. A Assembleia Geral da ONU, por sua vez, tinha criado, através da resolução 1699 (XVI), de 19 de Dezembro de 1961, um Comité Especial de Sete Membros (Bulgária, Ceilão, Chipre, Colômbia, Guatemala, Guiné e Nigéria). Destinava-se a examinar as informações disponíveis sobre os territórios portugueses e a «formular observações, conclusões e recomendações» à Assembleia Geral e a «qualquer outro órgão» que esta designe para aplicar a *Declaração Anticolonialista* (tal órgão era a Comissão de Descolonização, em vias de constituição). Além disso, a Assembleia Geral, «a fim de as informações serem tão actualizadas e autênticas quanto possível», autorizava o Comité dos Sete a receber petições e ouvir peticionários. Em 1 de Março de 1962, adoptou uma série de medidas preliminares: *a*)- convidaria os partidos políticos dos territórios portugueses a apresentarem informações; *b*)- pediria colaboração ao Governo português; *c*)- junto dos demais governos, indagaria sobre os refugiados e exilados. Tendo de renunciar a visitar os territórios (a dada altura, o Governo português chegou a admitir a ida a Angola de alguns membros, com exclusão dos representantes da Guiné-Conacri e da Bulgária), o Comité dos Sete visitou seis países africanos (Tanganica, Congo-Léopoldville, Gana, Guiné-Conacri, Senegal e Marrocos), ouviu representantes de 33 organizações e recebeu várias petições escritas.

Ora, a 5 de Junho, em Conacri, Amílcar Cabral apresentara uma extensa "petição escrita". Nela ensaiou uma análise do colonialismo português na Guiné e Cabo Verde, das condicionantes da sua descolonização e das alternativas para um processo pacífico de autodeterminação e independência (mediante a colaboração do Governo português e, eventualmente, da ONU)[222].

---

[222] Amílcar Cabral, *Relatório apresentado na 4ª reunião do Comité Especial da ONU para os Territórios Administrados por Portugal* (também intitulado *Le peuple de la Guinée "portugaise" devant l'Organisation des Nations Unies: presentée au Comité Spécial de l'ONU pour les territoires administrés par le Portugal*), Conacri, mimeografado, PAIGC, 5 de Junho de 1962.

Na primeira parte, traçava as fases históricas e descrevia a situação vigente nos planos constitucional, jurídico, político e administrativo, autonomizando as alterações trazidas pela aprovação das resoluções da ONU de Dezembro de 1960 e pela adopção, em 1961, das reformas promovidas por Adriano Moreira (que, no caso da Guiné, aboliram o estatuto de indigenato). Com base nessa legislação e nessa realidade, concluía que «a situação constitucional, política, jurídica, administrativa e judicial da Guiné "portuguesa", longe de ser a de uma "província de Portugal" [era] a de país não autónomo, conquistado e ocupado pelas força das armas, dominado e administrado por uma potência estrangeira». Por isso, o povo da Guiné encontrava-se «incontestavelmente privado do direito à autodeterminação».

Apreciava, depois, os aspectos principais da «paz interna e segurança» e da movimentação nacionalista, salientando que datavam de 1953 as primeiras tentativas para, de modo pacífico, promover a defesa dos direitos do povo da Guiné e referindo pormenorizadamente o programa do PAIGC e as acções que, interna e internacionalmente, tinha promovido.

Por fim, passava à análise dos factores determinantes do «restabelecimento da legalidade internacional», que impunham o «respeito pelo direito à autodeterminação, liquidação do colonialismo e acesso à independência nacional». Aqui desenvolvia uma análise fundamental para entender as razões do desencadeamento da guerra colonial e para descobrir os «factores determinantes» da (futura) descolonização portuguesa.

Começava por sustentar que a descolonização da Guiné e de Cabo Verde dependia essencialmente de quatro factores: a vontade popular, a política portuguesa, a política internacional e o decurso do tempo.

Mas estes quatro factores não tinham todos a mesma relevância pois, como claramente comprovava a aprovação da resolução 1514 (XV), «o tempo é não só a única variável independente mas também aquela de que dependem todos os outros». Com efeito, as resoluções aprovadas na ONU, em Dezembro de 1960, tinham alterado substancialmente a natureza da intervenção dos demais factores e, portanto, os dados da questão, visto que:

a) o povo da Guiné passara a dispor «de uma base legal para exigir a liquidação do sistema colonial português ou para, se a tanto for obrigado, lançar mão de todos os meios ao seu alcance no sentido de destruir esse sistema»;

b) por sua vez, o Governo português «está hoje não só em falta para com a Carta das Nações Unidas, mas também em manifesta infracção para com a lei internacional»;

c) finalmente, quanto à política internacional, «a ONU e todos os Estados e organizações anticolonialistas podem e devem agir concretamente contra o Estado português».

Ora, como «a influência do tempo, no condicionamento das transformações inerentes à evolução de um dado fenómeno, não é nem pode ser infinita, porque conduz necessariamente a transformações de natureza diferente e, portanto, a novos fenómenos», o estádio de crise poderá ser atingido no espaço onde realmente se processa o fenómeno, isto é, «no interior da Guiné». Assim, «a evolução da luta poderá libertar-se consideravelmente, se não totalmente, da influência dos factores externos». Era, pois, urgente encontrar uma solução pacífica e, de momento, a maior responsabilidade cabia aos factores internacionais.

Quanto ao comportamento do Governo português:

a) ou aceitava o direito à autodeterminação e independência do povo da Guiné e de Cabo Verde;

b) ou continuava a não aceitar esse princípio.

Na primeira hipótese, após tal reconhecimento, «abrir-se-iam novas perspectivas» e o PAIGC propugnava a abertura de conversações. No segundo caso, «que, até agora, tudo indica ser o da preferência do Governo português», o PAIGC continuaria a sua luta pela independência, «por todos os meios».

Quanto à ONU:

a) ou conseguia impor ao Governo português «o respeito pela Carta e pela Resolução sobre a descolonização»;

b) ou não conseguia «demover o Governo português da sua teimosa e absurda posição».

No primeiro caso, já se conhece a solução e «seria também de prever a hipótese de estudar e definir a participação e ajuda da ONU». Todavia, «no segundo caso, ainda mais do que no da recusa do Governo português sem a intervenção da ONU, a hipótese da via pacífica da liquidação do colonialismo português na Guiné deixaria de ter sentido».

Em 13 de Março de 1962, após várias investigações e com assalto a uma casa clandestina, Rafael Barbosa e Mamadou Turé foram presos e a PIDE desmantelou a organização do PAIGC não só em Bissau como em muitas tabancas do interior[223]. Segundo esclareceu o Governador Peixoto Correia, «daqui resultou um avultado número de prisões de nativos que tiveram de ser instalados, uns, em recintos improvisados em anexo aos Comandos dos Batalhões [Caçadores n.os 237, 238 e 239] e outros na Colónia Penal da Ilha das Galinhas», acrescentando que como eram «algumas centenas, não convinha mantê-los por muito tempo nas instalações de recurso junto das unidades militares». Foi então decidido enviar os cem prisioneiros "mais perigosos" para o Tarrafal, onde chegaram a 4 de Setembro de 1962, transportados no navio *África Ocidental*, escoltado pelo *Vouga*, mas sem irem acompanhados de qualquer informação sobre a sua situação, pois, segundo Peixoto Correia, «o lapso de tempo em que todos os factos decorreram [...] não permitiu que se organizasse processo»[224]. A repressão da PIDE foi conjugada com o Comando Militar; a 2.ª Repartição do Comando Territorial Independente da Guiné (CTIG) registou que, de Março a Junho de 1962, tinham sido desmanteladas várias redes do PAIGC espalhadas pelo território, com a captura de activistas e suspeitos e a apreensão de numerosa documentação, armas e munições, comprovando que «agitadores e propagandistas tinham 'trabalhado' já com uma certa profundidade as populações nativas, 'tabanca por tabanca', 'homens grandes', mulheres e crianças»[225].

Em Julho do mesmo ano, Amílcar Cabral fizera uma nova diligência para negociar, agora através do consulado português em Dacar. Crente de que, esgotadas as outras vias, qualquer atitude «positiva e construtiva» dependeria das autoridades coloniais locais, endereçou uma carta ao Governador Peixoto Correia (como prova de «confiança pessoal na sua

---

[223] Mário Mamadou Turé (ou Momu Turé), também importante dirigente do PAIGC, foi deportado para o Tarrafal e libertado, em 1969, com Rafael Barbosa; iria ocupar um lugar central no conluio que levou ao assassinato de Amílcar Cabral – ver José Pedro Castanheira, *Quem mandou matar Amílcar Cabral?*, Lisboa, Relógio d'Água, 1995, pp. 129 e segs. Sobre a clandestinidade e a prisão de Rafael Barbosa, desenvolvidamente, também Leopoldo Amado, "Da embriologia...", cit., in *loc. cit.*

[224] Cfr. "Dossier Tarrafal [Memória do campo de concentração do Tarrafal] – Segunda fase: Os presos guineenses", apud *Fundação Mário Soares*.

[225] Cfr. 2.ª Rep. do CTIG, *Uma síntese cronológica dos movimentos independentistas da Guiné*, policopiado.

A via da libertação nacional 139

inteligência e no seu patriotismo consciente»), sugerindo-lhe que ambos recatadamente estudassem e discutissem «um plano pormenorizado» com base no princípio da autodeterminação e independência. Todavia, Peixoto Correia preferiu uma chamada "Operação Camaleão", de contornos pouco esclarecidos e envolvendo sobretudo a criação, com apoio senegalês, de uma União dos Naturais da Guiné Portuguesa (UNGP) e uma eventual dissidência nas fileiras do PAIGC[226].

A 12 de Dezembro de 1962, Amílcar Cabral proferiu, na sede da ONU, em Nova Iorque, a sua primeira intervenção perante a IV Comissão da Assembleia Geral. Falando na qualidade de "peticionário", abordou, em sete alíneas, os seguintes temas[227]:

– as razões e os objectivos da comparência;
– a situação concreta na Guiné e em Cabo Verde;
– a legalidade do combate;
– as alternativas à situação e as propostas do PAIGC.

Substancialmente, recordou as tentativas de prosseguir uma solução pacífica e negociada contra a recusa do Governo português em dar «o menor sinal» positivo. A gravidade da situação e a desigualdade de condições e apoios levava-o a enumerar, mais uma vez, os três «caminhos» que, aliás, prosseguiam também as aspirações da ONU:

a) uma mudança radical da posição do Governo português;
b) uma acção imediata e concreta por parte da ONU;
c) lutar unicamente pelos próprios meios.

Esperando que a pressão internacional fosse suficiente para obrigar a uma abertura portuguesa, Amílcar Cabral afirmou tomar «em consideração unicamente as duas primeiras possibilidades» e apresentou uma série de propostas concretas, quer quanto à primeira alternativa (isto é, em

---

[226] A referida carta de Amílcar Cabral foi revelada pelo seu portador e cônsul português em Dacar, Luiz Gonzaga Ferreira, *Quadros de Viagem de Um Diplomata*, Lisboa, Vega, 1998, pp. 277/279, também interveniente na dita "Operação Camaleão".

[227] Esta intervenção foi recentemente publicada apud Amílcar Cabral, *Documentário*, Lisboa, Cotovia, 2008, pp. 79 e segs.

140 *Invenção e Construção da Guiné-Bissau*

caso de disponibilidade portuguesa) quer quanto à segunda alternativa (ou seja, uma acção relevante por parte da ONU).

Além das referidas intervenções, participou em Outubro na Segunda Conferência de Juristas Afro-Asiáticos, reafirmando, em termos idênticos aos que usara no seu *Relatório* de Junho ao Comité dos Sete, os «fundamentos jurídicos da nossa luta armada de libertação nacional»[228].

Finalmente, em Janeiro de 1963, «estando preenchidas as condições essenciais a uma mudança radical», os combatentes do PAIGC desencadearam a acção armada no centro-sul do território. Fizeram-no segundo «uma estratégia que se poderia chamar centrífuga: partir do centro para a periferia», o que provocou surpresa e descontrolo das forças portuguesas que só estavam preparadas para ataques junto das fronteiras com as Repúblicas da Guiné e do Senegal[229].

---

[228] Idem, *Discours prononcé par M. Amilcar Cabral, chef de la délégation de la Guinée "Portugaise" et des Iles du Cap-Vert, Sécrétaire Général du PAIGC*, Conakry, mimeografado, PAIGC, 1962 (também referido como *Discours à la deuxième Conférence des Juristes Afro-Asiatiques*).

[229] Idem, "O desenvolvimento da luta de libertação nacional na Guiné 'portuguesa' e Cabo Verde em 1963", in *Obras...*, cit., p. 37, *Guiné "Portugaise"...*, cit., p. 66, e PAIGC, *Manual Político*, Lisboa, Cadernos Maria da Fonte, 1974, pp. 81/82.

CAPÍTULO II – **O início da luta armada**

Em meados de Julho de 1961, umas três dezenas de homens armados, vindos do Senegal, entraram de noite na área da povoação de S. Domingos, cortando as ligações telefónicas em vários pontos. A emissão da Rádio Dacar anunciou que os nacionalistas tinham passado à acção no território da Guiné Portuguesa e o Governo senegalês enviou tropas para Casamansa, alegadamente como forma de protecção das populações fronteiriças.

Por sua vez, as autoridades portuguesas reforçaram a vigilância, a cargo das companhias de tropa e aviação.

Dias depois, também junto da fronteira, no extremo noroeste, foram atacadas e vandalizadas a povoação de Susana e a zona turística de Varela. Os atacantes, na maioria de etnia manjaca, apresentavam-se mal armados, limitando-se a destruir e pilhar. Estas acções foram reivindicadas pelo Movimento de Libertação da Guiné (MLG), mas foram recebidas com bastante animosidade pelos felupes, aguerridos habitantes deste "Chão". A imediata instalação de efectivos militares portugueses, para patrulhas e reconhecimentos, fez com que tal grupo, depois de ainda ter ido a Guidage, a nordeste de Bigene, praticamente cessasse a sua actuação.

Mas, na primeira metade de 1963, o mesmo MLG voltou à actividade guerrilheira, atacando a serração de madeiras de S. Domingos, fazendo emboscadas militares, cortando estradas, incendiando um pontão, destruindo o posto administrativo do Sedengal e várias tabancas. Houve mortos e muitos feridos, de parte a parte, e a actividade a norte do rio Cacheu só começou a diminuir a partir de Junho, sobretudo pela resistência oferecida pelas populações felupes e baiotes.

Ora, neste início dos anos sessenta, favorecidas pelas recentes independências locais, proliferavam no seio da emigração – sobretudo em Dacar, mas também em Conacri – as organizações nacionalistas guineenses e cabo-verdianas, podendo distinguir-se cerca de quinze.

Em Agosto de 1962, cinco dessas organizações – o MLG (facção François Mendy ou de Dacar), o MLG (Bissau), o MLG (Conacri), o Rassemblement Démocratique Africain de la Guiné dite Portugaise (RDAG) (*sic*) e a União das Populações da Guiné (UPG-Bissau) – constituíram em Dacar uma coligação sob a designação Frente de Luta pela Independência Nacional da Guiné (FLING). Nos termos da respectiva *Carta* constitutiva, apresentava como objectivos lutar pela «total libertação da dominação colonial portuguesa» e pela independência nacional da Guiné Portuguesa por todos os meios, incluindo «o combate armado»[230].

Apesar das atrás referidas acções do MLG (de François Mendy) na fronteira norte, a FLING nunca conseguiu desencadear qualquer actividade militar no interior da Guiné. Caracterizando-se pela sua rivalidade com o PAIGC, fez inicialmente acções de propaganda na República da Guiné. Diz, em resumo, o especialista Hélio Felgas, que «publicou, sim, alguns comunicados, fez reuniões, granjeou a simpatia do governo senegalês e participou em algumas conferência internacionais», mas «durante muito tempo, enquanto o PAIGC alastrava continuamente a sua influência, passando da República da Guiné para o Senegal, a FLING, pelo contrário, restringia cada vez mais a sua»[231].

Paralelamente à criação da FLING, as autoridades senegalesas (em especial, o Presidente Senghor e o Presidente da Assembleia Nacional, Lamine Gueye), concertadamente com o Encarregado da Representação portuguesa em Dacar, Luiz Gonzaga Ferreira, e os Governadores da Guiné (Peixoto Correia, primeiro, e Vasco Rodrigues, após a nomeação daquele como Ministro do Ultramar), apoiaram a criação da já citada UNGP, cujos dirigentes máximos eram Umaro Gano e Benjamim Pinto Bull. Tal organização propunha-se negociar com o Governo português o regresso dos refugiados e a formação acelerada de quadros como primeira fase de um processo de "autonomia evolutiva" da Guiné e de "comunidade de inte-

---

[230] A "Carta da FLING" encontra-se publicada apud Ronald H. Chilcote, *op. cit.*, pp. 346/349. Sobre as acções do MLG e a fundação da FLING ver Leopoldo Amado, *Guerra colonial versus guerra de libertação (1963-1974): o caso da Guiné-Bissau* (tese de doutoramento), policopiado, Faculdade de Letras da Universidade de Lisboa, 2005, pp. 192 e segs.

[231] Hélio Felgas, *Guerra....*, cit., p. 47. Ver também Luís Fernando Dias Correia da Cruz, "Alguns aspectos...", cit., in *loc. cit.*, pp. 130 e segs., e João Baptista Nunes Pereira Neto, "Movimentos...", cit., in *loc. cit.*, pp. 563 e segs.

resses no plano externo". A criação da UNGP visava unificar as várias organizações nacionalistas, absorver os dissidentes dos múltiplos movimentos sediados em Dacar e, sobretudo, contrariar a implantação e o desenvolvimento político-militar do PAIGC; por sua vez, a envolvente portuguesa tecia ainda uma "Operação Camaleão", atrás referida, com vista a enredar alguns militantes do PAIGC.

Aproximando-se a primeira reunião do Comité de Descolonização da OUA, as autoridades senegalesas pretendiam questionar a representatividade do PAIGC, contrapondo-lhe uma organização legitimada pela abertura de negociações com o Governo português. Benjamim Pinto Bull foi então oficiosamente convidado a deslocar-se a Lisboa, em Julho de 1962, tendo sido recebido nos Ministérios do Ultramar e dos Negócios Estrangeiros e, por duas vezes, em audiência do Presidente do Conselho de Ministros, Oliveira Salazar. Na primeira entrevista com este, Benjamim Pinto Bull não terá sido muito convincente e Salazar, depois de o ter ouvido «com aparente paciência», concluiu que as propostas apresentadas escondiam «a ambição antiga de Senghor de anexar a Guiné Portuguesa». Mas, surpreendentemente, dias depois, Salazar voltou a receber Benjamim Pinto Bull, comunicando-lhe então a disponibilidade portuguesa para negociar. Por isso, a fim de prosseguir as conversações em Bissau, partiu de Lisboa, a 11 de Agosto, uma Missão Especial presidida por Silva Cunha e composta por Alexandre Ribeiro da Cunha, Almeida Cotta e Luiz Gonzaga Ferreira. Tal reunião não chegou a realizar-se já que o decisivo discurso de Salazar sobre a política ultramarina, a 12 de Agosto, veio cortar cerce qualquer veleidade de negociação sobre a matéria da soberania portuguesa. A UNGP decidiu então rever a sua política, optando pela dissolução e integração na FLING, de que Benjamin Pinto Bull passou a ser Secretário da Informação. A referida audiência foi o único caso em que Salazar se dispôs a receber um dirigente africano, que, de resto, pertencia a uma família integrada no sistema colonial e se limitava a enunciar um vago programa "emancipalista"[232].

Decidida e definitivamente, a luta armada foi desencadeada pelo PAIGC em 1963. Correspondeu à nova fase do processo de reivindicação

---

[232] Estas conversações de Lisboa foram objecto de detalhadas notícias no jornal *Le Monde* e nos meios de informação senegalesa – cfr. Luiz Gonzaga Ferreira, *op. cit.*, pp. 39 e segs. (quanto à citação de Salazar, ver p. 68), e Silva Cunha, *O Ultramar....* cit., pp. 40/42 e 108 e segs.

da independência que começara a ser formulada na segunda metade da década de cinquenta. Concretizou a opção pela ruptura total e radical, ou seja, pela guerra. Pretendendo-se justificada pela impossibilidade de qualquer outra via e assentando numa vaga (e moral) legitimidade do direito dos povos à insurreição contra o domínio estrangeiro, invocava o estatuto do direito à autodeterminação formulado nas resoluções da ONU aprovadas em 1960 (que, para Amílcar Cabral, deram «base legal» àquele «legítimo direito»). A guerra contra o colonialismo português começara, portanto, nas colónias onde os movimentos nacionalistas se impuseram mais cedo (Angola e Guiné), mas o seu reconhecimento internacional era problemático. De facto, nessa época, a chamada "luta de libertação nacional" ainda era considerada guerra civil e a ONU não reconhecia a sua legitimidade.

Tratou-se de uma questão estratégica e a via armada da libertação nacional foi, sobretudo, teorizada por Amílcar Cabral e Mário de Andrade. Os movimentos nacionalistas tinham definido os seus objectivos por assimilação crítica do pensamento dos "intelectuais-profetas" da libertação africana – Kwame Nkrumah, quanto ao pan-africanismo, e Frantz Fanon, quanto ao papel da violência – e também em função das experiências das guerras populares (na China e Vietname) e das guerras de guerrilha (na Argélia e Cuba). De resto, o percurso comum serviu para reforçar a convergência ideológica quanto «à identidade cultural, ao nacionalismo, à identidade nacional, à guerra popular de longa duração, a uma nova ordem social, à natureza e ao controlo do futuro Estado independente»[233], das cinco colónias que acabaram por constituir os Países Africanos de Língua Oficial Portuguesa (PALOP).

Contudo, esta "ruptura" (desencadeada em Angola, em Fevereiro de 1961) surpreendeu, conjunturalmente, o PAIGC, que procurava adiar e preparar melhor a sua consumação. Mas, depois da (abortada) acção directa, tentada em 1961, a luta armada de libertação nacional na Guiné começou numa data certa: a 23 de Janeiro de 1963, mediante o ataque, por umas dezenas de guerrilheiros, ao quartel de Tite, na margem sul do rio Geba, onde estava instalada a sede de um batalhão português e que funcionava como centro de interrogatório e detenção de "suspeitos". O grupo

---

[233] Mário de Andrade, "Amilcar Cabral et l'idéologie de la libération nationale", in AAVV, *Luttes de Libération. Nouveaux Acteurs et Nouveaux Objectifs?*, Cahiers n.° 3, Roma, Fondation Internationale Lelio Basso, Maio, 1985, p. 40.

do PAIGC era comandado pelo jovem Arafan Mané que, na qualidade de "chefe de grupo" dirigia a mobilização em São João, Bocana e Tite.

Do lado das forças militares portuguesas surgiu recentemente o vivido depoimento de Gabriel Moura, do Pelotão de Morteiros n.° 19:

> *Chegou a hora de eu entrar ao serviço [da meia-noite até às 2 horas], de vigia ao aquartelamento de Tite, tendo de percorrer o caminho, pelo lado de fora do arame farpado, com as luzes de iluminação colocadas dentro do aquartelamento e projectando o seu foco para o caminho que eu tinha de percorrer, desde a messe dos sargentos [parte de baixo, fora do aquartelamento] até à messe dos oficiais [parte de cima e fora do aquartelamento], na estrada que passava por Tite e seguia para Nova Sintra, Fulacunda e Buba. [...] Como de costume, naquela noite, éramos três militares em vigia: Eu, como referi, na frente do aquartelamento, percorrendo para baixo e para cima com as luzes a "bater-me nas costas" e do lado do mato, negro como carvão. Outro colega fazia a vigia na porta da prisão, [dentro do aquartelamento] onde estavam mais de cem pretos presos. Outro ainda, fazia a vigia do lado do Calino mas pela parte de dentro do arame farpado. Somente eu é que fazia a vigia pela parte de fora do arame farpado.*
>
> *Quando cheguei, na minha primeira passagem junto do Cavalo de Frisa, que dava entrada aos veículos pesados e ligeiros no aquartelamento pela parte da frente, pensei que aquela noite iria ser como tantas outras [...]. Mas não iria ser assim. De facto, quando eu dei meia volta, para fazer a parte ascendente do caminho, comecei a ouvir muito ao longe, numa Tabanca que eu identifiquei pelo latido dos cães ser Fóia. O forte latido de cães causou-me uma forte reacção e interrogação, pois, àquela hora, não era costume os pescadores irem para a bolanha ou para o rio Geba pescar. [...].*
>
> *Quando eu vi os dois primeiros pretos a surgir, lá em baixo, vindos do mato, correndo em direcção ao cavalo de frisa, logo seguidos de muitos mais, só tive tempo de dar um "grito" em crioulo: "Jubi onde bó vai "?!...[tu onde vais]. No mesmo instante, atirei-me para o chão, quando do mato foram disparadas rajadas de metralhadora, na minha direcção, fazendo ricochete em vários pontos do caminho, levantando poeira, sem que nenhuma das balas das rajadas das metralhadoras me acertasse [...].*

146 Invenção e Construção da Guiné-Bissau

Apertei efectivamente o gatilho da metralhadora G3 e comecei a disparar, em direcção a uma pequena multidão de pretos que começou a rastejar para entrar no aquartelamento. Outros, os da frente, os que mais se aproximaram do cavalo de frisa, ainda conseguiram movê-lo e entrar no aquartelamento, indo pela parada, numa grande confusão, pelo medo que as rajadas da minha metralhadora estava a causar juntamente com as deles para mim. Efectivamente a chama lançada, pela saída dos projécteis e a pouca experiência [dos atacantes e se calhar também, da minha] fez com que uma parte, se mantivesse no chão a rastejar, voltando para trás, mas outros avançavam para ultrapassar os arames farpados do aquartelamento e entrarem!...

[...][234].

Segundo a versão oficiosa do Batalhão de Caçadores n.º 237, o ataque fora desencadeado com armas automáticas e de repetição e granadas de mão, resultando 1 morto e 1 ferido, enquanto os atacantes tinham sofrido 8 mortos confirmados e vários feridos graves. Ainda no mesmo dia 23 de Janeiro ocorreu uma emboscada a duas viaturas na estrada para Fulacunda. No final do mês, as actividades iniciaram-se no sul de Bedanda; em Fevereiro, alastraram à península de Cacine. Nestes ataques e emboscadas, cada núcleo de guerrilheiros era formado «por uma dezena de indivíduos armados de pistolas metralhadoras, pistolas, caçadeiras e granadas de mão, rodeado por uma centena ou mais de Balantas e Nalús dispondo apenas de armas gentílicas e de espingardas roubadas aos nossos cipaios»[235].

Amílcar Cabral resumiu a situação no primeiro relatório que elaborou sobre «o desenvolvimento da luta»: as forças portuguesas foram surpreendidas e ficaram desorientadas, por os combatentes terem vindo

---

[234] Gabriel Moura, *Tite – "Guiné" (1961/62/63)*, publicado por www.carlosilva-guine.com (e também in http://blogueforanada.blogspot.com). Trata-se de um "Caderno" sobre o Pelotão de Morteiros n.º 19, o qual integrava o Batalhão de Caçadores n.º 237, sediado em Tite.

[235] Hélio Felgas, *Guerra…*, cit., pp. 66/67. Sobre o início da luta armada, Leopoldo Amado, *Guerra…*, cit., pp. 204 e segs., e Joaquim Furtado (autoria e realização), *A Guerra – Colonial, do Ultramar, de Libertação (série documental)*, RTP, 1.ª Série, 2007, 8.º Episódio.

A via da libertação nacional 147

«das florestas, das zonas pantanosas e das tabancas distantes» e não virem «com as mãos vazias» mas «armados com material eficiente, com uma coragem e uma disciplina a toda a prova, assim como do conhecimento das condições concretas e dos objectivos da nossa luta e, como sempre, com o apoio incondicional do nosso povo»[236].

Embora no norte o PAIGC só dispusesse de duas ou três bases de guerrilha, no sul tinha bases nas zonas de Cubucaré, Indjassan, Quinara, Gambara, Quitáfene e Sussura. O primeiro armamento significativo fora oferecido por Marrocos, onde, como vimos, estava instalada a CONCP. Segundo Amílcar Cabral, destacando o papel da mobilização prévia, «foi mais a luta armada que se integrou na população que a população que se integrou na luta armada. Havia dezenas e dezenas de jovens prontos a combater, mas não dispúnhamos de armas»[237].

A guerra alastrou rapidamente. As forças portuguesas só esperavam ataques desencadeados através das fronteiras, e no fim de Junho, «a situação em quase todo o sul era bastante má»[238]. Em extensa entrevista ao *Diário Popular*, de 11/7/1963, onde abordou vários aspectos da política militar portuguesa, o Ministro da Defesa, general Manuel Gomes de Araújo, distinguia duas situações: interna e externa. Quanto à primeira, «no Norte, grupos de terroristas, mais ou menos numerosos e internados no Senegal, fazem por vezes incursões em território nosso, pouco profundas e de muito curta duração», enquanto, por seu lado, «no Sul, grupos numerosos e bem armados, possuidores de certa preparação, feita no Norte de África e em países comunistas, penetraram no território nacional numa zona correspondente a 15% da superfície da província». Já quanto à posição dos territórios vizinhos, conforme resultava do exposto, eles concediam um «apoio largo». Todavia, o Ministro referia-se em globo «aos terroristas», não distinguindo entre a acção do PAIGC no sul e as investidas do MLG, no norte, junto da fronteira com o Senegal.

Em Julho de 1963, a guerra atingiu as florestas do Oio, a norte do Geba, e o PAIGC instalou-se na zona do Morés (enorme região que abrange Bissorã, Bissar, Encheia, Mansoa, Mansabá e Olossato), onde a situação passou a ser idêntica à existente no sul: «populações fugidas,

---

[236] Amílcar Cabral, "O desenvolvimento...", cit., in *Obras*..., Vol. II, p. 37.
[237] Amílcar Cabral, *Guinée "portugaise"*..., cit., p. 102.
[238] Hélio Felgas, *Guerra*...., cit., p. 69.

tabancas abandonadas ou destruídas, estradas obstruídas, a vida administrativa e a actividade comercial profundamente afectadas»[239].

No fim do ano, os efectivos do Exército português na Guiné eram de 9.650 militares, dos quais 8.344 provenientes da Metrópole. O Exército tinha sofrido 54 mortos, dos quais 34 em combate. Quanto à Armada, a Guiné iria ser o seu «mais importante teatro de operações» nas guerras de África, aquele em que a sua acção foi «vital», táctica e estrategicamente[240].

As autoridades portuguesas reconheciam não ter «uma ideia de manobra bem definida e, o que era mais grave, não se acreditava que fosse possível resistir eficazmente ao adversário». Para o Comandante Militar da Guiné, brigadeiro Louro de Sousa, a «guerra estava perdida». Em fins de 1963, foi chamado a Lisboa para expor a «situação gravíssima que a Província atravessava». Segundo Silva Cunha, presente na «solene reunião» do Conselho Superior Militar, Louro de Sousa começou por dizer que não sabia «o que estava a fazer na Guiné!» e desfiou «um rosário de queixumes contra o clima, a deficiência de instalações, a não preparação das tropas, a falta de meios, a força e a combatividade do inimigo»[241].

---

[239] Idem, *op. cit.* , p. 74. Sobre o desenvolvimento da luta na Região Norte, cfr. os testemunhos históricos de Osvaldo Vieira, Francisco Mendes ("Chico Té") e António Bana, apud Gérard Chaliand, *Lutte armée en Afrique*, Paris, Maspero, 1967, pp. 45 e segs.

[240] Cfr. António José Telo, *Homens, Doutrina...*, cit., pp. 575 e segs. Ver, também, Luís Sanches de Baêna, *Fuzileiros...,* cit., e John P. Cann, *A Marinha em África – Angola, Guiné e Moçambique – Campanhas Fluviais – 1961/1974,* Lisboa, Prefácio, 2009.

[241] Todas as citações são de Silva Cunha, *O Ultramar...*, cit., pp. 111/112.

CAPÍTULO III – A batalha de Como ("Operação Tridente") e o Congresso de Cassacá

Pouco depois do início da guerra – pelo menos desde Agosto de 1963 – a Força Aérea Portuguesa sabia que «o Inimigo na Guiné era aguerrido e instruído e que o Teatro de Operações nada tinha de comum com Angola», até porque o PAIGC promovia «uma ubiquidade desconcertante»[242]. Sofrera desde muito cedo as primeiras baixas, com aviões abatidos e pilotos ejectados, prisioneiros ou mortos.

A existência de prisioneiros era, evidentemente, uma «prova acabada da diferença de comportamento entre a guerrilha na Guiné e a dos restantes territórios portugueses de África»[243]. Assim o comprovou a captura do sargento António Lobato que, em 22 de Maio de 1963, fazia parte de uma frota de oito aviões para atacar um acampamento na ilha de Como. Durante o ataque ao solo dois aviões colidiram após um deles ter sido atingido. Lobato foi capturado e conduzido (no seu relato, a deslocação foi feita sempre segundo a mesma ordem: «alguns civis à frente, dois guerrilheiros a seguir, eu no meio e mais dois guerrilheiros»), numa marcha de vários dias, primeiro na direcção sul e, depois, sudeste, até ser entregue, em Bedanda, no acampamento do comandante da guerrilha da zona sul, Nino Vieira. A descrição é pictórica: «Sentado no tronco seco de uma velha árvore, o jovem chefe guerrilheiro, vestido de *kaki* verde escuro, pés nus e espartilhados por sandálias de plástico, braços ornamentados com grossos anéis de madeira e couro, um pedaço de corno pendurado ao pescoço com uma tira de cabedal, mais parece a estátua inerte de um deus

---

[242] José Krus Abecasis, *Bordo de Ataque*, Volume I, Coimbra, Coimbra Editora, 1985, p. 371.

[243] Luís Alves de Fraga, *A Força Aérea na Guerra em África*, Lisboa, Prefácio, 2002, p. 118.

150   *Invenção e Construção da Guiné-Bissau*

negro expulso do Olimpo, do que o terrível *turra* a quem todos obedecem, porque é "imune às balas do tuga"». Lobato passou três dias neste acampamento – onde constatou «uma movimentação constante de grupos de guerrilheiros que vão e vêm» – sem ninguém se atrever «a molestar-me ou mesmo dirigir-me palavras insultuosas» e foi encaminhado, sob escolta, para Conacri, onde ficou detido[244].

Um ano depois do início da guerra na Guiné, os acontecimentos da primeira metade de 1964 revelaram-se determinantes. A actividade do PAIGC, a norte do canal do Geba, foi intensa, sobretudo na área de Farim, na margem do rio Cacheu, com alastramento para as zonas circunvizinhas; também aumentou na área entre os rios Cacheu e Mansoa e a situação «estava longe de ser boa na região em redor da extremidade leste do canal do Geba, à qual designamos por 'centro-leste'»[245].

Foram, porém, dois episódios, ocorridos no sul, que caracterizaram e sintetizaram o desenvolvimento da luta: por um lado, a "batalha de Como" (ou seja, a "Operação Tridente", segundo o nome de código das Forças Armadas portuguesas) e, por outro, mas simultaneamente, o Primeiro Congresso do PAIGC (o Congresso de Cassacá).

Configurando um pequeno arquipélago, Como (ou Komo) compõe--se de 3 ilhas (Caiar, Como e Catunco), formando uma unidade, pois a separação entre elas resulta de canais relativamente estreitos e apenas na maré-cheia essa separação é notória. As ilhas ocupam cerca de 210 km^2 – dos quais 170 km^2 de tarrafo que ficam, de 12 em 12 horas, cobertos durante três horas pela água da preia-mar, deixando à vista, na baixa-mar, lodo e lama. As densas matas são de difícil penetração, com árvores de grande porte; tinham muito gado, numerosos arrozais e os consequentes mosquitos. As tabancas eram relativamente pequenas e dispersas. Não havia estradas, existindo, na ilha de Como, uma picada que ligava as instalações do único colono – o comerciante Manuel Pinho Brandão, que comprava produtos locais, sobretudo arroz e geria uma loja de venda de material diverso[246] – a Cachil. A partir desta localidade o acesso ao continente (Catió) era feito por canoa ou outra embarcação.

---

[244] António Lobato, *Liberdade ou Evasão – o mais longo cativeiro da guerra*, Amadora, Erasmos, 1995, pp. 33 e segs.

[245] Hélio Felgas, *Guerra....*, cit., pp. 81 e segs.

[246] Manuel Pinho Brandão era conterrâneo do Autor (então adolescente) e o seu regresso a Arouca serviu de primeiro contacto com a guerra da Guiné.

A ilha de Como era «a primeira parcela do território nacional libertada»[247] (ou, como diziam os autóctones, a "República Libertada de Como"). O PAIGC controlava a totalidade da população, sendo a força dos guerrilheiros estimada em 400 efectivos (pois a "base" era também um "centro de instrução"). O comando militar português considerava-a estrategicamente importante, não só pela proximidade com a fronteira marítima Sul, para flagelar o continente e penetrar na península de Tombali, como ainda por fornecer recursos alimentares e ser um ponto de apoio para as linhas de reabastecimento do PAIGC.

Sob supervisão do Ministro da Defesa, general Gomes de Araújo, foi decidido realizar uma "operação de envolvimento", mediante uma ofensiva convencional, de grande envergadura[248]. Nela participaram cerca de 1200 efectivos – do Exército, da Marinha e da Força Aérea (donde o "Tridente") –, com destaque para três Companhias de Cavalaria, uma Companhia de Caçadores, três Destacamentos de Fuzileiros, um pelotão de pára-quedistas, um grupo de comandos, um pelotão de morteiros e outro de artilharia, vários meios navais (incluindo uma fragata) e aéreos (estes últimos iriam desenvolver 851 "missões tácticas" e acabaram com 6 aviões atingidos e 1 abatido). As forças eram comandadas pelo tenente-coronel Fernando Cavaleiro e o Ministro da Defesa veio assistir.

A operação tinha quatro objectivos: libertar o canal; instalar uma guarnição militar; destruir as culturas e reservas de arroz; impedir as acções políticas[249]. Durou 71 dias (de 15 de Janeiro a 24 de Março de 1964). O seu começo teve certa semelhança com o desembarque nas praias da Normandia da "Operação Overlord", na II Guerra Mundial. Um sargento fez a descrição cinematográfica: «Devido à pouca profundidade do mar, a "Nuno Tristão" ancorou um pouco longe de terra. Começaram os preparativos da transferência das unidades que fariam parte da 1.ª vaga de assalto para as LDM [Lanchas de Desembarque Médias]. Ao nascer do

---

[247] Amílcar Cabral, "A batalha de Como e o Congresso de Cassacá", in *Obras*..., Vol. II, cit., p. 41.

[248] Entre muitas fontes, com diversa abordagem, ver Aniceto Afonso e Carlos de Matos Gomes, *Guerra Colonial – Angola, Guiné, Moçambique*, Lisboa, Diário de Notícias, s.d., pp. 72/75, o "Dossier" sobre a "Operação Tridente" organizado em http://blogueforanada.com/ e Joaquim Furtado, *A Guerra*... ., cit., 9.º Episódio.

[249] General Pedro Cardoso apud José Freire Antunes, *Guerra de África*..., Vol. II, cit., p. 838.

152 *Invenção e Construção da Guiné-Bissau*

dia 15, surgiram os aviões de ataque ao solo ao mesmo tempo que as peças de bordo e artilharia de Catió bombardeavam os locais de desembarque, cobrindo o avanço das tropas para instalarem testas de ponte que permitissem a chegada do grosso dos efectivos e instalação da logística»[250].

A "Operação Tridente" foi dividida em três fases: (1)- desembarque dos agrupamentos; (2)- patrulhamento das ilhas; (3)- esforços concentrados na ilha de Como, mediante intensos recontros, com apoio da artilharia e da Força Aérea (fase que se prolongou de 24 de Janeiro a 24 de Março). As forças portuguesas enfrentaram gravíssimos problemas de adaptação ao terreno, sanitários e alimentares. Segundo os relatórios oficiais, houve do lado português 9 mortos e 47 feridos e, quanto aos "guerrilheiros", 76 mortos, 15 feridos e 9 prisioneiros. Os números fornecidos pelo PAIGC são bastante diferentes, indicando um número maior de "baixas" portuguesas.

As opiniões sobre os resultados da "Operação Tridente" são divergentes, mas a mais clara e conclusiva é a seguinte: «Saldou-se por um fracasso completo, já que não conseguiu desalojar o inimigo nem reconquistar a pequena ilha»[251]. Não deixa, aliás, de ser significativo o facto de, apesar do entusiasmo que de início despertara nas chefias militares portuguesas, ter de ser o próprio Oliveira Salazar a dar ordens expressas para que acabasse, visto que «a sua duração estava só a dar importância ao adversário»[252]. Segundo o "Comunicado" do PAIGC (em francês), com data de 27 de Abril de 1964, este obtivera uma vitória na "Batalha de Como", da qual retirava importantes ilações: não só fora «um teste», por permitir medir a força e capacidade de resistência do povo e dos combatentes, bem como «a fraqueza moral – portanto, militar – do inimigo»; também servira para demonstrar a solidez das posições e da capacidade de recuperação militar do PAIGC nessas regiões; além disso, tendo ocorrido na época seca confirmara a tese de que a época das chuvas não era necessariamente a melhor para intensificar a luta nas condições concretas da Guiné; por fim, tendo embora revelado «deficiências e erros perigosos», a

---

[250] Cfr. Mário Dias, "Op. Tridente (Ilha de Como): Parte I", apud http://bloguefo-ranada.com.

[251] Coronel Fernando Policarpo, *Guerra de África – Guiné (1963-1974)*, Academia Portuguesa de História, QuidNovi, 2006, p. 62.

[252] General Pedro Cardoso apud José Freire Antunes, *Guerra de África...*, Vol. II, cit., p. 838.

A *via da libertação nacional* 153

vitória militar alcançada em Como «em certa medida foi a base de outras vitórias conquistadas [...] no ano de 1964»[253].

Todavia, a curto prazo, a região perdeu importância estratégica, pois os combatentes do PAIGC «ocuparam progressivamente posições mais vantajosas no interior do território, nas penínsulas de Cantanhez e do Quitafine, cercando os aquartelamentos portugueses de Catió e Bedanda»[254].

Entretanto, a cerca de 15 Km de distância – e a 30 Km da fronteira, na região de Quitafine –, numa "base" próxima de Cassacá, o PAIGC realizara uma reunião de quadros, com o objectivo de se reorganizar e julgar os abusos e atropelos cometidos por alguns guerrilheiros contra as populações.

Fora inicialmente convocada enquanto "6.ª Conferência de Quadros Responsáveis do Partido" e tinha sido proposta por Luís Cabral, perante o conhecimento de «que, em nome do Partido muitos responsáveis vinham cometendo crimes atrozes contra o povo»[255]. Tratou-se de uma assembleia de quadros e delegados, entre os quais cerca de sessenta dirigentes políticos e militares. A Conferência, quer pelas condições em que se realizou, quer pela importância das decisões tomadas, quer ainda pela elevada representação e activa participação, «transformou-se no I Congresso do nosso Partido», passando a ser um facto histórico, merecedor da «maior atenção e meditação da parte de todos os militantes e responsáveis»[256].

Os delegados vindos do interior foram convocados, de norte a sul, por Arafan Mané. Muitos compareceram acompanhados de gente armada. Feita a distribuição de fardas pelos delegados e depois de almoço, a reunião iniciou os trabalhos a 13 de Fevereiro de 1964, numa barraca de campanha, «à esquerda de quem entrava na base, debaixo de uma grande árvore e a meio caminho entre a entrada e a cozinha»[257].

Começou por uma exposição de Amílcar Cabral, a que se seguiram as informações prestadas pelos responsáveis das várias áreas. Entre as

---

[253] Amílcar Cabral, "A batalha...", cit., in *loc. cit.*, p. 42.
[254] Aniceto Afonso e Carlos de Matos Gomes, *op. cit.*, p. 75.
[255] Luís Cabral, *Crónica...*, cit., p. 161.
[256] Segundo o jornal do PAIGC *Libertação*, de Fevereiro de 1964, reproduzido in *O Militante*, n.º 15, Janeiro de 1980, pp. 16/18.
[257] Luís Cabral, *op. cit.*, p. 167.

154   *Invenção e Construção da Guiné-Bissau*

decisões tomadas na Conferência destacam-se a reorganização do PAIGC e a criação das Forças Armadas Revolucionárias do Povo (FARP). Foram ainda discutidas medidas «para o reforço do poder popular, da actividade económica, da administração da justiça, da instrução e assistência social nas regiões já libertadas»[258].

Quanto às estruturas do Partido, foram reformadas tanto na base (pela criação de comités de secção e outros organismos locais), como a nível dos órgãos dirigentes (Comité Central e "Bureau Político", com reorganização dos sete "Departamentos" do Comité Central). Rafael Barbosa (então detido em Bissau) foi confirmado como Presidente do Comité Central e Amílcar Cabral reconduzido como Secretário-Geral.

No plano militar, foi reorganizada a luta armada – ultrapassando a fase da pura guerrilha, isto é, de múltiplas e pequenas unidades combatentes baseadas nos locais de origem –, através da divisão do território em três Regiões Militares (Norte, Sul e Leste, esta ainda não organizada) e respectivos comandos inter-regionais e um órgão central de direcção da luta armada (o Conselho de Guerra). Sobretudo, até pela necessidade de impor aos combatentes da guerrilha do Sul a deslocação para a zona de combates no Leste, foram criadas as FARP (como exército regular móvel), englobando a guerrilha, as milícias e o exército popular, com cerca de novecentos homens, e dispondo de algumas unidades especiais, equipadas de armas pesadas e armamento anti-aéreo, de origem checoslovaca ou soviética. Os mais importantes comandantes militares (Nino Vieira, Francisco Mendes e Osvaldo Vieira) juntaram-se, no Conselho de Guerra, ao pequeno grupo de dirigentes políticos (Amílcar Cabral, Luís Cabral e Aristides Pereira).

Na noite do terceiro dia de trabalhos, a 15 de Fevereiro, abriu-se a fase da retrospectiva do comportamento de responsáveis e dirigentes, também chamada de "crítica e autocrítica" e, num ambiente de grande tensão, foram denunciados muitos «camaradas acusados abertamente de crimes inqualificáveis cometidos em nome do Partido», em particular «nas áreas dirigidas pelos matadores de feiticeiros». Seguiram-se muitos inquéritos e inquirições.

Finalmente, a 17 de Fevereiro, o comício de encerramento realizou--se num «pequeno largo aberto no mato», perante os delegados, acompa-

---

[258] Cfr. *O Militante*, n.° 15, cit., p. 17.

nhantes e representantes da população: Amílcar Cabral resumiu os trabalhos «e entrou directamente na questão dos criminosos que se serviram do Partido para cometer os mais abomináveis crimes contra o povo». Foram imediatamente presos e, quanto aos acusados que não estavam presentes, foram também «tomadas medidas concretas para arrumar o seu caso»[259]. De facto, para eliminar «as consequências de vários crimes cometidos, quer no plano político, quer no plano militar» – como dizia o citado comunicado oficioso do Congresso – iriam mesmo ser realizados, quer de imediato quer posteriormente, vários fuzilamentos.

[259] Cfr. Luís Cabral, *op. cit.*, pp. 174/186.

CAPÍTULO IV – **O PAIGC como Movimento de Libertação Nacional**

O ano de 1964 foi decisivo na consolidação e no alargamento da luta de guerrilhas. Hélio Felgas caracterizava a implantação do PAIGC no plano interno, no fim deste primeiro semestre de 1964, distinguindo as acções de aliciamento da actividade armada:

a) sob o aspecto do aliciamento, o PAIGC realizava então intensa actividade um pouco por toda a parte, sem excluir a ilha e a cidade de Bissau, e apenas algumas áreas (concretamente, a parte ocidental da ilha de Bissau, o arquipélago dos Bijagós e a ilha de Bolama, a maior parte do concelho de Teixeira Pinto, a zona fronteiriça a norte do rio Cacheu, entre Varela e Ingoré, e quase todo o leste, para oriente do meridiano de Bafatá) não apresentavam significativos «indícios de actividade inimiga de aliciamento»;

b) quanto à actividade armada, os grupos do PAIGC actuavam em praticamente toda a região sul, abaixo do Geba e a oeste do Corubal (com excepção da ilha de Bolama e da área da Aldeia Formosa) e ainda na região entre os meridianos de Bula e Bafatá (com exclusão das áreas de Bissau e de Nhacra-Mansoa).

Acrescentava que, nesse período, eram também visíveis os esforços do PAIGC para fazer alastrar a actividade armada tanto para oeste desta última região (atingindo o sector dos manjacos), como para leste, penetrando na área dos fulas e facilitando o trânsito de armas e munições para a região do Oio[260].

---

[260] Hélio Felgas, *Guerra...*, cit., pp. 89/91.

158 *Invenção e Construção da Guiné-Bissau*

Em resumo: a primeira frente de combate, em 1963, situara-se na área compreendida entre o rio Geba e a fronteira com a Guiné-Conacri; depois, foi aberta uma segunda frente, entre os rios Geba e Cacheu; em 1964, os combates alastraram a mais duas zonas, no Leste (Gabu) e no sul (Boé).

Confrontado com tão rápido agravamento da situação e ciente das divergências entre Governador e Comandante Militar, o Governo português procedeu a substituições nos altos comandos civil e militar. O Governador Vasco Rodrigues acabou por só exercer funções durante cerca de dezasseis meses e, segundo os discursos, a cessação do mandato decorreu do «momento difícil nos campos militar, económico e financeiro» que a Guiné atravessava. Como consequência do desaparecimento da administração civil e da militarização do território, chegou a Bissau, em Abril de 1964, Arnaldo Schultz designado para desempenhar, em acumulação, as funções de Governador e Comandante-Chefe. Estas mudanças foram secretamente tratadas por Pedro Cardoso, agindo como "enviado especial" de Salazar[261].

Promovido a general em 1965, Schultz introduziu a política dos "aldeamentos estratégicos" e tentou prosseguir uma política de "contra--ataque", activando as operações militares, desenvolvendo a "acção psicológica", intensificando a política de promoção social e de abertura a contactos com a FLING (de que é exemplo a nomeação de James Pinto Bull para Secretário-Geral da Província). O plano estratégico consistia em tentar, como sintetizou, «manter e controlar áreas determinadas, pelo que era necessário que umas forças conquistassem um terreno e ali ficassem para ocupá-lo e outras forças, na mesma área, se dedicassem a procurar o inimigo». Desencadeou, com esse objectivo, algumas acções de envergadura que, porém, «foram um fracasso», pelo que, não obstante o sucessivo aumento do contingente, a relação de forças no terreno «foi-se degradando progressivamente»[262].

Entretanto, Amílcar Cabral preparava as *Palavras de Ordem Gerais*, formulando as primeiras reflexões escritas, de natureza teórica e prática,

---

[261] Cfr. entrevista do general Pedro Cardoso apud José Freire Antunes, *Guerra de África...*, Vol. II, cit., p. 838.

[262] Cfr. Josep Sánchez Cervelló, *A revolução portuguesa e a sua influência na transição espanhola (1961-1976)*, Lisboa, Assírio e Alvim, 1993, p. 93 (conforme entrevista ao próprio general Arnaldo Schultz).

sobre a guerra popular – enunciando nesses textos os princípios de organização e de trabalho adoptados como normas fundamentais – e passava vários meses no interior da Guiné com o objectivo principal de organizar as recém-criadas FARP.

Acontecimento histórico foi então a visita de uma delegação militar da Organização da Unidade Africana (OUA) às regiões libertadas, pois irá ter consequências marcantes no reconhecimento do PAIGC enquanto movimento de libertação nacional, isto é, como representante único e legítimo do povo da Guiné-Bissau.

A Carta da OUA apontava a eliminação do colonialismo como prioridade absoluta. No apoio às lutas de libertação nacional, a OUA seguiu uma política tríplice: reconheceu os movimentos nacionalistas que lutavam contra a dominação colonial e racista; procurou impedir os movimentos "fantoches" ou com pretensões secessionistas; e apoiou, embora desigualmente, os movimentos que reconheceu. Dispunha, desde 1963, de instituições e meios específicos, e data de então a aliança objectiva com a ONU contra a política das autoridades portuguesas, rodesianas e sul-africanas. Embora diversas secções da OUA (por exemplo, *a Secção da Descolonização*) tivessem competência para agir a vários níveis, logo em Maio de 1963 foi criado um organismo especificamente encarregado do apoio às forças anticolonialistas actuantes em África – o Comité de Coordenação para a Libertação da África. Este *Comité de Libertação* (como ficou conhecido) tinha duas sessões ordinárias anuais e a sede em Dar Es-Salam. Competia-lhe coordenar toda a assistência, encorajar a colaboração e unificação nacional dos diversos movimentos de libertação, regular os conflitos entre eles e distribuir a ajuda conforme as prioridades. O programa político, militar e financeiro do *Comité* dependia do Conselho de Ministros da OUA, perante o qual era responsável.

Tal como fizera com Angola, o *Comité de Libertação* enviou a Dacar e Conacri uma Missão de Bons Ofícios, com o objectivo de unificar a FLING e o PAIGC. O respectivo relatório deveria ter sido apreciado no Conselho de Ministros da OUA, na sessão de 2 a 11 de Agosto de 1963, em Dacar. Porém, depois de vivas discussões nas Comissões, na Sub-Comissão designada para o efeito e, sobretudo, nos corredores (onde se concentraram os dirigentes de movimentos de libertação das colónias portuguesas), fracassaram todas as tentativas para impor um compromisso entre o PAIGC e a FLING, dada a constituição dos dois grupos e a forma como conduziam o combate ao colonialismo. Os representantes do

Senegal opuseram-se, por sua vez, ao reconhecimento do PAIGC e, finalmente, o problema foi remetido para a reunião seguinte do *Comité de Libertação*.

Entretanto, o PAIGC, além do progressivo desenvolvimento da luta no interior, resolvera, através da reunião de Amílcar Cabral com Léopold Senghor, em Julho de 1964, algumas das dificuldades com que se debatia no Senegal, até então o maior apoiante da FLING. Assim – concluiu Hélio Felgas que, do lado português, acompanhava estas questões –, «a FLING parecia condenada. Para mais na II Conferência da OUA, realizada no Cairo, em meados de Julho, a delegação do PAIGC alicerçada em bem conduzida propaganda, fora distinguida pela maioria das representações» enquanto o *memorando* da FLING «não recolheu atenções especiais»[263].

Houve, ainda, outras tentativas para unificar a FLING e o PAIGC, sobretudo por iniciativa de Senghor e por uma nova missão do *Comité de Libertação*, em Dezembro de 1964. Nenhuma delas obteve sucesso, pois, além de não terem resolvido o imbróglio entre FNLA e MPLA, era evidente que as hesitações da Comissão de Bons Ofícios e do *Comité de Libertação*, não tinham sentido «no caso particular da Guiné portuguesa»[264]. Na reunião de Março de 1965, em Nairobi, a Conferência dos Ministros dos Negócios Estrangeiros reconheceu o malogro e, tendo decidido que o *Comité* só deveria auxiliar os movimentos de libertação que se batessem efectivamente no interior, criou uma Comissão (militar) de Inquérito, para verificar a implantação desses movimentos no terreno.

A visita à Guiné ocorreu em Agosto de 1965 e a delegação militar da OUA era formada por quatro oficiais. Visitou primeiro as áreas libertadas do Sul; de seguida, na Região Norte, vindos da fronteira com o Senegal, e – segundo narra Luís Cabral – depois de «conduzidos em primeiro lugar à nossa base de S. Domingos, a noroeste do país, os membros da Missão Militar foram armados pelo comandante Lúcio Soares, responsável da Ligação e Coordenação das Forças Armadas no Norte». Francisco Mendes e Luís Cabral acompanharam os oficiais da OUA «durante toda a visita, que durou quase uma semana, com um percurso superior a duzentos e cinquenta quilómetros»[265].

---

[263] Hélio Felgas, *Guerra...*, cit., p. 49.
[264] Alfredo Margarido, "L'OUA et les territoires sous domination portugaise", in *Le mois en Afrique,* Ouubro de 1967, p. 94.
[265] Luís Cabral, *Crónica...*, cit. pp. 288 a 296.

Por outro lado, de 3 a 8 de Outubro de 1965, realizava-se em Dar Es-Salam a II Conferência da CONCP (quatro anos depois da I CONCP, em Casablanca, como se viu, *supra*). Tinha como objectivos confrontar e consolidar, nos domínios político, ideológico, militar e de «reconstrução nacional», a luta contra a «dominação colonial» portuguesa. Esta II Conferência reforçará significativamente as vinculações à "linha anti-imperialista" e aos países comunistas.

A CONCP já tinha, entretanto, transferido a sua sede pois «o pólo revolucionário mudou-se de Rabat para Argel com a independência da Argélia»[266], mas o local da conferência foi alterado por causa do golpe de Estado que afastou o Presidente argelino Ben Bella.

A Conferência assentou nos seguintes três "Documentos de base": um, da autoria de Mário Pinto de Andrade, *A luta de libertação nacional nas colónias portuguesas – fundamentos unitários*; outro, de autoria conjunta de Amílcar Cabral e Mário Pinto de Andrade, *A África e a luta libertação nacional nas colónias portuguesas*; o terceiro, de autoria conjunta – enquanto representantes dos movimentos de libertação sediados em Argel – de Luís de Almeida, Aquino de Bragança, Abílio Duarte, Pascoal Mocumbi e Edmundo Rocha, *A situação política em Portugal e a luta de libertação nacional nas colónias portuguesas*[267].

A presidência coube a Agostinho Neto, o secretariado era composto por Mário Pinto de Andrade, Marcelino dos Santos, Amália Fonseca e Aquino de Bragança. Compareceram delegações do CLSTP (de S. Tomé e Príncipe), da FRELIMO (de Moçambique), do MPLA (de Angola), do PAIGC (da Guiné e Cabo Verde), da UDEMU (de Cabo Verde), da UNTG (da Guiné), da UNEMO (de Moçambique), esta última enquanto "organização fraternal", e, como "convidado de honra", da Frente Nacional de Libertação (FNL), do Vietname do Sul. A sessão de abertura realizou-se em 3 de Outubro; as sessões plenárias decorreram nos dias 4 e 5 e a sessão de encerramento realizou-se a 8 do mesmo mês. Amílcar Cabral interveio na sessão de abertura e na sessão plenária de 5 de Outubro. Nesta última intervenção, fará a extrema e ambiciosa proposta segundo a qual «a fim de combater Portugal: *transformaremos a guerra colonial em guerra*,

---

[266] Mário Pinto de Andrade, *Uma entrevista...*, cit., p. 185.
[267] Todos os documentos estão publicados apud CONCP, *La conférence de Dar Es-Salaam*, Argel, Information CONCP, 1967.

muito simplesmente»[268]. A "agenda de trabalhos" dividia-se em três pontos principais: I – Questões político-militares; II – Política exterior; III – Questões técnicas.

Na *Declaração Geral*, os participantes consideraram que a respectiva luta se inseria na luta geral de emancipação dos povos da África, Ásia e América Latina «da dominação colonialista, neocolonialista e imperialista», insistiram particularmente na sua solidariedade com os povos do Vietname, Congo, Palestina e Cuba, afirmaram que «a aliança natural dos movimentos de libertação nacional com as forças do mundo socialista e todas as outras forças progressistas constitui um factor de aceleração da liquidação do colonialismo português» e constataram que a ONU «não foi capaz, até ao momento», de se impor ao «Governo português e seus aliados».

A Primeira Comissão aprovou, entre outras, uma resolução relativa à Coordenação Político-Militar, em que a CONCP, com base na citada proposta de Amílcar Cabral, de conhecimento reservado, definia a coordenação e uma estratégia militar conjunta, encarando «o estudo das possibilidades de novas iniciativas de acção militar comum contra as bases e os meios materiais da potência colonial, caso a guerra se prolongue». Ou seja: alargar as acções militares ao próprio território europeu. Esta proposta de abertura de «quarta frente de luta, em pleno coração da potência colonizadora», apesar de apoiada por Samora Machel, não foi bem acolhida nem por Agostinho Neto nem pelo representante do PCP (Pedro Ramos de Almeida)[269].

Na resolução particular referente à Guiné e a Cabo Verde, a CONCP constatava – e é a primeira vez que esta comparação será utilizada – que «na Guiné, onde o PAIGC promove novas estruturas na administração das regiões libertadas, a situação actual pode, com efeito, ser considerada como sendo a de um Estado de que uma parte do território nacional (sobretudo os principais centros urbanos) está ocupada por forças militares estrangeiras».

Tal situação, além de impor medidas com vista a «harmonizar a situação jurídica internacional do povo guineense com a situação concreta deste país», era, no conjunto das colónias portuguesas, uma «situação

---

[268] Amílcar Cabral, "As opções da CONCP", in *Obras….*, cit., Vol. II, p. 172.
[269] Cfr. José Pedro Castanheira, *Quem mandou matar…*, cit., pp. 48/49.

A via da libertação nacional 163

específica [que poderia] acelerar o processo de liquidação do colonialismo português em África». Trata-se de uma espantosa antecipação não só da declaração unilateral de independência da Guiné-Bissau em 24 de Setembro de 1973, como da ocorrência do "25 de Abril" em Portugal.

Por sua vez, na Segunda Comissão (relativa a "Questões externas" e a propósito da ajuda africana aos movimentos de libertação, numa altura em que eram evidentes as divergências dos grupos de pressão no interior e no exterior da OUA) foi aprovada uma resolução relativa ao Comité de Libertação, que denunciava e condenava as «manobras tendentes» a impedir «o reconhecimento das organizações nacionalistas que incontestavelmente conduzem a luta dos seus povos». Em especial, exigia um «solene reconhecimento» do PAIGC enquanto «organização combatente do povo da Guiné e Cabo Verde, ao qual devem ser concedidos, exclusivamente, os meios necessários para incrementar a sua acção».

De facto, o Conselho de Ministros da OUA voltou a reunir em Acra, de 22 a 26 de Outubro de 1965. Os relatórios do *Comité de Libertação* sobre as colónias portuguesas não foram, mais uma vez, bem recebidos, mas um reexame da questão pelos próprios Chefes de Estado concluiu, finalmente, pelo reconhecimento formal do PAIGC como único movimento nacionalista representativo da Guiné.

Tal como no caso de outras instituições (*v.g.*, a Conferência dos Não Alinhados), fora, antes de mais, um acto eminentemente político, destinado a promover os movimentos de libertação na cena internacional. Mas, além disso – e este aspecto talvez se tenha tornado decisivo –, o reconhecimento dos movimentos de libertação pela OUA, de que o do PAIGC foi protótipo, pressupunha um formalismo jurídico: era concedido por um órgão permanente, especialmente habilitado (o *Comité de Libertação*) e assentava em certos critérios. Por esta via, a OUA conferia-lhes um verdadeiro certificado de representatividade e, embora a partida viesse a jogar-se na ONU, estava a criar condições para a formulação de um estatuto próprio dos movimentos de libertação nacional no quadro das organizações internacionais.

Ainda em 1965, a Comissão de Descolonização, o Conselho de Segurança e a Assembleia Geral da ONU endureceram a sua posição, multiplicando as condenações da política portuguesa e acentuando as pressões sobre Lisboa.

Em Maio e Junho desse ano, tendo-se deslocado a África, a Comissão de Descolonização recebeu quinze petições escritas e ouviu sete peticionários, sobretudo em nome dos movimentos de libertação das colónias portuguesas que, de uma forma geral, sustentaram a necessidade da sua luta, acusaram Portugal de continuar a guerra colonial e declararam que a situação era ainda mais perigosa que em 1963. Amílcar Cabral denunciou igualmente a política de Lisboa e a ajuda militar da NATO; preconizando a luta armada contra o colonialismo, solicitou o apoio efectivo da ONU e das organizações especializadas e convidou a Comissão de Descolonização a visitar as regiões libertadas na Guiné. Na resolução aprovada em 10 de Junho, a Comissão deixava de falar em "territórios administrados por Portugal", passando a referir-se aos "territórios sob dominação portuguesa" e, pela primeira vez, reconhecia a legitimidade das lutas de libertação nacional.

Em 23 de Novembro, o Conselho de Segurança por 7 votos e 4 abstenções (França, Holanda, Reino Unido e EUA) aprovou nova resolução quanto aos territórios portugueses, cuja aplicação deu lugar a troca de correspondência entre o Secretário-Geral e o Governo português. A tentativa de conversações, porém, falhou, pois a parte portuguesa recusou terminantemente discutir a questão do estatuto (jurídico/político e teórico/ /prático) do direito à autodeterminação.

Em 21 de Dezembro, a Assembleia Geral aprovou a resolução 2107 (XX) que representava a mais veemente condenação da política portuguesa e o maior esforço da ONU para isolar Portugal e obrigá-lo a mudar de política colonial, reconhecendo, também ela, a legitimidade da luta de libertação nacional.

Nesse mesmo ano de 1965, Che Guevara andava por África, Amílcar Cabral já se tinha encontrado com ele e os cubanos estavam a chegar.

CAPÍTULO V – Cuba e a "euforia terceiro-mundista"

A revolução argelina gozava de enorme prestígio em África e Argel tornara-se o centro da contestação revolucionária internacional. Além de vários exilados da oposição portuguesa, aí se encontravam, desde a instalação da CONCP, os representantes dos principais movimentos de libertação.

Quanto à revolução cubana, entre os vários países com os quais estabelecera relações cordiais desde 1959 (Egipto, Gana, Guiné-Conacri), a Argélia foi «o primeiro amor de Cuba em África»[270], à qual concedeu ajuda militar e civil (incluindo, em 1963, os primeiros médicos cubanos da epopeia internacionalista) quer à Frente Nacional de Libertação (FNL) quer, depois da independência, à República argelina. Por isso, a Argélia, além de permitir uma série de operações secretas dos cubanos relacionadas com as guerrilhas da América Latina, vai tornar-se a base principal de Cuba em África.

Em Dezembro de 1964, como representante cubano, Che Guevara fora a Nova Iorque para discursar na Assembleia Geral da ONU; defendeu a política internacional da esquerda revolucionária, condenou o colonialismo, denunciou a manobra, envolvendo a própria ONU, que, no Congo, levara ao assassinato de Patrice Lumumba e atacou violentamente os EUA, que qualificava de «punho armado do imperialismo». Foi severamente criticado pelo embaixador norte-americano, Adlai Stevenson, e por alguns representantes latino-americanos. Depois, partiu para uma longa visita, de três meses, a África e à China, com passagens por Dublin, Paris e Praga.

O seu périplo mostrava o interesse crescente de Cuba pelo continente africano e Che Guevara vai agir como um embaixador itinerante. Mas tam-

---

[270] Piero Gleijeses, *Conflicting Missions: Havana, Washington and Africa, 1959--1976*, University of North Carolina Press, 2001, pp. 61 e segs.

166 *Invenção e Construção da Guiné-Bissau*

bém familiarizar-se com um continente onde estava decidido a lutar, num «campo de provas do seu sonho de uma aliança 'tricontinental' contra o Ocidente»[271].

Che Guevara fez uma primeira escala em Argel. O Presidente e amigo Ben Bella ofereceu-lhe um almoço, em que participaram vários ministros, e concedeu uma extensa entrevista a Josie Fanon, viúva de Frantz Fanon, prenúncios da intensa cooperação ideológica e operacional[272]. Em 26 de Dezembro viajou para o Mali e, em 2 de Janeiro de 1965, chegou a Brazzaville. Declarou, numa entrevista, que a luta contra os Estados Unidos assumia cada vez mais um carácter continental e que a revolução «passa actualmente pela etapa da luta armada»[273]. Reuniu com o Presidente da República do Congo-Brazzaville, preparando um substancial apoio militar cubano; fez várias visitas, incluindo às instalações do MPLA, onde se encontrou com Agostinho Neto e Lúcio Lara, a quem prometeu instrutores para a guerrilha.

A 7 de Janeiro, chegou a Conacri. Com Sékou Touré, estava «num terreno familiar» e até se deslocaram à fronteira com o Senegal para assistir à representação teatral de uma peça sobre negritude, de autoria de Léopold Senghor, que culminou com uma descontraída conversa a três[274]. Che Guevara mostrou interesse em tomar conhecimento directo da luta na Guiné-Bissau e, segundo Óscar Oramas (que, a partir do ano seguinte, será o embaixador cubano para as relações com o PAIGC), Amílcar Cabral terá realizado «uma caminhada de dois dias para efectuar o encontro». Apesar deste não ter tido repercussão nos meios de comunicação, Che Guevara prometeu o envio de armas e comentou com os seus companheiros que Amílcar Cabral «era o dirigente africano de maior talento e que mais o tinha impressionado»[275].

---

[271] Jon Lee Anderson, *Guevara – uma biografia* (tradução), Rio de Janeiro, Objetiva, 1997, p. 702.

[272] Cfr. Ahmed Ben Bella, "Ainsi était le «Che»", republicado in *L'émancipation dans l'histoire, Manière de voir/Le Monde Diplomatique*, n.º 106, 2009, pp. 74/77.

[273] Adys Cuppull e Froilán González, *Che Guevara – Cidadão do Mundo*, Porto, Campo das Letras, 1998, p. 159.

[274] Cfr. Pierre Kalfon, *Che, Ernesto Guevara, une légende du siècle*, Paris, Seuil, 1997, p. 395.

[275] Óscar Oramas, *Amílcar Cabral – Para além do seu tempo*, Lisboa, Hugin, 1998, p. 79.

Na semana seguinte, no Gana, teve uma entrevista com Kwame Nkrumah, apelou ao reforço da luta anti-imperalista e anti-colonialista e declarou que o objectivo da visita a África era estreitar os laços entre Cuba e os países revolucionários do continente. Ainda foi ao Daomé, antes de regressar a Argel.

Em Fevereiro, viajou para a República Popular da China, integrando uma delegação oficial cubana, e aí permaneceu cerca de uma semana tendo reunido com dirigentes do Estado e do Partido Comunista.

Regressou a África (via Paris) e, em 11 de Fevereiro, foi recebido em Dar Es-Salam pelo embaixador cubano na Tanzânia, onde permaneceu também uma semana. Reuniu com o Presidente Nyerere, de quem obteve concordância para o apoio aos movimentos de libertação, e prometeu ajuda através de médicos e técnicos. Os encontros mais importantes foram, porém, com os grupos revolucionários africanos (incluindo a FRELIMO) e, em particular, com os congoleses "lumumbistas" (liderados por Laurent Kabila) que tinham estabelecido a retaguarda na Tanzânia. Defendeu que o treino militar não devia ser feito em Cuba, dada à distância, mas no próprio território, oferecendo, em nome do Governo cubano, armamento e uma brigada cubana para a guerrilha.

Em 19 de Fevereiro, Che Guevara estava no Cairo para conversações com Nasser. Depois, regressou à Argélia. Em 24 de Fevereiro interveio no II Seminário Económico de Solidariedade Afro-Asiática, pronunciando o famoso "Discurso de Argel". Nesse discurso, insistiu, por um lado, em temas habituais: o imperialismo como causa do subdesenvolvimento; a solidariedade dos povos explorados; a América Latina como caso de neo-colonialismo; o socialismo como «foz de todo o movimento de libertação consequente», mas, por outro lado, desenvolveu «um tema inédito, que provocará escândalo: os países socialistas cúmplices da exploração do Terceiro Mundo»[276]. Defendeu a proposta argelina de institucionalização de relações inter-continentais, acrescentando-lhe três considerações complementares: primeira, «para que a união seja um instrumento de luta contra o imperialismo, eram necessários quer o concurso dos povos da América Latina quer a aliança com os países socialistas»; segunda, a união teria um «carácter revolucionário»; terceira, deveriam ser estabelecidas

---

[276] José Fernandes Fafe, *Ernesto "Che" Guevara – Homem do século XIX ou do século XXI*, Porto, Dividendo, 1997, p. 121.

168 — Invenção e Construção da Guiné-Bissau

novas relações de igualdade, fundadas numa «jurisprudência revolucionária»[277].

Ainda voltou ao Cairo e ao chegar a Havana, em 15 de Março, afirmou que, depois de ter percorrido sete países africanos, estava convencido de que seria «possível criar uma frente comum de luta contra o colonialismo, o neo-colonialismo e o imperialismo». Fidel Castro acompanhou-o na saída do aeroporto: «Parece que passaram dois dias conversando»[278].

Logo em Abril de 1965, partiu de Cuba o barco *Uvero*, transportando médicos e assessores militares, alimentos, medicamentos, utensílios agrícolas, armas e uniformes destinados aos movimentos de libertação africanos. Quando o cargueiro aportou em Conacri, Jorge Serguera, embaixador na Argélia e que acompanhara Che Guevara no périplo africano, «faz a entrega da primeira ajuda solidária cubana ao PAIGC»[279].

Na mesma altura, Che Guevara e uma primeira coluna cubana de uns 120 homens entraram no Congo, através do lago Tanganica. No verão de 1965, havia na África central cerca de 400 soldados cubanos (quase todos negros e incluindo o "batalhão Patrice Lumumba", no Congo Brazzaville, dirigido por Jorge Risquet Valdés). Estrategicamente, a intervenção cubana prosseguia três objectivos principais: primeiro, baseava-se na crença de que a África subsariana estava pronta para a revolução, que do Congo irradiaria para todo continente; segundo, a luta revolucionária serviria para debilitar a influência dos Estados Unidos; e, terceiro, desenvolveria o "sentido da missão revolucionária", como ideal cubano e manifestação da sensibilidade terceiro-mundista, num Mundo onde a principal linha divisória opunha países desenvolvidos e subdesenvolvidos.

Esta primeira "missão internacionalista" cubana foi um completo fracasso e teve de retirar em Novembro de 1965. Escondido em Dar Es-Salam, Che Guevara inicia um manuscrito sobre a experiência – que datará de Janeiro de 1966 e só será publicado cerca de 30 anos depois[280].

---

[277] Ernesto Che Guevara, "Le discours d'Alger", apud *Le socialisme et l'homme*, Paris, Maspero, 1967, pp. 83/84.

[278] Paco Ignacio Taibo II, Froilán Escobar, Félix Guerra, *O ano em que estivemos em parte nenhuma – A guerrilha africana de Ernesto Che Guevara*, Porto, Campo de Letras, 1995, p. 14.

[279] Óscar Oramas, *op. cit.*, p. 80.

[280] Ernesto Che Guevara, *Pasajes de la guerra revolucionaria: Congo*, Barcelona, Mondadori, 1999.

Passa ainda uns meses em Praga, regressa clandestinamente a Cuba em 21 de Julho de 1966 e prepara-se para partir para a Bolívia.

Também em Argel vivera Ben Barka, durante o ano de 1964, envolvido na projecção internacionalista das lutas de libertação nacional. Entre outros, reunira com Che Guevara e Amílcar Cabral. Presidia então ao Comité preparatório da Conferência Tricontinental, prevista para Havana, na sequência da III Conferência da OSPAA (Organização de Solidariedade dos Povos da África e da Ásia), realizada no Gana (em Winneba), de 9 a 16 de Maio de 1965, que decidira integrar a América Latina. A referida Conferência Tricontinental, uma vez conseguida a participação conjunta de soviéticos e chineses, destinava-se a fazer convergir todos os movimentos de libertação do Terceiro Mundo, tendo como objectivos, no resumo de Ben Barka: ajuda aos movimentos de libertação nacional, sobretudo ao palestiniano; intensificação das lutas, incluindo as lutas armadas, nos três continentes; apoio a Cuba; liquidação das bases militares estrangeiras; oposição às armas nucleares, ao *apartheid* e à segregação racial. A finalidade era a «*libertação total*»[281].

Esta Conferência Tricontinental (ou, mais rigorosamente, a I Conferência de Solidariedade dos Povos da África, da Ásia e da América Latina) realizou-se em Havana, de 3 a 14 de Janeiro de 1966[282]. A ordem do dia previa 4 grandes temas, divididos em vários números e alíneas:

I) *Luta contra o Imperialismo, Colonialismo e Neocolonialismo*;

II) *Questões Primárias da Luta Anti-Imperialista através dos Três Continentes* (particularmente no Vietname; na República Dominicana; no Congo; nas colónias portuguesas; na Rodésia do Sul; na Palestina e na Arábia do Sul);

III) *Solidariedade Anti-Imperialista entre os Povos Afro-Asiáticos e Latino-Americanos nos domínios Económico, Social e Cultural*;

---

[281] Cfr. René Gallissot, "Mehdi Ben Barka et la Tricontinental", in *Vies et mort du Tiers-monde*, *Manière de voir/Le Monde Diplomatique*, n.° 87, 2006, pp. 38/41.

[282] Ver, embora com ópticas diversas, Eduardo dos Santos, *Pan-Africanismo*, cit., pp. 170 e segs., Lucio Luzzato, "La Conférence Tricontinental de la Havane – Introduction et Documents", in *Revue Internationale du Socialisme*, Roma, Ano 3.°, n.° 13, Fevereiro de 1966, pp. 68 e segs., e Eduardo Bailby, "A La Havane, une conférence des mouvements révolutionnaires clandestins", in *Vies et mort du Tiers-monde..*, cit., pp. 42/43.

IV) *Unificação Política e Orgânica dos Esforços dos Povos da África, da Ásia e da América Latina na sua Luta Comum para a Libertação e Edificação Nacionais.*

Os trabalhos realizaram-se no *Hotel Habana Libre*. Compareceram 512 delegados de organizações políticas de 82 países (28 africanos, 27 asiáticos e 27 latino-americanos), 64 observadores representando cinco organizações mundiais, três organizações afro-asiáticas (juristas, escritores e jornalistas), três organizações africanas, três organizações asiáticas e sete países socialistas europeus, além de 77 convidados de 24 países e 129 jornalistas de 38 países diferentes. Os movimentos de libertação das colónias portuguesas tinham quatro delegações: MPLA, FRELIMO, CLSTP e PAIGC (esta formada por Amílcar Cabral, Vasco Cabral, Pedro Pires, Abílio Duarte e Domingos Ramos).

O discurso inaugural foi proferido pelo Presidente da República cubana, Osvaldo Dórticos. Como documento preliminar, distribuíra-se um "Relatório político: antecedentes e fins do movimento de solidariedade dos povos dos três continentes". As sessões de trabalho começaram a 4 de Janeiro. Amílcar Cabral foi o porta-voz dos movimentos de libertação das colónias portuguesas, falando na sessão plenária de 8 de Janeiro.

Foram aprovadas as seguintes mais importantes deliberações:

- Mensagem à classe operária e aos movimentos populares da Europa e da América do Norte;
- Resolução sobre a coexistência pacífica;
- Declaração Geral;
- Resolução política geral;
- Resolução geral adoptada pela Comissão Económica;
- Resolução geral da Comissão Social e Política.

Entre as muitas resoluções específicas, foram aprovadas uma resolução sobre o colonialismo português e resoluções referentes à situação nas várias colónias. Destaque-se também a criação da OSPAAAL (Organização de Solidariedade dos Povos da África, Ásia e América Latina), cujo secretariado executivo teria sede em Havana até à realização da II Tricontinental, prevista para o Cairo, e que foi logo dotada de um departamento para apoio à luta armada.

A via da libertação nacional 171

No discurso de encerramento, Fidel Castro defendeu que «a luta armada» era «a via fundamental» para a América Latina. Porém, a passagem à fase da guerrilha teria de ser cuidadosamente preparada e não poderia desenvolver-se sem apoio de um movimento político organizado.

A clandestinidade misteriosa de Che Guevara (e as múltiplas versões sobre a sua causa) agitou todos, incluindo a CIA.

Na opinião da maioria dos observadores, a Conferência constituiu, antes de mais, uma dupla vitória para o regime de Fidel Castro, não só por ter reforçado o prestígio da revolução cubana no Terceiro Mundo como por ter junto as organizações revolucionárias das duas grandes correntes anti-imperialistas, quer a ligada à revolução soviética quer a ligada à revolução anticolonial. Acrescia que, embora o Vietname tenha estado no centro dos debates, foi a América Latina que acabou por desempenhar o papel mais relevante, visto que, pela primeira vez, várias dezenas de organizações clandestinas ou oficialmente revolucionárias abordaram as questões tácticas relacionadas com o combate ao imperialismo norte-americano, considerado o inimigo principal e a causa de todos os males.

Amílcar Cabral fez a intervenção mais profunda e destacada de toda a Conferência. De resto, como desafiou os cânones dominantes, o discurso chegou mesmo a provocar «burburinho»[283].

Começou por explicar as duas razões da presença das delegações das colónias portuguesas: por um lado, participar neste «acontecimento transcendente da História da Humanidade»; por outro, trazer «uma prova concreta» da solidariedade «fraternal e combativa» ao povo cubano. Saudou as conquistas e o 7.º aniversário da Revolução Cubana, apontando a sua construção do socialismo como «um acontecimento único e, para muitos, insólito». As delegações das colónias portuguesas não vinham para «dizer mal do imperialismo», até porque o combatiam de armas na mão. Vinham, sim, para «uma ampla troca de experiência» e com a intenção de proceder ao «estudo e resolução dos problemas centrais da [...] luta comum».

Visto que libertação nacional e revolução social não são «mercadorias de exportação» mas «produto de elaboração local», a evidente ausência de ideologia apresentava-se como um considerando da sua

---

[283] Ana Maria Cabral (entrevista) apud Aristides Pereira, *O Meu Testemunho...*, cit., p. 338.

172   *Invenção e Construção da Guiné-Bissau*

intervenção, pois «a deficiência ideológica para não dizer a falta total de ideologia» correspondia a uma das maiores fraquezas dos movimentos de libertação. Era necessário um amplo debate sobre a questão e o contributo de Amílcar Cabral versava precisamente sobre *Os fundamentos e objectivos da libertação nacional relacionados com a estrutura social*, como intitulou esta sua intervenção[284].

Passou, então, ao desenvolvimento da sua opinião sobre as seguintes categorias e conceitos:

a) *a luta de classes* (que, relativamente a alguns povos colonizados, não podia ser apontada como "motor da história", nem sequer estava na sua origem ou no seu fim);

b) *o modo de produção* (pois há desenvolvimento desigual nas sociedades humanas, podendo coexistir vários modos de produção, não ocorrendo uma linha única e necessária de evolução);

c) *o imperialismo* (não se devendo esquecer que o fenómeno imperialista fora «uma necessidade da história», havendo actualmente, pelo menos, duas formas gerais de dominação imperialista: por um lado, a dominação directa ou colonialismo e, por outro, a dominação indirecta ou neo-colonialismo, embora em ambas permaneça «a característica essencial da dominação imperialista – a negação do processo histórico do povo dominado, por meio da usurpação violenta da liberdade do processo de desenvolvimento das forças produtivas nacionais»);

d) a distinção prática entre *situação colonial e situação neocolonial* (pois na situação colonial, atendendo ao «carácter geralmente embrionário das classes trabalhadoras», é possível e necessário criar uma «ampla frente de unidade e de luta» e não é adequada a promoção de qualquer "vanguarda da classe operária");

e) *o papel da violência* (considerando que a dominação imperialista «implica um estado de permanente violência contra as forças nacionalistas» e que a luta de libertação nacional é uma revolução para lá da independência, o que importa «é determinar quais as formas de violência que devem ser utilizadas pelas forças de

---

[284] Apud Amílcar Cabral, *Obras...*, Vol. I, cit., pp. 199 e segs., e *Documentário*, cit., pp. 169 e segs.

libertação nacional, para não só responderem à violência do imperialismo mas também para garantirem, através da luta, a vitória final da sua causa, isto é, a verdadeira independência nacional»;

f) o *papel da pequena-burguesia nativa* (é ela que organiza o "partido" e participa na direcção da luta, é ela que vai tomar o poder e, então, só terá uma «alternativa – trair a revolução ou suicidar--se como classe»).

Assim, Amílcar Cabral inovava relativamente a um conjunto de conceitos e preconceitos hegemónicos, de matriz marxista, falando a partir da realidade africana e, essencialmente, usando como poucos na Conferência a "arma da teoria" – título com que o discurso ficará conhecido, para sempre.

A convite de Fidel Castro, «percorre com ele a Sierra del Escambray», para examinar as condições do treino de guerrilheiros destinados a Cabo Verde. Vão acordar um vasto programa de apoio à luta do PAIGC, «em assessores e equipamento militar, assim como pessoal de saúde»[285].

Logo no fim de Janeiro de 1966, uma pequena delegação militar deslocou-se à Guiné para apreciar a situação e as necessidades militares no terreno. Em Maio partiram os primeiros médicos e assessores militares cubanos: «Um grupo de sete companheiros fá-lo por via aérea, e outro de duas dezenas, fá-lo no navio *Lídia Doce*, levando ainda uma nova remessa de material para apoiar a guerra de libertação»[286]. Em Junho, realiza-se na

---

[285] Já existem importantes testemunhos e estudos sobre a participação cubana na Guiné-Bissau: ver, sobretudo, Oscar Oramas, *Amílcar Cabral...*, cit., Piero Gleijeses, *Conflicting....*, cit., as comunicações no "Seminário Internacional de Guileje", de Ulises Estrada Lescaille, "O internacionalismo cubano e participação de Cuba no esforço da guerra de libertação da Guiné-Bissau" e de Oscar Oramas, "Contribuição e participação cubana na luta de libertação nacional da Guiné-Bissau: dados, números e factos" (cujas sinopses podem ser consultadas no blogue http://blogueforanada.com/) e, ainda, o Video *Cuba, une odyssée africaine – un film de Jihan el Tahri*, 2007, ARTE, França.

[286] Oscar Oramas, *Amílcar Cabral...*, cit., p. 81. Um destes médicos (Domingo Diaz Delgado, que começou pela Região Norte e percorreu quase todas as bases guerrilheiras) fez um valioso depoimento para um livro publicado em Havana, em 2006, que pode ler-se no jornal digital Juventude Rebelde (e também está reproduzido no blogue http://blogueforanada.com/).

174 *Invenção e Construção da Guiné-Bissau*

Escola Piloto do PAIGC, perto de Ratoma, uma reunião conjunta onde são estabelecidas as regras de participação militar cubana (a presença seria sigilosa e a defesa da vida e da segurança era prioritária) bem como a organização da Missão (dividida, inicialmente, em três grupos: «um, com seis instrutores e quatro médicos, será incorporado no Comando Central da Frente Sul, em Bochisansa; outro, de composição similar, irá para a região de Boé, a Este, e um terceiro permaneceria no Quartel Geral da Rectaguarda», em Boké[287]).

Esta participação cubana na Guiné vai ser a operação mais bem conseguida e relevante em África (até 1975, em Angola). Destacam-se alguns traços fundamentais: os cubanos foram os únicos estrangeiros que lutaram militarmente pelo PAIGC (mas, ao contrário da experiência do Congo, não formaram propriamente unidades combatentes, antes prestaram sobretudo instrução e apoio técnico); toda a assistência médica (com uma única excepção) nas zonas guerrilheiras foi prestada por estes médicos cubanos; os cubanos que foram para a Guiné eram voluntários, motivados pela mística da guerra de guerrilhas; os norte-americanos sabiam da presença cubana em África, mas o Embaixador em Conacri observou que, quanto à Guiné-Bissau, «o Departamento de Estado não está preocupado» com essa presença[288].

Ainda no decorrer do ano de 1966 haverá uma reorganização e um reforço da missão militar e chegará um novo Comandante, Víctor Dreke. Publicará um livro de memórias, em que poucas referências faz às estadias em Conacri e na Guiné-Bissau, embora assinale divergências estratégicas com Amílcar Cabral quanto à forma de combater (pois Amílcar Cabral não aceitou a ideia cubana de ataque e ocupação de aquartelamentos) e ao recrutamento forçado de jovens para a guerrilha[289].

A primeira operação militar de envergadura em que participaram os militares cubanos realizou-se na área de Madina do Boé, em Novembro de 1966. A 2 de Julho de 1967, num ataque ao aquartelamento de Béli, morreu o primeiro assessor militar (até 1974, na guerrilha da Guiné morreram nove cubanos, entre cerca de sessenta "internacionalistas cubanos", incluindo uma dezena de médicos).

---

[287] Oscar Oramas, *Amílcar Cabral...*, cit., pp. 81/82.
[288] Piero Gleijeses, *Conflicting....*, cit.
[289] Cfr. Víctor Dreke (entrevista), *De la sierra del Escambray al Congo*, Pathfinder, 2003, pp. 147/148.

Nestes anos de 1966 e 1967, segundo Carlos Fabião – então comandante condecorado de uma "companhia de caçadores" em comissão de serviço na Guiné –, para o lado português a guerra correu «mal, para não dizer muito mal, em todos os sentidos»[290]. As forças portuguesas haviam perdido o controlo do sul e do centro-sul e o fracasso das tentativas de penetração nas áreas libertadas levou ao abandono das operações de grande vulto, «deixando aos guerrilheiros vastas áreas por onde eles se movimentavam em quase completa segurança»[291], pelo que os relatórios militares começavam a referir a impossibilidade de uma «solução favorável»[292].

Para o PAIGC, tratava-se de «inversão progressiva da situação», visto que as forças portuguesas haviam passado à defensiva, enquanto as FARP desenvolviam «a ofensiva tanto contra os acampamentos fortificados ainda presentes nas regiões libertadas, como contra as tropas coloniais das outras regiões»[293]. O PAIGC atingia, pois, um ponto elevado da segunda fase da guerra de guerrilhas, a "fase de desenvolvimento", em que passaria a privilegiar a plena integração do campesinato na luta e a elevação do nível político geral: «o exército revolucionário desenvolve-se, secundado pelas milícias aldeãs. Metade do território é formada por áreas libertadas, onde os camponeses estão politicamente organizados». Nesta fase, aumentou a produção agrícola, foram melhoradas as condições de saúde e ensino e implantadas novas formas de comércio, através da troca directa, capazes de satisfazer as necessidades básicas; as forças portuguesas presentes nas áreas libertadas encontravam-se permanentemente cercadas. Desde meados de 1966, o PAIGC «conseguiu, com êxito, destruir os postos isolados, impedir a circulação fluvial, libertar a região central do Boé a fim de ligar as duas regiões já em suas mãos – conseguindo, ao mesmo tempo, enquadrar politicamente as populações recém-libertadas e assegurando o funcionamento económico dessa áreas»[294].

---

[290] Carlos Fabião in José Freire Antunes, *A Guerra...*, cit., pp. 367 e segs.

[291] Carlos Fabião, "A descolonização da Guiné-Bissau", in AAVV, *Seminário 25 de Abril – Dez Anos Depois*, Lisboa, Associação 25 de Abril, 1984, p. 305.

[292] Cfr. Hélio Felgas, "Depoimento", in AAVV, *Os Últimos Guerreiros do Império*, Lisboa, Erasmos, 1995, pp. 131 e segs.

[293] Cfr. Amílcar Cabral, "A guerra de partisans e popular de movimento", in *Obras...*, Vol. II, cit., pp. 45 e segs.

[294] Gérard Chaliand, *Lutte Armée...*, cit., pp. 150/151. Ver também Mustafah Dhada, *op. cit.*, pp. 17 a 24.

Em Maio de 1968, o Governo português substituiu o general Arnaldo Schultz pelo brigadeiro António de Spínola, que mudará de estratégia, começando por «uma entrada fulgurante e espectacular, com altos comandos militares e civis 'despedidos' para a metrópole», e passando depois à "remodelação do dispositivo" (ou seja, à «articulação dos meios para o cumprimento de uma Missão, segundo uma Ideia de Manobra»)[295].

A primeira medida foi a "remodelação do dispositivo da Região do Boé", objecto da *Directiva n.° 1/68*, de 8 de Junho. Além de ratificar o já consumado abandono do destacamento de Béli, Spínola determinou a transferência do «aquartelamento de Madina do Boé para local mais adequado, na região do Cheche». Apesar de pretender realizar essa transferência ainda durante a época das chuvas, a retirada de Madina do Boé só se consumou, sofrendo um grave acidente fluvial, em Fevereiro de 1969[296].

O programa global da "remodelação do dispositivo da Guiné" foi objecto da extensa (e também secreta) *Directiva n.° 20/68*, de 25 de Julho. Em suma, a "ideia de manobra" apresentava três objectivos: cortar os eixos de reabastecimento do PAIGC, subtrair-lhe a população e as áreas economicamente mais ricas e, enfim, retirar-lhe «a vontade de combater». A "manobra" impunha uma série de transferências, remodelações, desocupações, reduções e reajustamentos dos dispositivos e visaria, conforme as áreas em causa, ora «o esforço de contra-penetração nas zonas fronteiriças», ora a «defesa das populações», ora a «acção psicológica», ora o «aniquilamento» nas áreas inimigas, ora a «atitude defensiva» ou, até, a «contra-guerrilha».

Abria-se, assim, numa nova fase do processo de independência da Guiné-Bissau.

---

[295] Carlos Fabião, "A descolonização...", cit., in *loc. cit.*, p. 306.

[296] A maioria das "Directivas Secretas" assinadas por Spínola em 1968 está publicada apud José Freire Antunes, *Guerra...*, cit., pp. 343 e segs.

CAPÍTULO VI – Os destinos (paralelos) de Che Guevara e Amílcar Cabral

Em 1967, iniciando a guerrilha na Bolívia, Che Guevara lançava a palavra de ordem da criação de *Dois, três... numerosos Vietnam* contra o imperialismo americano. Já estava desencantado com o continente africano e constatava que «a evolução política e social da África não deixa[va] prever uma situação revolucionária continental» e mesmo a previsível vitória dos movimentos de libertação nas colónias portuguesas pouca importância teria, pois «Portugal não significa nada na lista dos empregados do imperialismo»[297]. Preso em combate a 8 de Outubro de 1967, e morto no dia seguinte, Che Guevara assumiu integralmente o destino que escolhera e foi a última encarnação do "mito terceiro-mundista".

A morte de Che Guevara abalou fortemente os cubanos que se encontravam na Guiné (até porque, além de Víctor Dreke, havia mais companheiros da estadia no Congo). Foi celebrada uma sessão de homenagem (uma espécie de "velório", segundo Dreke) na embaixada cubana em Conacri, onde Amílcar Cabral, como único orador, anunciou uma imediata operação militar, atacando os quartéis portugueses durante quinze dias, a que foi dado o nome de código "O Che não morrerá".

Trinta anos depois, uma equipa forense cubana terá encontrado o seu esqueleto na Bolívia, inumado com outros seis guerrilheiros num terreno a poucos metros da pista de aviação de Vallegrande, perto da aldeia onde fora assassinado, e os restos do Che foram depositados, em Julho de 1997, num mausoléu construído em Santa Clara pelas autoridades cubanas.

Na Guiné, perante o equilíbrio da situação militar, alcançado pela nova estratégia militar e pela política "Por uma Guiné Melhor" desenvol-

---

[297] Apud Ernesto Che Guevara, *Le socialisme...*, cit., p. 124.

178   *Invenção e Construção da Guiné-Bissau*

vidas por Spínola a partir de 1968, o PAIGC deslocara o centro da luta para o plano diplomático. Em 1969 e 1970, Amílcar Cabral percorreu um intenso itinerário diplomático por África, vários países da América e da Europa, incluindo a União Soviética. A projecção internacional do PAIGC era cada vez maior.

Durante o ano de 1971, Amílcar Cabral visitou vários países africanos (Argélia, Etiópia, Senegal e Tunísia) e esteve, por duas vezes, na União Soviética. Em Abril, voltara à Suécia, como convidado do congresso do Partido Social-Democrata. Em Agosto, deslocou-se a Helsínquia, Londres e Dublin e interveio perante a VIII Conferência dos Chefes de Estado e de Governo Africanos. Começava a preparar a declaração unilateral de independência da Guiné-Bissau.

Em 1972, a sua actividade foi ainda mais intensa. Além do importante apoio militar – sobretudo, em meios aéreos e anti-aéreos – que obteve na União Soviética, destacaram-se, entre muitas, duas intervenções. Em 1 de Fevereiro, discursou perante o Conselho de Segurança, reunido em Adis-Abeba e, uma vez mais, convidou a ONU a enviar uma missão de visita às regiões libertadas – visita que, efectivamente, ocorreria de 2 a 8 de Abril e iria influenciar decisivamente o reconhecimento internacional do PAIGC como único e legítimo representante do povo da Guiné-Bissau e de Cabo Verde. Em 16 de Outubro, dirigiu-se à IV Comissão da Assembleia Geral da ONU – numa intervenção notável e assumindo «o porte de um chefe de Estado», anotou Patrick Chabal, comparando o impacto desta intervenção de Amílcar Cabral com o da que realizara dez anos antes, a 12 de Dezembro de 1962[298]. Tentou novamente entrar em conversações com o Governo português; simultaneamente iam-se realizando, nas áreas libertadas, eleições para uma Assembleia Nacional Popular, cuja atribuição prioritária era a proclamação unilateral da independência da Guiné-Bissau.

Amílcar Cabral abordou o «andamento» desta declaração unilateral de independência nos seus três últimos textos:

> *a)* o comunicado emitido a 8 de Janeiro de 1973 sobre *A criação da Assembleia Nacional Popular da Guiné. Resultados e Bases das eleições gerais realizadas nas regiões libertadas em 1972;*

---

[298] Patrick Chabal, *Amilcar...*, cit., p. 1.

b) o relatório anual (que ficará conhecido como seu "testamento político") contendo a *Mensagem de Ano Novo*; e

c) o relatório inacabado, a apresentar no Conselho de Ministros da OUA, previsto para Adis-Abeba, sobre *A situação da luta do PAIGC em Janeiro de 1973*.

Há vários indícios de que Amílcar Cabral teria «consciência de que não iria viver muito tempo», até porque em Conacri «o ambiente já estava minado»[299]. Talvez o seu assassinato, na noite de 20 de Janeiro de 1973, deva ser considerado como algo que «aconteceu, porque tinha de acontecer», correspondendo a uma «necessidade cósmica, digamos assim»[300]. Um destino paralelo ao de Che Guevara, cuja morte também fora *previsível*[301].

Em 1956, Amílcar Cabral propusera um Partido Africano da Independência (PAI) com vista a alcançar a independência política da Guiné e de Cabo Verde, numa perspectiva de unidade africana. Em 1959, dois acontecimentos históricos (o "massacre do Pindjiguiti" e a "reunião alargada" de Setembro) levaram à passagem da agitação nacionalista para a via da luta armada e à alteração, em 1960, do PAI para PAIGC. As circunstâncias históricas transformaram o PAIGC num movimento de libertação nacional, internacionalmente reconhecido, a partir de 1965, como único e legítimo representante do povo da Guiné e Cabo Verde. O PAIGC tornou-se progressivamente um Partido-Estado e, após a declaração de independência da Guiné-Bissau, em 1973, assumiu-se como movimento de libertação nacional no poder. Na sequência do "14 de Novembro", o I Congresso Extraordinário, em Novembro de 1981, transformou-o de bi-nacional em partido nacional. O multipartidarismo foi admitido em 1991.

O PAIGC ainda sobrevive, na Guiné-Bissau, como sigla. Tudo aquilo por que lutou e chegou a alcançar – libertação nacional, paz, progresso,

---

[299] Ana Maria Cabral (entrevista), apud Aristides Pereira, *O Meu Testemunho...*, cit., pp. 338 e 339, respectivamente.

[300] Osvaldo Azevedo (entrevista), apud Aristides Pereira, *O Meu Testemunho...*, cit., pp. 561 e 562, respectivamente.

[301] Por sua vez, a «morte previsível» de Che Guevara foi assimilada à de Jesus Cristo – cfr. António de Araújo, "Católicos e política nos anos 60: uma aproximação lexical", policopiado.

independência, melhoria das condições de vida, unidade Guiné-Cabo Verde, um Estado, uma Constituição – falhou, está em ruínas, desapareceu. Se a libertação viera do campo, Bissau, a cidade, tudo devorou. No Pindjiguiti resta, como monumento e memória, um punho negro, projecto de um arquitecto jugoslavo cooperante.

Em Dezembro de 1976, os restos mortais de Amílcar Cabral foram trasladados de um mausoléu nos arredores de Conacri para o velho Forte da Amura, que defendera a *Praça* de Bissau. Em Maio de 2009, numa rotunda perto do aeroporto de Bissalanca, foi inaugurada uma sua estátua, fundida e doada pela República «irmã» de Cuba. Mas – enquanto o mito de Che Guevara cresceu após a morte – o sonho e a obra de Amílcar Cabral têm tido «várias mortes póstumas»[302].

---

[302] Manuel Alegre, "As várias mortes póstumas de Amílcar Cabral", in *Expresso*, de 4/Julho/1998, p. 22.

PARTE V – O ESTADO DAS CONSTITUIÇOES BISSAU-GUINEENSES

Sumário:

CAPÍTULO I – **A Declaração de Independência e a Constituição de 1973**
CAPÍTULO II – **O "Movimento Reajustador", de Novembro de 1980**
CAPÍTULO III – **A Constituição de 1984 e a "legalidade constitucional"**
CAPÍTULO IV – **Transição constitucional para a Constituição de 1993**
CAPÍTULO V – **A primeira vigência da Constituição de 1993 e o semipresidencialismo**
CAPÍTULO VI – **Estado de excepção (I): o Acordo de Abuja, de 1998**
CAPÍTULO VII – **Estado de excepção (II): o Pacto de Transição Política, de 1999**
CAPÍTULO VIII – **A segunda vigência da Constituição de 1993 e o *Estado-falhado***
CAPÍTULO IX – **Estado de excepção (III): a Carta de Transição Política, de 2004**
CAPÍTULO X – **A terceira vigência da Constituição de 1993 e o *Estado-paralelo***
CAPÍTULO XI – **Normalidade, calamidade e interinidade**
CAPÍTULO XII – **Quatro conclusões e um verso**

> **A Assembleia Nacional Popular, resultado dos sucessos alcançados pelo PAIGC na luta contra o colonialismo português, foi constituída na base do princípio de que o poder vem do povo e deve servir o povo.**
>
> Do texto da *Proclamação do Estado da Guiné-Bissau*, aprovada em 24 de Setembro de 1973.

> **No fundo, a crise africana – nomeadamente, o facto de a modernização não ter proporcionado desenvolvimento – é consequência da combinação de três processos: (1) o colapso do Estado patrimonial; (2) o desaparecimento da responsabilidade política; e (3) a instrumentalização política da desordem.**
>
> Patrick Chabal, "Apocalipse Now? A post-colonial journey into Africa" (*Inaugural lecture, delivered on 12 March 1997 in King's College London*), apud www.cphrc.org.uk/essays/chabal1.htm

CAPÍTULO I – A Declaração de Independência e a Constituição de 1973

O constitucionalismo marcou o nascimento da República da Guiné-Bissau. De facto, a primeira Constituição foi aprovada, em 24 de Setembro de 1973, por uma Assembleia Nacional Popular (ANP) criada precisamente com o objectivo de proclamar unilateralmente a independência.

Compunham essa ANP 120 deputados escolhidos segundo as *Bases para a criação da 1.ª Assembleia Nacional Popular na Guiné* estabelecidas, em Dezembro de 1971, pelo Comité Executivo da Luta (CEL) do PAIGC. As eleições tinham-se realizado no interior ("áreas libertadas") e no exterior (militantes e afins) e em dois graus (ou seja, primeiro foram eleitos os Conselhos Regionais que, por sua vez, designaram os deputados à ANP) entre Agosto e Outubro de 1972[303].

Reunida em Lugajol, a sudeste de Béli, no leste do território, na dita «Região Libertada do Boé», a ANP ouviu e aclamou, na manhã de 24 de Setembro de 1973, a *Proclamação do Estado da Guiné-Bissau*, lida por Nino Vieira. Trata-se de um texto relativamente extenso com dezanove parágrafos, essencialmente redigido ainda por Amílcar Cabral[304]. Pode, quanto ao conteúdo, considerar-se dividido em cinco partes:

a) os seis parágrafos iniciais, fundamentando a declaração de independência através de considerações que resumem os momentos mais relevantes do processo de libertação;

b) a proclamação propriamente dita, como facto ou declaração criadora do Estado: «[...] a Assembleia Nacional Popular, *Proclama solenemente o Estado da Guiné-Bissau*»;

---

[303] O *Comunicado* contendo os resultados e o texto das *Bases [...]* encontram-se publicados apud Amílcar Cabral, *Obras...*, Vol. II, cit., pp. 207 e segs.

[304] Cfr. Jean Ziegler, *Main Basse sur l'Afrique*, Paris, Seuil, 1980, p. 201, nota 1.

184   *Invenção e Construção da Guiné-Bissau*

c) uma terceira parte, a mais extensa (parágrafos 8.º a 17.º), enunciando os princípios fundamentais da nova República e a sua posição na comunidade internacional;

d) a parte que se refere ao território nacional (correspondente à «área designada no passado como colónia da Guiné Portuguesa»);

e) o parágrafo final, de apelo a «todos os Estados independentes» para reconhecerem a República da Guiné-Bissau «*de jure* como Estado soberano» e afirmando a sua «decisão de participar na vida internacional».

Logo de seguida, nessa mesma manhã de 24 de Setembro de 1973, a ANP aprovou globalmente a *Constituição da República da Guiné--Bissau*. Foi já conforme as disposições constitucionais que, na sequência, designou os titulares do Conselho de Estado e do Conselho dos Comis-sários de Estado e aprovou outros diplomas complementares, nomeadamente a Lei n.º 1/73 relativa à transição dos ordenamentos jurídicos. Todos estes documentos (Proclamação, Constituição e Leis n.ºs 1/73 a 4/73) haviam sido antecipadamente preparados pelos órgãos dirigentes do PAIGC, inserindo-se num processo de independência decidida há alguns anos.

A proclamação unilateral da República da Guiné-Bissau – repudiada com algum embaraço pelas autoridades portuguesas, através de uma campanha iniciada pelo jornal *Diário de Notícias*, de 28/9/1973 –, teve significativas repercussões internacionais: foi imediatamente saudada por uma série de intervenções na ONU e reconhecida, durante as duas semanas seguintes, pela grande maioria dos Estados africanos, asiáticos, árabes e do "bloco" comunista. Os Estados ocidentais (europeus e americanos) recusaram ou diferiram esse reconhecimento. Não obstante, os sucessos prosseguiram e, em 2 de Novembro do mesmo ano, a Assembleia Geral da ONU, numa resolução inédita aprovada por 93 votos a favor, 30 abstenções e 7 votos contra (Portugal, África do Sul, Brasil, Espanha, EUA, Reino Unido e Grécia), felicitou o «recente acesso à independência do povo da Guiné-Bissau, ao criar o Estado soberano que é a República da Guiné-Bissau». Depois, em 19 de Novembro, o novo Estado foi admitido como membro da Organização de Unidade Africana (OUA). O processo de independência completou-se no ano seguinte, mediante o reconhecimento *de jure* pelo Estado português em 10 de Setembro de 1974 (na sequência do *Acordo de Argel*, de 26 de Agosto, celebrado entre as delegações do Governo Português e do CEL do PAIGC) e, finalmente, em 17 de Setembro de 1974, pela admissão da República da Guiné-Bissau como 138.° membro da ONU, aquando da abertura da XXIX sessão da Assembleia Geral, votada por unanimidade e aclamação[305].

A referida Constituição de 24 de Setembro de 1973 (ou «do Boé») apresentava alguns traços originais: por um lado, a criação do novo Estado com vestes constitucionais não fora uma mera técnica de descolonização, antes o resultado da «evolução certa, política e jurídica»[306] de uma libertação nacional ampla e duradoura; por outro lado, assumindo o estatuto de um Estado-Nação, aberto à modernidade, tentava combinar os modelos europeus, sobretudo os adoptados pelas constituições socialistas, com soluções decorrentes da sua história, designadamente do programa do PAIGC. Definia o Estado como uma República «soberana e democrática», estava muito marcada pelo anticolonialismo e proclamava o princípio da Unidade Guiné-Cabo Verde, assumindo como objectivos a libertação total da Guiné e de Cabo Verde e a sua «unificação num Estado, de acordo com a vontade popular» (art. 3.°).

Tratava-se de uma Constituição outorgada pelo PAIGC e correspondia, antes de mais, a uma nova etapa estratégica da luta de libertação nacional. Enquanto constituição de criação do Estado era uma constituição originária mas, quanto à matriz, derivava do tipo soviético de constituição balanço-programa.

Era relativamente curta (58 artigos), subdividida em quatro Capítulos: *Dos fundamentos e objectivos* (arts. 1.° a 10.°); *Dos direitos, liberdades e deveres fundamentais* (arts. 11.° a 22.°); *Da organização do Poder político* (arts. 23.° a 56.°); e, por fim, *Da Revisão Constitucional*. Foi revista uma vez: em 1976, na última sessão da 1.ª Legislatura, a ANP subiu a idade mínima para votar (de 15 para 18 anos) e ser eleito (de 18 para 21 anos), manteve o sufrágio indirecto na eleição da ANP e aumentou a legislatura de três para quatro anos (arts. 25.° a 27.° e 35.°).

Os seus princípios político-constitucionais (nomeadamente o princípio da hegemonia do PAIGC e o princípio da "democracia nacional revo-

---

[305] Cfr., desenvolvidamente, todo este processo (e, também, os documentos relevantes) in *A Independência da Guiné-Bissau...*, cit., sobretudo pp. 135 a 155 e 279 e segs..

[306] Amílcar Cabral, "O povo da Guiné e Cabo Verde perante a ONU", in *Obras...*, Vol II, cit., p. 199.

lucionária"[307]) derivavam também do constitucionalismo soviético e reflectiam-se, sobretudo, em dois domínios: primeiro, no estatuto do PAIGC, definido constitucionalmente como força política dirigente da sociedade e do Estado e estatutariamente organizado segundo o "princípio do centralismo democrático"; depois, numa organização do poder político assente na concentração e unidade do "poder de Estado". Mas o sistema da Constituição do Boé não podia ser, pura e simplesmente, qualificado de "marxista-leninista"[308].

Os órgãos do poder eram a Assembleia Nacional Popular (ANP), o Conselho de Estado (CE), o Conselho dos Comissários de Estado (CCE) e os Conselhos Regionais.

A ANP era, nominalmente, o órgão supremo do poder de Estado e a sua eleição realizava-se por sufrágio indirecto, através dos representantes eleitos para os Conselhos Regionais. Não sendo muito rigorosas as normas referentes às suas atribuições, pode dizer-se, em síntese, que existia uma presunção geral de competência, embora a ANP apenas devesse deliberar sobre questões fundamentais da política interna e externa. Na realidade, a reunião anual da ANP limitava-se a ratificar genericamente a acção dos demais órgãos de poder.

O CE era o órgão colegial eleito pela ANP e perante ela responsável, composto por quinze membros, que exercia as funções da ANP no intervalo das sessões desta. Assemelhava-se, pois, ao Presidium das constituições soviéticas, embora a sua fonte mais próxima tivesse sido o Conselho de Estado do constitucionalismo da República Democrática Alemã (RDA). O Presidente do CE representava o Estado, era o comandante supremo das Forças Armadas Revolucionárias do Povo (FARP), podia assistir e presidir às reuniões do CCE. Configurava-se como membro de um órgão colegial pois, segundo a Lei n.° 2/73, de 24 de Setembro, o «Camarada» Luís Cabral (que, de resto, acumulava com o desempenho do

---

[307] Esta última fórmula adaptava a teorização político-jurídica soviética sobre a "democracia nacional" entendida como fase transitória subsequente ao triunfo de uma "revolução nacional", sob a direcção de um partido único, nos países subdesenvolvidos onde a classe operária era minoritária.

[308] Cfr., comparando e em síntese, Jorge Carlos Fonseca, "Do regime de partido único à democracia em Cabo Verde: as sombras e a presença da Constituição Portuguesa de 1976", in *Thémis – Revista da Faculdade de Direito da UNL*, 2006, Edição Especial, pp. 87 e segs.

cargo de Secretário-Geral Adjunto do PAIGC para que fora designado pelo II Congresso do PAIGC) era Presidente «da Mesa» do CE[309].

Ao CCE competia a administração do Estado, ou seja, o "governo". Órgão colectivo e responsável quer perante a ANP quer perante o CE, os seus membros eram nomeados pelo CE, sob proposta do Presidente. Não tinha competência legislativa própria, mas a ANP podia delegar-lhe poderes legislativos, por tempo limitado e para questões determinadas. A sua actividade baseava-se nas leis e resoluções da ANP e nas decisões do CE; as suas atribuições visavam a realização do "programa do Estado", bem como a defesa e a segurança. Era dirigido por um Comissário Principal, cargo não previsto na Constituição, e que terá sido criado apenas para filtrar as matérias da competência do Presidente do CE. Efectivamente, nem o primeiro Comissário Principal Francisco Mendes, nem – «muito menos» – o segundo Comissário Principal, Nino Vieira, «dirigiram governo algum», defende Luís Cabral, que presidiu ao executivo e apresentava, perante a ANP, os relatórios sobre o "estado da nação" e se considerava, portanto, o "chefe do governo"[310].

Cada Conselho Regional era o órgão representativo do poder de Estado constituído pelos representantes eleitos por sufrágio directo nos Sectores da respectiva Região Administrativa. As suas atribuições baseavam-se, teoricamente, nos princípios da participação popular, da autonomia do poder local e da descentralização administrativa. O Conselho Regional elegia um Comité Regional de Estado, que tinha à sua frente um Presidente. Na prática, os Conselhos Regionais limitaram-se, sempre e só, às funções electivas.

Considerando a presidencialização (pessoal) do CE, conjugada com as teóricas prerrogativas de controlo e informação da ANP, pode dizer-se que a Constituição do Boé organizava, aparentemente, um sistema de assembleia que, efectivamente, funcionava como um regime de «presidencialismo convencional»[311].

---

[309] Compunham também a «Mesa da Presidência» do CE, como Vice-Presidente o «camarada» Umarú Djaló e como Secretário o «camarada» Lúcio Soares.

[310] Cfr. Luís Cabral (entrevista), " A Guiné é o país da mentira", in *Expresso – Revista*, n.º 1131, de 2 de Julho de 1994, p. 54.

[311] Assim, Joseph Owona, *Droit constitutionnel et regimes politiques africains*, Paris, Berger-Levrault, 1985, pp. 338. Para Raúl Mendes Fernandes, "Processo democrático na Guiné-Bissau", in *Soronda – Revista de Estudos Guineenses*, n.º 17, Janeiro

Historicamente, esta Constituição do Boé certificou (conjuntamente com a Declaração de Independência) a criação do Estado da Guiné-Bissau e vigorou de 1973 a 1980, ou seja, durante duas legislaturas.

A 1.ª legislatura (1973 a 1976) foi marcada pela declaração de independência no Boé e acompanhou, depois de Outubro de 1974, a completa tomada do poder pelo PAIGC através da sua instalação em Bissau, onde se realizaram as sessões ordinárias de 1975 (de 28 de Abril a 6 de Maio) e de 1976 (de 22 de Abril a 3 de Maio). Na primeira, marcada pelas intervenções do Secretário-Geral do PAIGC, Aristides Pereira, e do Presidente do CE, Luís Cabral, a ANP apreciou a actividade do CE e do CCE, e aprovou várias medidas legislativas (adesão à Convenção do Lomé, domínio público e concessões de terrenos, Estatuto do Combatente da Liberdade da Pátria, confisco de bens, criação do Museu de Libertação e extinção da polícia administrativa). Na segunda, apreciou o "estado da nação" e a actividade dos órgãos do poder, definiu regras quanto ao próximo acto eleitoral e aprovou várias propostas de lei (referentes à filiação, casamento e divórcio, nacionalidade, justiça militar e regimento da ANP).

Em fins de 1976, organizaram-se eleições para os Conselhos Regionais, de onde sairam os deputados da 2.ª Legislatura: os resultados totais (saliente-se que não existia recenseamento eleitoral prévio e as idades mínimas quanto às capacidades eleitorais activa e passiva tinham aumentado relativamente às eleições de 1972) foram os seguintes: 193.167 eleitores, dos quais 155. 542 votaram *Sim* e 37.625 votaram *Não*, sendo, pois, de 80,6% a percentagem de votos positivos na lista única.

A 2.ª Legislatura decorreu de 1977 a 1980, visando dois outros objectivos principais, mais administrativos: a auto-suficiência alimentar e o equilíbrio do orçamento[312]. Na sequência desta renovação da ANP foram, na sessão de 12 de Março de 1977, novamente designados o CE e o respectivo Presidente. Em 1978, a ANP funcionou de 9 a 20 de Maio; em 1979, de 7 a 25 de Maio; em 1980, a sessão ordinária decorreu de 5 a 17 de Maio e realizou-se uma sessão extraordinária, de 7 a 10 de Novembro, em que foram aprovados o Orçamento Geral do Estado e a nova Constituição.

---

de 1994, p. 32, tratava-se de um «bonapartismo de partido» – que antecedeu o «bonapartismo presidencial» de Nino Vieira.

[312] Assim, Luís Cabral, *Guiné-Bissau – O estado da nação*, Bissau, edições Nô Pintcha, 1978, p. 4.

O Estado das Constituições Bissau-Guineenses   189

Registaram-se três remodelações governamentais, em 1975, 1977 e 1978. A partir de 1975, o CCE, além do Comissário Principal, passou a contar com 19 Comissários de Estado e com o Governador do Banco Nacional. A remodelação de 1978 foi consequência da morte do Comissário Principal, Francisco Mendes, que seria substituído nessas funções por Nino Vieira, até então Comissário de Estado das Forças Armadas[313]. Apesar do funcionamento colectivo, desde cedo se revelaram graves lacunas na governação, já que – diz um intérprete qualificado – os «princípios democráticos do PAIGC eram constantemente desprezados a favor de lutas intestinas e de conflitos de interesses»[314].

Este sistema político foi reiterado pelo III Congresso do PAIGC, realizado em 1977, cuja "Resolução geral" reafirmava os princípios do PAIGC como «movimento de libertação no poder», ao qual cabia desempenhar a função de «força política dirigente da sociedade» e aprofundar «o conteúdo ideológico da luta» – enquanto, na mesma época, também através de Congresso, os "irmãos" FRELIMO e MPLA passaram a definir-se, respectivamente, como "Partido de vanguarda da aliança operário--camponesa" e "Partido de vanguarda da classe operária" ou seja, como partidos comunistas. O PAIGC mantinha a aposta na construção da Unidade Guiné-Cabo Verde e teorizava-se a "democracia nacional revolucionária" como forma de governo; o sistema assentava na legitimidade da «luta» e alimentava-se da ideologia. Porém, considerou-se – confirmando as primeiras indicações dadas pela revisão parcial de 1976 – que o texto da Constituição do Boé não se ajustava às novas realidades do país, carecendo de profunda revisão.

O calendário da revisão constitucional foi apresentado, pela primeira vez, no discurso de Luís Cabral, em 7 de Maio de 1979, na abertura da segunda sessão ordinária da II Legislatura da ANP. Depois, na cerimónia de apresentação de cumprimentos de Ano Novo, em Dezembro de 1979, o Presidente do CE referiu-se expressamente à necessidade de nova «legis-

---

[313] Conforme "Decisões" do CE, publicadas no *Boletim Oficial,* o Comissário de Estado da Segurança Nacional e Ordem Pública, Constantino Teixeira ("Tchutchu"), exerceu interinamente, de 15 de Julho a 24 de Setembro de 1978, as funções de Comissário Principal. A interinidade deveu-se ao facto de Nino Vieira estar a frequentar um curso militar em Cuba.

[314] Carlos Lopes, *Etnia, Estado e relações de poder na Guiné-Bissau*, Lisboa, Edições 70, 1982, p. 73.

lação orgânica» relativa à estrutura do Estado, acrescentando que tal reforma estava dependente da revisão constitucional. Ora, esta revisão far-se-ia na sequência das futuras eleições de 1980, previstas «para uma nova legislatura da nossa Assembleia Nacional Popular, para o Conselho de Estado e Presidente do Conselho de Estado»[315].

Caracterizando o regime, recorde-se que, apesar de a Guiné ser um dos mais pobres países do mundo e com poucas condições para construir um Estado-Nação, o PAIGC quando chegara a Bissau, em Outubro de 1974, era uma organização sólida, dotada de um aparelho "para-estadual" e de uma Forças Armadas poderosas[316]. Encontrava-se perante uma conjuntura particularmente favorável, pois beneficiava de amplo apoio e entusiasmo popular e a República da Guiné-Bissau dispunha de ajuda e cooperação multilateral (quer dos países e partidos comunistas, quer dos países ocidentais) e de elevado número de bolseiros nacionais (no exterior) e de cooperantes internacionais (no interior). Em 1976, dispunha de sete embaixadas em capitais estrangeiras, havia onze embaixadores estrangeiros residentes em Bissau e estavam credenciados vinte e nove embaixadores não residentes. As "visitas de Estado" eram frequentes tendo a sua boa imagem e credibilidade saído reforçadas pela mediação na *Cimeira de Bissau*, em Junho de 1978, celebrada entre os Presidentes Ramalho Eanes e Agostinho Neto com vista à normalização das relações luso-angolanas[317].

Prosseguiu, nos primeiros anos, um ambicioso programa de "Reconstrução Nacional"[318]. Como lema, apesar das limitações do aparelho governamental e da inexperiência administrativa, prevalecia a tese de que o Estado deveria ser «todo-poderoso e possuía as chaves para o 'desenvolvimento' das novas nações-Estado africanas»[319].

---

[315] Cfr. Luiz Cabral, *Mensagem sobre o estado da Nação*, Bissau, Nô Pintcha, 1979, e idem, *Guiné-Bissau, cinco anos de liberdade*, Bissau, PAIGC, 1980, p. 14.

[316] Cfr., por exemplo, Patrick Chabal, *A History of Poscolonial Lusophone Africa*, Londres, Hurst and Company, 2002, pp. 29 e segs.

[317] Sobre a "Cimeira", António Pinto da França, *Em Tempos de Inocência – Um Diário da Guiné-Bissau*, Lisboa, Prefácio, 2006, pp. 108 e segs.

[318] Ver Luísa Teotónio Pereira e Luís Moita, *Guiné-Bissau: 3 anos de independência*, Lisboa, CIDAC, 1976.

[319] Patrick Chabal, "O Estado Pós-Colonial na África de Expressão Portuguesa", in *Soronda – Revista de Estudos Guineenses*, n.° 15, Janeiro /1993, p. 52.

Mas iam surgindo várias manifestações de perversão do poder, sobretudo múltiplas medidas repressivas e evidentes sinais de corrupção e ostentação, a par de provas da incompetência técnica do PAIGC para governar o país. A crescente centralização e arbitrariedade do poder levaram Aristides Pereira a advertir quanto a uma série de «fenómenos graves», que considerava «resultado da passividade e falta de rigor ideológico». Citou, nomeadamente, «a irresponsabilidade, a tolerância face aos erros, a negligência no trabalho» e, além da «improvisação como método de trabalho», outras deficiências como «o pragmatismo excessivo» e, ainda, «a atitude tecnocrática e o burocratismo erigidos em sistema de governo»[320].

Além disso, desapareceu a "participação popular" e a política económica, privilegiando o investimento industrial e o sector público, revelou-se um fracasso. A mobilização dos camponeses e o desenvolvimento rural esvaziaram-se e os recursos concentraram-se em Bissau. Em suma, o equilíbrio institucional de poderes inclinou-se para a administração do Estado, enquanto o PAIGC sofria uma desmobilização radical, decaindo a nível organizativo e dividindo-se entre o apoio ao Governo (encabeçado por Luís Cabral) ou às Forças Armadas (representadas por Nino Vieira). No próprio PAIGC, o poder real de decisão cabia apenas aos 8 membros da Comissão Permanente do CEL (Aristides Pereira, Luís Cabral, Francisco Mendes, Pedro Pires, Nino Vieira, Umarú Djaló, Constantino Teixeira e Abílio Duarte, dos quais Aristides Pereira, Pedro Pires e Abílio Duarte lideravam a República de Cabo Verde). Era este órgão colegial (repartido por dois países) que funcionava efectivamente como o centro do poder político.

A anunciada revisão constitucional trouxe o fim do regime. Teve a seguinte sequência: primeiro, uma "comissão constitucional" preparou

---

[320] Aristides Pereira, *Vencer a batalha da ideologia*, Bissau, PAIGC, 1980, pp. 26/28. Trata-se do discurso pronunciado na II Reunião Ordinária do Conselho Superior da Luta (CSL) do PAIGC, realizada em Bissau de 11 a 15 de Junho de 1980. Cfr., em especial, Lars Rudebeck, "Sur la transition de mouvement de libération nationale au pouvoir d'État" (policopiado), Bissau, 1984, Joshua B. Forrest, *State, Peasantry, and National Power Struggles in Post-independance Guinea-Bissau*, Ph. D. diss., Universidade de Virgínia, 1987, p. 384, Rosemary E. Galli e Jocelyn Jones, *Guinea-Bissau – Politics, Economics and Society*, Londres/Boulder, Frances/Pinter, 1987, pp. 72 e segs., e Norrie MacQueen, "Trajectórias divergentes: Guiné-Bissau e Cabo Verde desde a independência", in *Relações Internacionais*, n.° 08, Dezembro/2005, pp. 42 e segs.

durante cerca de um ano os anteprojectos das Constituições, um para a Guiné-Bissau e outro para Cabo Verde; depois, os anteprojectos constitucionais foram discutidos no CEL do PAIGC, na reunião ordinária de 18 e 19 de Março de 1980, e submetidos a discussão popular «através das estruturas» do Partido. Quanto ao andamento da revisão na Guiné-Bissau, e após a referida discussão popular, caberia à ANP apreciar a proposta contendo «o sentir e pensar do nosso povo em matéria de organização política». Aprovada a nova Constituição e antes do fim do ano, realizar-se-iam, então, eleições para os Conselhos Regionais que, de seguida, escolheriam os deputados[321].

De facto, em 10 de Novembro de 1980 a ANP aprovou o texto da nova Constituição, com a qual procurava materializar os objectivos inscritos no chamado "Programa Maior" do PAIGC, sobretudo quanto ao reforço da «unidade interna e da construção da Unidade Guiné-Cabo Verde». Por isso mesmo, o texto desta nova Constituição guineense era quase idêntico ao texto da Constituição da República de Cabo Verde, cuja aprovação e promulgação ocorrera pouco antes, em 5 de Setembro[322]. Em complemento, no mesmo dia 10 de Novembro a ANP aprovou uma Lei de Trânsito Constitucional, onde se previa que a Constituição só entraria em vigor em 1 de Janeiro de 1981.

Todavia, quer esta nova Constituição de 10 de Novembro de 1980 quer a Lei de Trânsito Constitucional não chegaram sequer a ser publicadas no *Boletim Oficial*. Três dias depois da sua aprovação, a 14 de Novembro, eclodiu um golpe militar, liderado pelo Comissário Principal Nino Vieira, do qual resultou uma ruptura constitucional. Uma das causas do golpe de Estado, se não a principal, terá sido precisamente a aprovação daquela Constituição, invocando-se a polémica relativa a três questões, bastante debatidas durante o processo constituinte e com soluções diferentes das adoptadas na referida "Constituição irmã" cabo-verdiana: primeiro, quanto aos requisitos de elegibilidade do Presidente do CE (não se exigia

---

[321] José Araújo, "Revisão constitucional e eleição dos Conselheiros Regionais marcarão actividade nacional em 1980", in *O Militante*, n.º 17, Março de 1980, Conselho Nacional da Guiné do PAIGC, pp. 4 a 7.

[322] Em rigor, esta Constituição cabo-verdiana de 1980 também não chegou a vigorar, na sua versão originária – cfr. Jorge Carlos Fonseca, "Do regime...", cit., in *Thémis...*, cit., p. 85. Quanto aos "antecedentes da Constituição" ver, desenvolvidamente, José Vicente Lopes, *Cabo Verde – Os Bastidores...*, cit., pp. 621 e segs.

que fosse "guineense de origem" e destinava-se a contemplar Luís Cabral); em segundo lugar, sobre o estatuto do Presidente do CE enquanto chefe do governo (cujos poderes ficavam reforçados, em relação ao novo cargo de Primeiro-Ministro, designação do anterior "Comissário Principal", destinado a Nino Vieira, assim proporcionando uma "concentração do poder" em Luís Cabral) e, em terceiro lugar, quanto à não proibição da pena de morte. Ou seja, além da degradação da situação económico-social, as causas do golpe de Estado foram duas, interligadas: por um lado, a questão da "unidade Guiné-Cabo Verde" e, por outro, a distribuição do poder – que beneficiaria Luís Cabral (apoiado pelos chamados "homens do Presidente", colocados na liderança do PAIGC e na administração do Estado) e minimizaria Nino Vieira (representante da ala guineense do PAIGC e apoiado por grande parte das forças armadas).

O golpe decorreu rapidamente na noite de sexta para sábado. Luís Cabral (de fim-de-semana na residência oficial em Bubaque) e alguns outros dirigentes foram detidos; Otto Schacht (membro do CEL e Comissário de Estado das Comunicações e Transportes) e António Buscardini (membro do CSL e responsável dos "Serviços de Segurança") foram mortos. O primeiro e imediato reconhecimento do novo governo proveio da República da Guiné-Conacri.

Os revoltosos defendiam que os "acontecimentos de 14 de Novembro" não contrariavam o pensamento de Amílcar Cabral nem os fundamentos do PAIGC. Embora os dirigentes de Cabo Verde tenham sido "apanhados de surpresa", parece correcta a conclusão de que, afinal, tais acontecimentos e o subsequente corte de relações serviram de «alibi» para que uns e outros pudessem desembaraçar-se do «pesado fardo da Unidade»[323].

---

[323] Desenvolvidamente, Antero da Conceição Monteiro Fernandes, *Guiné-Bissau e Cabo Verde: da Unidade à Separação* (dissertação de mestrado), Faculdade de Letras, Universidade do Porto, 2007.

CAPÍTULO I – O "Movimento Reajustador", de Novembro de 1980

O golpe militar (ou «semimilitar»[324]) dito «14 de Novembro» apresentou-se como um "Movimento Reajustador". Foi recebido com manifestações nacionalistas e populistas,, marcadas pela rejeição dos *burmedjos* (mestiços de origem cabo-verdiana), reivindicando uma "segunda libertação" dos guineenses. Era liderado por um Conselho da Revolução, órgão predominantemente militar que, no entanto manteve as estruturas partidárias e não defendeu alternativa política, ideológica ou programática, limitando-se, de imediato, a um genérico propósito de "reajustamento".

Logo, considerando que nascera como «órgão máximo para orientar os destinos do Estado e da Nação», o Conselho da Revolução (CR) emitiu a Lei Constitucional n.º 1/80, de 15 de Novembro, através da qual destituía das suas funções o Presidente do CE, Luís Cabral (art. 1.º), dissolvia a ANP e o CE (art. 2.º), extinguia o Conselho dos Comissários de Estado (art. 3.º) e assumia todos os poderes atribuídos a esses órgãos (art. 4.º). Em 17 de Novembro, o CR divulgou a sua composição e nomeou uma espécie de "governo de gestão". A organização constitucional revolucionária completou-se em 29 de Janeiro de 1981 com a Lei Constitucional n.º 1/81 (regulando o estatuto do próprio CR), a Lei Constitucional n.º 2/81 (sobre a criação do Governo Provisório) e a Decisão n.º 4/81 (estatuto do Governo Provisório).

O institucionalizado CR era composto por nove "Membros Permanentes" (sendo sete deles militares e todos designados pelo "Movimento

---

[324] Como sustenta Basil Davidson, *O fardo do homem negro – os efeitos do estado-nação em África*, Porto, Campo das Letras, 2000, p. 295, acrescentando que tal golpe não só destruiu «o regime inspirado» por Amílcar Cabral, como, sobretudo, agravou a dependência externa da Guiné-Bissau.

Reajustador de 14 de Novembro") e quatro "Principais Colaboradores", escolhidos pelo próprio CR[325]. O Governo Provisório, constituído pelo Presidente do CR e pelos Ministros e Secretários de Estado, era nomeado e demitido pelo CR, sob proposta do seu Presidente.

Na verdade, o "Movimento Reajustador" não alterou significativamente o modelo político nem o modelo económico, mantendo a mesma "classe governante", embora com a exclusão dos ditos *burmedjos* e a partida dos cabo-verdianos. Comprovou que, afinal, o centro do poder residia não tanto no partido político PAIGC, quanto no seu braço armado, as FARP, que impunham a legitimidade «da luta» (de libertação).

O regime político continuou a ser de partido único e de maior predomínio e dependência militar, isto é, o PAIGC «caía assim sob uma pesada liderança militar – pela primeira vez»[326]. De resto, este "Movimento Reajustador" funcionou mesmo como um sistema de tríplice concentração do poder (no PAIGC, nas forças armadas e no Presidente do CR), personalizado em Nino Vieira. Prolongou-se até 1984 e, politicamente, foi um tempo «conturbado», em que se desenvolveram vários «episódios de descoberta e repressão de tentativas de golpe de Estado»[327].

Ideologicamente, iniciou-se o discurso tribalista e os muçulmanos, através o *Islão Qadria-Mandiga*, adquiriram «um certo prestígio» – embora o *Islão Tidjane-Fula*, por causa da sua antiga colaboração com o colonialismo português, ainda se mantivesse na sombra[328]. Impôs-se um novo discurso nacionalista e Nino Vieira começou a ser "divinizado" pelos chefes tradicionais, sendo rebaptizado com o nome de luta de origem balanta "Kabi na Fantchamna"[329].

---

[325] Os Membros Permanentes do CR eram (em sequência hierárquica): Nino Vieira, Victor Saúde Maria, Iafai Camará, Paulo Correia, Manuel Saturnino da Costa, Buota N'Batcha, João da Silva, Eng.º Samba Lamine Mané, Beghateba Na Beate. Os Principais Colaboradores eram: Joseph Turpin, Dr. Victor Freire Monteiro, Eng. Mário Cabral e Dr. João Cruz Pinto.

[326] F. Delfim da Silva, *Guiné-Bissau – Páginas de história política, rumos de democracia*, Bissau, Firquidja Editora, 2003, p. 132.

[327] Álvaro Nóbrega, *A Luta pelo Poder na Guiné-Bissau*, Lisboa, ISCSP, 2003, pp. 231 e segs.

[328] Gérald Gaillard, "Islam et vie politique en Guinée-Bissau contemporaine", in *L'Afrique Politique 2002*, Karthala e CEAN, Paris, 2002, p. 194.

[329] Cfr. Raúl Mendes Fernandes, "Partido único e poderes tradicionais", in *Soronda – Revista de Estudos Guineenses*, n.º 16, Julho de 1993, p. 46.

O ponto da situação foi feito no I Congresso Extraordinário do PAIGC, reunido em Bissau, de 8 a 14 de Novembro de 1981, e marcado por três tópicos: (1) reafirmação do carácter transitório do "Movimento Reajustador"; (2) preservação do PAIGC como «força, luz e guia»; e (3) fim do projecto histórico da Unidade Guiné-Cabo Verde.

Foram aprovadas 12 *Resoluções* e 3 *Moções* (entre estas, a que expulsou Aristides Pereira, Luís Cabral e «todos os militantes do PAIGC que tomaram posições dissidentes ao participar na criação do PAICV» e retirando-lhes, também o estatuto de "Combatentes da Liberdade da Pátria"[330]). Devem, ainda, considerar-se o *Comunicado* e a *Nota Explicativa sobre o comunicado do Comité Central, de 16/11/1981*, ambos relativos à libertação de Luís Cabral e outros presos políticos[331]. Destaquem--se a *Resolução III* (que decide manter o PAIGC, reestruturado como partido nacional), a *Resolução IV* (que reafirma quer «a essência do PAIGC como movimento de libertação nacional no poder», quer a forma de governo da «democracia nacional revolucionária», quer o princípio político-partidário do «centralismo democrático») e a *Resolução VIII* (que considera a agricultura como actividade económica «básica e primordial»).

Finalmente a *Resolução XII* recomendava a preparação dos «estudos necessários à revisão constitucional que se impõe», mas só em Fevereiro de 1983 o CR criou uma Comissão para a Revisão Constitucional e a Lei Eleitoral, com vista ao chamado «retorno à legalidade constitucional».

Na primeira metade de 1982 era já evidente a fragilidade do equilíbrio político-militar. Enquanto Nino Vieira fazia uma viagem oficial a Cuba, surgiram rumores de uma (primeira) tentativa de golpe de Estado liderada por Paulo Correia. Em Maio, houve uma extensa remodelação ministerial, com reforço das «tendências tecnocratas, não ideológicas, étnicas e de direita», e Victor Saúde Maria foi designado Primeiro-Ministro[332].

---

[330] O PAICV (Partido Africano da Independência de Cabo Verde) foi proclamado em 20 de Janeiro de 1981 pela Conferência Nacional dos militantes (erigida em Congresso), reunida na cidade da Praia, de 16 a 20 de Janeiro.

[331] Cfr., respectivamente, PAIGC, *Relatório do CNG do PAIGC ao I Congresso Extraordinário* e idem, *Resoluções, Moções, Comunicado e Nota Explicativa*, Bissau, policopiado.

[332] Lars Rudebeck, *Problèmes de pouvoir populaire et de développement – transition difficile en Guinée-Bissau*, Uppsala, Scandinavian Institute of African Studies, 1982, p. 62. A autonomização das funções de Chefe de Governo, mediante a criação do cargo de Primeiro-Ministro, fora prevista pela Lei Constitucional n.° 1/82, de 11 de Maio.

Ora, no âmbito constitucional, o episódio mais significativo foi, precisamente, o "Caso Saúde Maria", que encarnava um primeiro e tímido ensaio de semipresidencialismo. Tratou-se, no fundo, da discussão relativa ao cargo de Primeiro-Ministro, questão constitucional já muito discutida na falhada Constituição de 10 de Novembro de 1980, opondo duas alas no interior do próprio PAIGC. A reclamação e a defesa do cargo por Saúde Maria teriam configurado, segundo os opositores, uma nova (e algo rocambolesca) tentativa de golpe de Estado, que levou – entre Março e Abril de 1984 – à sua exoneração, expulsão do PAIGC e pedido de asilo na Embaixada de Portugal. Mais uma vez, saía reforçada a posição de Nino Vieira no interior de um Conselho da Revolução com sucessivas fracturas e expurgos.

No início de 1984, o *Bureau Político* do PAIGC elaborara o calendário eleitoral e apreciara o anteprojecto da nova Constituição (seria a causa do dito «golpe Saúde Maria»). Em 31 de Março realizaram-se eleições para os Conselhos Regionais (com lista única e votações favoráveis superiores a 90%). As listas de deputados à ANP foram elaboradas pela "Comissão Dinamizadora" e, em 4 de Abril, aprovadas pelo *Bureau Político*. Na sessão extraordinária de 16 a 18 de Abril, o Comité Central, por sua vez, aprovou o projecto de Constituição, abriu a sua discussão pública e ratificou a lista de deputados (que foram eleitos, por cada Conselho Regional, durante o fim-de-semana de 21 e 22 de Abril).

CAPÍTULO III – A Constituição de 1984 e a "legalidade constitucional"

Terminado o processo eleitoral, a ANP foi convocada com o objectivo de concluir o referido «retorno à legalidade constitucional». A reunião da ANP abriu com a leitura de uma mensagem de Nino Vieira – Presidente do CR e, cumulativamente, Secretário-Geral do PAIGC – que, por essa forma, declarou a extinção do CR. Em 16 de Maio de 1984, a ANP aprovou então, por unanimidade, a nova Constituição, logo promulgada pela sua Presidente, Carmen Pereira; de seguida, elegeu os titulares dos reconstituídos órgãos constitucionais, ou seja, por um lado, o Conselho de Estado (CE) e, por outro, o Presidente do CE (Nino Vieira, entretanto promovido a general).

A fonte principal desta Constituição de 16 de Maio de 1984 é a frustrada Constituição de 1980, que ela reproduz quase *ipsis verbis*. Mas as poucas alterações são muito significativas: invocação no Preâmbulo do papel do «Movimento Reajustador de 14 de Novembro»; eliminação de todas as referências à Unidade Guiné-Cabo Verde; algumas modificações no estatuto do CE e do Presidente do CE; eliminação do cargo de Primeiro-Ministro. Estas últimas alterações, reinstalando o presidencialismo, reforçavam, ainda mais, os poderes do Presidente do CE. Acrescem algumas alterações relativas ao poder local e o aditamento de limites materiais de revisão.

Surgindo na sequência da frustrada Constituição de 1980, e dela decorrendo, as fontes fundamentais da Constituição de 1984 foram idênticas, ou seja, em primeiro lugar, a anterior Constituição do Boé (quanto aos princípios constitucionais e à influência dos constitucionalistas da RDA), em segundo lugar, a Constituição cubana de 1976 (em matéria de organização do poder político, sobretudo quanto ao estatuto do Presidente do CE) e, em terceiro lugar, a Constituição portuguesa (no que respeita ao catálogo de direitos fundamentais e à técnica de redacção). O princípio político-constitucional nuclear continuou a ser a hegemonia do PAIGC, alcandorado «a força política dirigente da sociedade e do Estado», cabendo-lhe, designadamente, «estabelecer as bases gerais do programa político, económico, social, cultural, de defesa e segurança a realizar pelo Estado», bem como seleccionar os candidatos a conselheiro regional e a deputado (art. 4.°).

A organização do poder político constava do Título III e, à maneira soviética, tinha por epígrafe *Dos órgãos do Poder de Estado*. Era, substancialmente, copiada das anteriores Constituições. As modificações mais significativas foram: quanto à Constituição de 1973, a substituição do CCE por um Governo; quanto à Constituição de 1980, o alargamento das atribuições do Presidente do CE, seguindo o figurino cubano e abandonando a perspectiva mais colegial do CE da anterior Constituição do Boé.

Nos termos do art. 46.°, os órgãos «representativos do povo» eram os Conselhos Regionais e a ANP, dos quais "emanavam" os poderes dos demais órgãos do Estado. Os membros dos Conselhos Regionais eram eleitos por sufrágio directo e os membros da ANP pelos Conselhos Regionais, embora a "selecção" de uns e outros coubesse ao PAIGC. A ANP era definida como «o órgão supremo do poder de Estado» (art. 48.°), dotada de vasta competência política e legislativa. Não obstante, na prática, a sua acção foi sempre irrisória, quer qualitativa quer quantitativamente.

O Conselho de Estado (CE), composto por 15 membros eleitos pelos deputados e perante eles responsável, substituía teoricamente a ANP «entre as sessões legislativas» (art. 62.°). Destacado, de direito e de facto, era o Presidente do CE, simultaneamente Chefe de Estado e do Governo e Comandante Supremo das Forças Armadas, cujos poderes ainda abrangiam a exclusiva competência de nomear e exonerar os membros do Governo, os juízes do Supremo Tribunal de Justiça, o Procurador-Geral da República e os Embaixadores.

O Governo, como órgão executivo e administrativo, conduzia a política segundo a orientação definida pela ANP e pelo CE. Não correspondia, pois, a um executivo no sentido ocidental, antes se assemelhando aos órgãos superiores administrativos de tipo soviético, não detendo competência legislativa própria. Era constituído pelo Chefe de Estado e pelos Vice--Presidentes do CE, pelos Ministros, Secretários de Estado e Governador do Banco da Guiné-Bissau (art. 70.°), reunia em Conselho de Ministros, sendo politicamente responsável perante a ANP e o CE (art. 74.°).

O Estado das Constituições Bissau-Guineenses

Tratava-se, em resumo – e na linha do restante constitucionalismo africano –, de um regime presidencialista, autoritário e de partido único, fundado numa dominação de tipo carismático.

Caracterizava-se a forma de governo como sendo um *Estado-suave* (tradução da fórmula *weak* ou *soft state*, pelo que também pode ser designado como *Estado-fraco* ou *Estado-frágil*). Este conceito, de matriz sociológica, pretende definir o Estado decorrente do modo de desenvolvimento das sociedades predominantemente rurais, sobreviventes dos períodos pré-coloniais e coloniais, mas incapaz, estrutural e institucionalmente, de impor decisões políticas aptas a enquadrar a sociedade segundo um certo programa, numa perspectiva de unidade nacional.

Ora, na primeira década e meia posterior à independência (ou seja, incluindo o período que decorreu até à transição para a democracia – como se verá de seguida) o Estado bissau-guineense caberia nesta tipologia, pois, embora tenha conseguido atingir um grau significativo de autonomia institucional, permaneceu *suave* pela sua deficiência e ineficácia quanto à capacidade de desenvolver políticas públicas. Em resumo, quanto às relações Estado-sociedade, embora a soberania interna tenha conseguido impor-se «na medida em que todas as comunidades aceitaram o Estado como a maior e mais poderosa autoridade política da nação», já o aparelho de Estado, apesar da sua autonomia institucional, não conseguiu «integrar politicamente a nação numa estrutura político-administrativa única que ligasse efectivamente o Estado e a sociedade»[333].

Em 1985, numa situação de generalizada insatisfação dos militares e de crescente influência dos serviços de segurança, foram detidos e interrogados de modo desumano, por eventual participação numa tentativa de golpe de Estado, cerca de quarenta civis e militares, a maioria de etnia balanta. Este "Caso 17 de Outubro", além de dezenas de condenações a prisão e trabalhos forçados, culminaria tragicamente com o fuzilamento, em Julho de 1986, de seis acusados (entre eles, Paulo Correia e Viriato Pã[334]). Para se proteger, o regime lançou uma intensa campanha propa-

---

[333] Assim, em resumo das suas teses, Joshua B. Forrest, "Autonomia burocrática, política económica e política num Estado 'suave': o caso da Guiné-Bissau", in *Soronda – Revista de Estudos Guineenses*, n.° 15, Janeiro de 1993, p. 90.

[334] Paulo Correia era, à data da prisão, Primeiro Vice-Presidente do CE e Ministro de Estado da Justiça e do Poder Local. Viriato Pã fora advogado em Portugal, regressara após o "14 de Novembro" e era Procurador-Geral da República.

gandística de apoio e fidelidade a Nino Vieira – que foi "alargada" aos fulas até então afastados do poder – e tentou, simultaneamente, dividir os balantas, mediante o aproveitamento de conflitos religiosos. Ou seja, este "Caso 17 de Outubro" fez "rebentar" a questão tribal e derivar, politicamente, da «dialéctica nacionalista» para a «dialéctica das etnicidades»[335], afectando gravemente a imagem do regime.

Começava, entretanto, impulsionada por pressões externas e reivindicações internas, uma transição para a democracia representativa e pluralista, embora as mudanças constitucionais sejam todas posteriores à queda do muro de Berlim. Mas mantinham-se as poderosas "assessorias" cubana e soviética, sobretudo na polícia política e nas unidades militares

Por isso, em 1989 ainda se realizaram eleições "à maneira antiga": para os Conselhos Regionais, em 1 de Junho, e, em segundo grau, para a ANP, em 14 e 15 de Junho.

---

[335] F. Delfim da Silva, *op. cit.*, pp. 147 e segs. Ver, também, Álvaro Nóbrega, *op. cit.*, pp. 241 e segs.

CAPÍTULO IV – **Transição constitucional para a Constituição de 1993**

A abertura à iniciativa económica privada datava de 1983, mediante um *Programa de Estabilização Económica*, e reforçou-se – após a realização do IV Congresso do PAIGC, em 1986 – com a adopção de uma política de liberalização comercial e um *Programa de Ajustamento Estrutural,* negociado com o Fundo Monetário Internacional e o Banco Mundial.

Esta liberalização económica antecedeu a liberalização política. Após algumas tergiversações (invocaram-se muito, contra a mudança, os riscos do multipartidarismo, pelas divisões sociais e instabilidade que traria), a III Reunião do Comité Central do PAIGC, em Outubro de 1990, aprovou vários documentos que formulavam um programa de transição política, a realizar em dois anos. O programa de transição teria como objectivo principal uma revisão constitucional que instaurasse a separação de poderes, o pluripartidarismo, a eleição directa do Presidente da República e as liberdades de imprensa e sindical. Pretendia-se, pois, uma transição para a democracia predeterminada por uma transição constitucional.

Em Janeiro de 1991, o II Congresso Extraordinário do PAIGC (dito da "Renovação, Unidade Nacional e Aprofundamento da Democracia") ratificou as mudanças previstas na *Plataforma Programática de Transição*, aditando-lhe mesmo a intenção de "despartidarizar" as Forças de Defesa e de Segurança e a proposta de um sistema de governo semipresidencial. Pela primeira vez, as resoluções de um Congresso do PAIGC foram adoptadas em reuniões abertas, com discussão pública, e mediante voto secreto. Enfrentaram-se duas tendências, ambas mais ou menos reformadoras, mas a disputa teve sobretudo carácter racial e os chamados "africanos guineenses cem por cento" impuseram-se aos mestiços. Além disso, tendo perdido há muito a base de apoio camponesa, o PAIGC virou-se para os comerciantes e os chefes tradicionais (régulos). Em Junho de 1991, um grupo de militantes, defensores do pluralismo e da democratização interna, subscreveu – sem sucesso – a chamada «Carta dos 121», endereçada ao Secretário-Geral do PAIGC.

Após a deliberação partidária destas alterações programáticas, coube então à ANP votar, em Maio e em Dezembro de 1991, duas importantes leis de revisão constitucional e várias leis ordinárias. Mas, sendo a ANP monopartidária, foram aprovadas sob a direcção exclusiva do PAIGC, numa espécie de "transição guiada" e a "conta gotas". As leis de revisão foram preparadas por uma *Comissão de Revisão Constitucional,* composta por cinco deputados e destacados dirigentes do PAIGC (Fidélis Cabral de Almada, Malan Bacai Sanhá, Mário Cabral, Nicandro Barreto e Daniel Ferreira) assessorados por seis juristas nacionais.

A Lei Constitucional n.º 1/91, de 9 de Maio, era a primeira alteração da Constituição de 1984 e foi aprovada pela 1.ª reunião extraordinária da IV Legislatura da ANP. Correspondeu a uma «viragem histórica», (como sustentou o Presidente Nino Vieira, no discurso de encerramento) e a ampla revisão constitucional, embora a "Resolução Final" da ANP a caracterizasse como mera «alteração pontual da Constituição». Incidiu, em especial nas seguintes matérias:

a) modificação do Preâmbulo e da terminologia, adoptando uma técnica de redacção neutra, própria do constitucionalismo europeu;

b) substituição integral do art. 4.º, suprimindo a identificação PAIGC-Estado e instituindo o pluripartidarismo;

c) adopção dos princípios da democracia representativa e do Estado de direito;

d) enunciação de novos direitos fundamentais, particularmente a liberdade de imprensa, a liberdade sindical e o direito à greve;

e) transição para a economia de mercado.

Esta mesma reunião extraordinária da ANP, além de ter aprovado a Lei dos Partidos Políticos, fez três importantes «recomendações» ao Governo e à própria ANP: (1)- revisão global da Constituição e da Lei da Nacionalidade; (2)- preparação do recenseamento eleitoral; e (3)- "facilitação" do processo de identificação dos cidadãos.

De 25 de Setembro a 3 de Outubro, realizou-se nova sessão extraordinária da ANP que, entre outros, aprovou os seguintes diplomas legais: de Imprensa; Estatuto do Jornalista; Conselho Nacional de Comunicação Social; Acesso dos Partidos Políticos aos Órgãos de Comunicação Social; Direito de Liberdade Sindical; Greve; Requisição Civil.

Pouco depois, a segunda revisão constitucional, aprovada pela Lei n.º 2/91, de 4 de Dezembro, previu a existência de um Primeiro-Ministro, embora dotado de escassos poderes e livremente nomeado e demitido pelo Presidente do CE – que, de resto, continuava a chefiar o Governo. Era um primeiro e tímido ensaio de limitação da preeminência presidencial, apontando para um eventual sistema de governo semipresidencial, na linha do referido II Congresso Extraordinário do PAIGC. Formou-se um "Governo de Transição", com o Primeiro-Ministro Carlos Correia.

Em Agosto de 1992, foi celebrado um acordo entre o PAIGC e os partidos políticos entretanto legalizados, criando a chamada *Comissão Multipartidária de Transição,* à qual caberia preparar a continuação da revisão constitucional e também a regulação do processo eleitoral. Apesar das discussões e demoras, o projecto de revisão constitucional, elaborado por tal *Comissão*, concretizou-se na Lei Constitucional n.º 1/93, de 26 de Fevereiro, que introduziu profundas alterações na Constituição, sobretudo quanto aos direitos fundamentais e à organização do poder político, transformando radicalmente o sistema de governo e o regime político.

Nas revisões constitucionais posteriores a ANP já continha representação multipartidária. Em Dezembro de 1995, através da Lei Constitucional n.º 1/95, a ANP procedeu à alteração do único Capítulo que permanecia inalterado da Constituição de 16 de Maio de 1984 relativo ao "Poder Local" (arts. 105.º a 118.º). Era a 4.ª revisão da Constituição e criava um estatuto assente em autarquias locais (a saber, os municípios, as secções autárquicas e as juntas locais), definidas como pessoas colectivas territoriais, dotadas de órgãos representativos e de autonomia administrativa e financeira. Porém, apesar da posterior aprovação da legislação complementar, tais órgãos nunca chegaram ser eleitos ou institucionalizados.

Com esta revisão de 1995 completou-se a transição constitucional iniciada em 1991. Tratou-se, em resumo, de uma transição em sentido restrito (pois resultou em nova constituição material), proveniente da coligação "círculo presidencial-direcção do PAIGC" (apesar de condicionada pela dependência económica externa) e realizada por transacção (por ter

206   *Invenção e Construção da Guiné-Bissau*

sido gradual e negociada com a oposição democrática)[336]. Embora muito criticado pelos abusos de poder e pela generalização da corrupção2, Nino Vieira (enquanto Presidente do CE e Secretário-Geral do PAIGC) garantiu a estabilidade política e desempenhou um papel decisivo neste complexo processo de democratização.

Porém, em 1997, ainda seria aprovada nova lei de revisão, agora relativa à "constituição económica" (podendo falar-se, assim, de uma 5.ª revisão da Constituição de 1984). Após uma primeira tentativa, em Novembro de 1996 – rejeitada por não ter alcançado a maioria de dois terços necessária –, a ANP aprovou, em Janeiro de 1997, a Lei Constitucional n.º 1/97, pela qual reviu (por supressão) o art. 13.º, n.º 2, e as alíneas *d)* e *e)* do art. 86.º, referentes ao sistema monetário e ao papel do Banco Central, permitindo a integração da Guiné-Bissau na área da Comunidade Económica e Monetária da África Ocidental (UMOA/UEMOA) e a adesão ao franco da Comunidade Financeira Africana (CFA). O processo desta revisão foi atabalhoado e a data da lei de revisão ficou confusa. Como se disse, a primeira iniciativa foi rejeitada e o projecto só foi aprovado na sessão seguinte da ANP, em Janeiro de 1997, na sequência de uma intervenção do PR e de negociações entre o Governo e as bancadas parlamentares[337].

Esta (nova) Constituição (dita «de 1993») – resultante da complexa e progressiva reforma constitucional da Constituição de 1984 – terá várias e atribuladas vigências.

E – quando escrevemos (2009) – mantém-se em vigor, tal e qual.

---

[336] Cfr. Luís Barbosa Rodrigues, *A Transição Constitucional Guineense*, Lisboa, AAFDL, 1995, pp. 142 e segs.

[337] Cfr. Filipe Falcão Oliveira, *Direito Público Guineense*, Coimbra, Almedina, 2005, p. 124, e Joãozinho Vieira Có, *As consequências jurídico-constitucionais do conflito político-militar da Guiné-Bissau*, Bissau, Rete Bissau, 2001, p. 25. Não obstante só ter sido definitivamente aprovada em Janeiro de 1997, tal lei aparece também como sendo ora a "Lei Constitucional n.º 1/96, de 27 de Novembro", ora como a "Lei Constitucional n.º 1/96, de 4 de Dezembro", esta até publicada no *Boletim Oficial*, n.º 50, de 16 de Dezembro de 1996.

CAPÍTULO V – A primeira vigência da Constituição de 1993 e o semipresidencialismo

Ainda que continue a ser identificada, formal e oficialmente, como *Constituição da República da Guiné-Bissau, de 16 de Maio de 1984 (na redacção que lhe foi dada pelas Leis Constitucionais n.º 1/91, n.º 2/91, n.º 1/93, n.º 1/95 e n.º 1/97)* as leis de revisão acabaram por formular uma nova constituição material. Com efeito, tais leis de revisão concretizaram uma transição constitucional e, como a sua charneira foi a revisão de 1993, pode – e, até, deve – falar-se de *Constituição de 1993*.

Mesmo a sistematização apresenta algumas alterações significativas e a Constituição passou a apresentar uma divisão em cinco Títulos:

- *Título I – Princípios Fundamentais (Da natureza e fundamentos do Estado)*, integrado pelos arts. 1.º a 23.º;
- *Título II – Dos Direitos, Liberdades, Garantias e Deveres Fundamentais* (arts. 24.º a 58.º);
- *Título III – Organização do Poder Político* (arts. 59.º a 125.º);
- *Título IV – Garantia e Revisão da Constituição* (arts. 126.º a 131.º);
- *Título V – Das Disposições Finais e Transitórias* (arts. 132.º e 133.º, decorrentes da radical transformação da organização do poder político operada em 1993).

Devem destacar-se as seguintes alterações:

a) definição da Guiné-Bissau como República soberana, laica, democrática e unitária (cfr., sobretudo, arts. 1.º, 6.º e 7.º), defensora dos princípios gerais do Direito Internacional e da Unidade Africana (art. 18.º);

b) adopção da democracia representativa (sob a fórmula «estado de democracia constitucionalmente instituída» – arts. 2.º e 3.º) e do pluripartidarismo (art. 4.º);

c) reconhecimento do princípio do Estado de direito (art. 8.º);

d) mudança de princípios gerais e organização do poder político;

e) ensaio de um Estado social, articulado com uma economia de mercado (arts. 11.º a 13.º).

No Título II foi aprofundado o catálogo dos direitos, liberdades e garantias fundamentais (da pessoa, do cidadão e do trabalhador), e tentou articular-se um sistema de protecção. Provenientes dos valores da luta da libertação nacional, mantiveram-se os ideais da «formação do homem», ligando-os ao de «trabalho produtivo» e da educação (art. 16.º), da promoção da identidade cultural, das conquistas do povo e da dignidade nacional (arts. 17.º e 19.º). São também reconhecidos vários direitos económicos, culturais e sociais, mas, realisticamente, o art. 58.º imputa ao Estado a tarefa de criação das condições necessárias à sua realização conforme as condições «de desenvolvimento do país».

A organização do poder político passa a basear-se no princípio da separação e interdependência dos órgãos de soberania e estes, por sua vez, integram-se na família da democracia representativa: Presidente da República, Parlamento (mantendo a designação histórica e originária de Assembleia Nacional Popular), Governo e Tribunais.

O Presidente da República (PR) é a chave do sistema de governo, sendo definido como «Chefe de Estado, símbolo da Unidade, garante da Independência Nacional e da Constituição e Comandante Supremo das Forças Armadas» (art. 62.º). É eleito por sufrágio universal, directo e por maioria absoluta, para um mandato de 5 anos (arts. 63.º a 66.º), tendo de, ao candidatar-se, comprovar a sua cidadania guineense de origem, bem como o requisito de ser filho «de pais guineenses de origem» (art. 63.º, n.º 2). As suas atribuições são amplas (arts. 68.º a 70.º), dispondo de poderes institucionais de direcção política e de controlo. Trata-se de competências quanto aos outros órgãos e para a prática de actos próprios, que poderão ser de convocação, dissolução, nomeação, posse e exoneração (desde a ANP, ao Governo, às autoridades judiciais, aos militares e aos embaixadores). Está prevista a eventual responsabilidade por crimes cometidos no exercício das suas funções (art. 72.º) e dispõe de um «órgão político de consulta», o Conselho de Estado (art. 73.º).

A Assembleia Nacional Popular (ANP) define-se como «o supremo órgão legislativo e de fiscalização política, representativo de todos os cidadãos guineenses» (art. 76.°). Os deputados são eleitos por sufrágio directo e por representação proporcional para um mandato de quatro anos. A ANP dispõe, essencialmente, de poderes legislativos e de fiscalização política (arts. 85.° a 87.°), reunindo-se, em sessão ordinária, quatro vezes por ano (art. 89.°).

O Governo é o órgão permanente de condução política e de coordenação da administração pública (art. 96.°), constituído pelo Primeiro--Ministro, Ministros e Secretários de Estado. O Primeiro-Ministro é o Chefe do Governo, nomeado pelo PR, a quem propõe o restante ministério (arts. 97.° e 98.°). O Governo é duplamente responsável perante o PR e a ANP (art. 103.°); dispõe de poderes de direcção política, poderes legislativos (próprios ou, nos termos do art. 92.°, delegados) e poderes administrativos (art. 100.°).

Quanto ao poder judicial (arts. 119.° a 125.°), a função jurisdicional compete ao Supremo Tribunal de Justiça (com juízes designados pelo Conselho Superior da Magistratura) e demais tribunais instituídos pela lei.

Como se disse, considerando o alcance deste conjunto de revisões constitucionais, justifica-se a referência, pura e simples, a uma nova *Constituição de 1993*, já que, entre as várias revisões, a Lei n.° 1/93 culmina e resume a transição constitucional, isto é, a passagem de uma constituição material a outra, sem ruptura.

As eleições legislativas e presidenciais, pela primeira vez directas e multipartidárias, realizaram-se em 3 de Julho de 1994.

Na 1.ª volta das eleições presidenciais concorreram 8 candidatos. Não tendo havido maioria absoluta, realizou-se uma 2.ª volta, a 7 de Agosto, em que o candidato do PAIGC e ex-Presidente do CE, Nino Vieira, foi eleito PR com mais cerca de 15.000 votos que o candidato Koumba Yala. Nino Vieira apresentara-se como candidato independente, dispensando o apoio do PAIGC, mas a sua vitória por escassa vantagem foi discutida, em especial quanto à votação no arquipélago dos Bijagós, aparentemente decisiva.

Nas eleições legislativas, para um total de 100 mandatos, o PAIGC obtve 38% de votos e a maioria absoluta de 62 mandatos. Da restante dezena de partidos ou coligações concorrentes, a RGB-MB (Resistência da Guiné-Bissau – Movimento BaFatá, de pendor democrata-cristão)

210   *Invenção e Construção da Guiné-Bissau*

obteve 19 mandatos, o PRS (Partido da Renovação Social, de pendor populista) obteve 12, a UM (União para a Mudança, coligação social-democrata) 6 e a FLING (com base étnica nos manjacos) 1 deputado. O PAIGC foi, pois, o grande beneficiário do sistema eleitoral proporcional (método de Hondt) – que, por acaso, tinha sido exigido pelos partidos da fragmentada oposição.

Não foi fácil o processo de designação do Primeiro-Ministro (PM) subsequente a estas eleições legislativas de 1994, pois houve divergências entre a ala do Secretário Nacional do PAIGC, coronel Saturnino da Costa (vencedor das eleições legislativas), e o PR Nino Vieira, que tentava impor um Primeiro-Ministro da sua preferência. Não surpreende que a gestão governamental do PM Saturnino da Costa tenha decorrido sob um «clima de permanente guerrilha institucional»[338] e de persistente degradação da situação económico-social. Em Maio de 1997, no meio de aceso conflito, o PR demitiu Saturnino da Costa ("por má gestão") e nomeou PM Carlos Correia. Como o PR não tinha ouvido previamente os partidos políticos, suscitou-se uma questão de inconstitucionalidade apresentada no STJ pela oposição parlamentar. O STJ, num polémico Acórdão, primeiro declarou--se competente e depois reconheceu a inconstitucionalidade do decreto presidencial de nomeação, mas decidiu, ainda, saná-lo oficiosamente. Na sequência, por sua vez, o PR decidiu primeiro demitir o Governo e depois ouvir os partidos políticos e o Conselho de Estado quanto à nomeação ou recondução do Primeiro-Ministro. Finalmente, em 19 de Junho de 1997, foi então regularmente empossado o Governo liderado por Carlos Correia, tendo o PR, por esta via, conseguido formar um "Governo de iniciativa presidencial", sem recorrer à dissolução da ANP. Mas a mudança governamental acentuou as divisões no interior do PAIGC, cujo VI Congresso se aproximava.

Em conclusão, dispondo de um PR dotado de vastos poderes institucionais e de direcção política e, apesar de tudo, controlando ele próprio o PAIGC – que beneficiava de maioria absoluta na ANP –, o sistema de governo posterior às eleições legislativas e presidenciais de 1994, correspondente à era dos Primeiros-Ministros Saturnino da Costa e Carlos Correia, pode designar-se semipresidencial, como resultava do texto

---

[338] Álvaro Nóbrega, *op. cit.*, p. 271.

O *Estado das Constituições Bissau-Guineenses* 211

constitucional[339], embora o regime político revelasse crescente pendor presidencial (ou seja, se tornasse um semipresidencialismo "forte")[340].

Entretanto, a ANP em funções considerara necessário proceder à elaboração de uma nova Constituição e, em Março de 1998, a Comissão Eventual para a Revisão Constitucional e das Leis Eleitorais (CERCLE) apresentou um *Anteprojecto para a Revisão da Constituição*. Mas os mandatos estavam a terminar: as eleições legislativas deveriam ocorrer até Julho de 1998 e as presidenciais no decurso de 1999.

Em Maio de 1998, realizou-se finalmente o VI Congresso do PAIGC. Correu sob um clima policial, de intimidação e de divisão exacerbada, tendo sido «o ponto culminante da crise intensa que alastrava desde 1994»[341].

Por outro lado, a abertura democrática e a transição constitucional iniciadas em 1991 tinham implicado não só a desmilitarização da vida política como a (pretensa) despartidarização das Forças Armadas e separação total do PAIGC. Rapidamente se comprovaria, porém, que nem a democracia se consolidara nem tinha sido superado o essencial confronto entre a antiga e a nova legitimidade – entre a legitimidade revolucionária (fundada na luta armada e remanescente nos militares) por contraponto à recente legitimidade democrática (baseada nas eleições representativas e afirmação do Estado de direito)[342]. Surgiam sintomas de degradação, pois

---

[339] É também a opinião de Jorge Reis Novais, *Tópicos de Ciência Política e Direito Constitucional Guineense*, Lisboa, AAFDL, 1996, pp. 116 e segs., J. J. Gomes Canotilho, *Direito Constitucional e Teoria da Constituição*, 7.ª edição, Coimbra, Almedina, 2003, pp. 661/662, e Vitalino Canas, "Reler Duverger: o Sistema de Governo Semi-Presidencial ou o triunfo da Intuição 'Científica'", in *Revista Negócios Estrangeiros*, 11.4 Especial, Setembro de 2007, p. 107. Cfr., ainda, o blogue "The Semi-Presidencial One" (www.semipresidencialism.com).

[340] Mostrando como a luta pelo poder entre Presidente e Primeiro-Ministro «tem sido recorrente na prática política do país», Elisabete Azevedo, *Semi-Presidencialismo na Guiné-Bissau*, "Draft", apresentado no III Congresso de Ciência Política da ACPC, 30 de Março de 2006, agora in Marina Costa Lobo e Octávio Amorim Neto (org), *O Semipresidencialismo nos Países de Língua Portuguesa*, Lisboa, ICS, 2009.

[341] Cfr. Caterina Gomes Viegas e Fafali Koudawo, "A crise no PAIGC: um prelúdio à guerra?", in *Soronda – Revista de Estudos Guineenses*, *Número Especial 7 de Junho*, INEP, Dezembro 2000 (pp. 11 a 24).

[342] Por exemplo, Roberto Sousa Cordeiro, "Guiné-Bissau 1973-2005: uma análise sobre a relação civil-militar no processo de transição política", in www.didinho.org.

A bibliografia (de matriz sociológica) sobre a transição na Guiné-Bissau é muito vasta. Ultimamente, as intervenções mais significativas têm sido realizadas através do

não só crescia a corrupção na "classe reinante", como proliferavam as redes de tráfico de armas e munições para o Casamansa. Os comandos militares estavam sob suspeita e a ANP decidiu, em 27 de Fevereiro de 1998, criar uma "Comissão Parlamentar de Inquérito sobre o Tráfico Ilegal de Armas".

Quanto às relações entre o Estado e a sociedade, continuava a invocar-se o *Estado-suave*, atendendo à manifesta «incapacidade infraestrutural para levar a cabo as suas políticas e ao contexto subjacente de fraca extracção interna e forte dependência externa»[343]. Mas as tensões políticas, as lutas pelo poder e as divergências étnicas aumentavam a vulnerabilidade e a incapacidade para controlar a sociedade, quer política quer economicamente.

CODESRIA (*www.codesria.org/*). Salientam-se Carlos Cardoso, "Da Abertura 1 a aperture 2: Os Desafios da Transição política na Guiné-Bissau", in *10th CODESRIA General Assembly*, Kampala, 08-13 Dezembro 2002, e Ricardino Jacinto Dumas Teixeira, "A construção democrática na Guiné-Bissau: limites e possibilidades", 16 a 17 de Outubro 2008 (resumindo a sua dissertação de pós-graduação, *Sociedade civil e democratização na Guiné-Bissau, 1994-2006*, Recife, 2008).

[343] Joshua B. Forrest, "Autonomia burocrática...", cit. , in *loc. cit.*, p. 94.

CAPÍTULO VI – Estado de excepção (I): o Acordo de Abuja, de 1998

Em 7 de Junho de 1998 rebentou uma rebelião militar, que originou um conflito político-militar até Maio de 1999. Sob o ponto de vista constitucional abriu-se uma prolongada e complexa situação de excepção (até Fevereiro de 2000) que seria "regulada" primeiro pelo Acordo de Abuja e depois também por um Pacto de Transição Política.

Factores ligados à instituição militar terão constituído as causas próximas da rebelião, sobretudo a insatisfação crescente dos "Combatentes da Liberdade da Pátria" (ou seja, dos ex-guerrilheiros das "Forças Armadas de Libertação Nacional") e as denúncias e ameaças a propósito do tráfico de armas em favor dos guerrilheiros independentistas na área do Casamansa, cujo inquérito parlamentar estava em vias de conclusão (e que, datado de 8 de Junho, ilibava o brigadeiro Ansumane Mané, concluindo com múltiplas acusações, do PR ao Ministro da Defesa, entre outros, e várias recomendações de instauração de procedimentos judiciais). Além disso, também contribuíram para converter a inicial rebelião numa "guerra de Bissau" quer a conjuntura de crise económico-financeira e social (por exemplo, nos sectores da saúde, educação e administração pública), quer a crise interna no PAIGC, patente no recente e muito contestado VI Congresso.

Os tiroteios começaram nas instalações do Quartel-General e na zona do Poilão de Brá (estrategicamente situado nos acessos ao aeroporto e aos paióis nacionais), na madrugada do dia em que o PR se preparava para partir com destino a uma Cimeira africana. Aqueles locais foram tomados pelos revoltosos e o primeiro incidente ocorreu com uma viatura da Presidência, ocasionando a morte do embaixador do "Protocolo de Estado" e de um capitão da Direcção da Polícia de Protecção Especial.

De um lado, ficou o PR, Nino Vieira, apoiado pelos seus seguidores e por um pequeno número de militares fiéis; do lado oposto, encontrava-se a maior parte das Forças Armadas, lideradas pelo brigadeiro Ansumane Mané que, dias antes, tinha sido exonerado do cargo de Chefe do EMGFA, do qual já fora suspenso em 12 de Janeiro. Inicialmente, a população que ficou na cidade não tomou parte no conflito, aparentemente uma mera "sublevação militar" ou até simples querela interna do PAIGC.

Mas, logo a partir de 9 de Junho, apareceram em Bissau contingentes militares estrangeiros para apoiar o PR Nino Vieira. Não só o seu velho amigo e aliado Presidente da Guiné-Conacri, Lansana Conte, enviou uma força de helicópteros e 400 militares, como também o Senegal interveio, nos termos de um "Acordo de Defesa" mútua, tentando esmagar a Junta Militar com uma força expedicionária de 2200 militares.

As primeiras tentativas de mediação (por parte do Parlamento guineense e do Ministro dos Negócios Estrangeiros da Gâmbia) fracassaram e, a partir de meados de Junho, violentos combates assolaram a capital e arredores. Para a população, a intervenção das forças estrangeiras, sobretudo a demonstração de força senegalesa, foi vista como "agressão" ou mesmo "invasão". Em consequência, muitos antigos guerrilheiros aliaram-se à Junta Militar e o conflito, de mera querela entre facções do exército, transformou-se numa verdadeira guerra civil.

Também o Governo em funções se empenhava em encontrar uma solução pacífica (através da mediação da CPLP e da CEDEAO) e resolver o dilema resultante do termo do mandato da ANP com a consequente perda de poderes. Entre outras diligências, por encargo do Governo, o Ministro Nicandro Barreto colocava as seguintes dúvidas, solicitando um "Parecer", «com alternativas que apontem para uma solução jurídica do assunto»[344]:

> *A ANP pode prorrogar o seu mandato? Em que termos?*
> *Em consequência, pode o Governo continuar a governar?*
> *Que soluções jurídicas e políticas podemos adoptar? Importa saber que devemos realizar as Eleições Legislativas para um novo Mandato.*

---

[344] Carta endereçada conjuntamente ao Autor, a Francisco Teixeira da Mota e a Ricardo Sá Fernandes, enviada de Bissau, a 23/8/98. Esta carta era também «um S.O.S. que vos é lançado num momento de aflição» e pedia que o "Parecer" fosse «extensivo ao Prof. Sérvulo Correia».

O Estado das Constituições Bissau-Guineenses 215

> *Que legitimidade poderia ter o actual Governo para realizar as Eleições?*
> *Em suma, que saídas ou soluções para esta situação?*

Entretanto, outras tentativas de mediação e de cessar-fogo foram desenvolvidas pelo Governo português e pela CPLP, tendo a intervenção de Cabo Verde «um papel preeminente na crise»[345]. Mas acabou por ser na reunião dos Chefes de Estado e de Governo da Comunidade Económica dos Estados da África Ocidental (CEDEAO), que as duas partes em conflito – ou seja, «o Governo da Guiné-Bissau», de um lado, e «a auto-proclamada Junta Militar», de outro – assinaram o chamado *Acordo de Abuja.*

Este Acordo de Abuja, de 1 de Novembro de 1998, previa, em síntese:

a) um conjunto de cláusulas de âmbito militar (incluindo a rea-firmação do acordo de cessar-fogo celebrado em 26 de Agosto, a retirada total das forças militares estrangeiras e a instalação de uma força militar de interposição, destinada a garantir a segu-rança no território);

b) um conjunto de cláusulas de âmbito político (relativas à formação de um governo de unidade nacional e à organização de eleições legislativas e presidenciais até fim de Março de 1999).

Apesar de, em rigor, a Constituição não estar formalmente sus-pensa, deve considerar-se que este *Acordo de Abuja* correspondeu a uma vicissitude constitucional de alcance parcial e excepcional, com um duplo efeito: por um lado, revelou a ruptura constitucional, embora limitada a uma remodelação governamental; por outro lado, regulou o retorno ao funcionamento normal das instituições, permitindo que, uma vez realizadas as eleições, a Constituição readquirisse «plena força jurídica»[346].

---

[345] Norrie MacQueen, "Trajectórias divergentes...", cit., in *Relações Internacio-nais*, n.º 8, cit., p. 49. A análise da mediação portuguesa, até ao chamado "Acordo de Cabo Verde", de 24 de Agosto de 1998, foi, ultimamente, feita por Alexandre Reis Rodrigues e Américo Silva Santos, *Bissau em Chamas*, Cruz Quebrada, Casa das Letras, 2007.

[346] Jorge Miranda, "A situação constitucional da República da Guiné-Bissau à face do Acordo de Abuja", in *O Direito*, Ano 131º, 1999, I-II, p. 228. Há vários textos de

216 *Invenção e Construção da Guiné-Bissau*

Com efeito, a ANP continuara a reunir, tentando alcançar a paz e, pela primeira vez, afirmando-se politicamente. Em 9 de Junho de 1998, uma reunião alargada da Comissão Permanente aprovara um *Memorando de Mediação*, enviado no dia seguinte ao PR, exigindo o cessar-fogo e a abertura de negociações. Em Julho e Outubro, a ANP, ainda através da mesma Comissão Permanente, apresentou propostas de solução pacífica do conflito. Mais do que isso, em reunião plenária extraordinária a 27 de Novembro, aprovou uma resolução, por 69 votos e 9 abstenções, decidindo «retirar a confiança política» ao PR, exortando-o à renúncia e exigindo a «retirada imediata e incondicional» das tropas estrangeiras. Era uma mera tomada de posição política mas, apesar de tudo, «um acontecimento raro e digno de nota», comprovando a sobrevivência de alguma «democracia constitucional»[347]. Uma vez que o seu mandato expirara em l de Julho anterior, tem de entender-se – e a própria ANP assim deliberara em 26 de Novembro, revendo o art. 79.º da Constituição, sobre a duração da legislatura – que a ANP se mantinha em funções por aplicação do princípio da prorrogação, enquanto princípio geral de direito público[348].

Em 20 de Fevereiro de 1999 – após complexas negociações –, foi finalmente empossado o Governo de Unidade Nacional (GUN), previsto no *Acordo de Abuja* e chefiado pelo assessor jurídico-político da Junta Militar, Francisco Fadul (n. 1953).

Em Abril de 1999, perante a gravidade da situação, o Conselho de Segurança – que, pela primeira vez, em 21 de Dezembro de 1998 se pronunciara sobre o caso[349] – aprovou uma nova resolução sobre a crise na

---

juristas bissau-guineenses sobre este conflito político-militar, destacando-se a tese de doutoramento de E. Kafft Kosta, *Estado de Direito – O paradigma zero: entre lipoaspiração e dispensabilidade*, Coimbra, Almedina, 2007, em especial pp. 707 e segs.

[347] Lars Rudebeck, *Colapso e Reconstrução Política na Guiné-Bissau 1998-2000*, Uppsala, Nordiska Afrikainstitutet, 2001, p. 23.

[348] Existe sobre a questão um "Parecer" de Vital Moreira, de 31 de Março de 1999, pedido pela Direcção da CPLP, «empenhada em contribuir para restaurar a normalidade constitucional na Guiné-Bissau».

[349] Através da Resolução 1216 (1998), de 21 de Dezembro, criando um precedente, o Conselho de Segurança aprovara o mandato da ECOMOG (Grupo de vigilância do cessar-fogo nos Estados da África Ocidental), impondo-lhe uma rigorosa manutenção da paz e permitindo-lhe recorrer a acções necessárias para garantir a sua liberdade de movimentos – cfr. Eduardo Correia Baptista, *O poder público bélico em Direito Internacional: o uso da força pelas Nações Unidas em especial*, Coimbra, Almedina, 2003, p. 468.

Guiné-Bissau. Nela reafirmava a sua intenção de preservar a unidade, a soberania, a independência política e a integridade territorial e, entre outras medidas, apoiava a decisão do Secretário-Geral de criar uma *Delegação de Apoio das Nações Unidas para a Consolidação da Paz na Guiné-Bissau* (ONUGBIS ou, no acrónimo a partir da língua francesa, BANUGBIS). Destinava-se a servir de quadro e direcção política com vista à harmonização e «integração das actividades do sistema das Nações Unidas na Guiné-Bissau durante o período de transição». Esta *Delegação da ONU* vai ter uma prolongada, constante e determinante intervenção, conforme comprovam os seus relatórios trimestrais[350].

Ainda em Abril de 1999, atendendo a que o *Acordo de Abuja* vinha registando «dificuldades ao nível da sua execução», foi preparado em Bissau um *Protocolo Adicional ao Acordo de Paz de Abuja*, com três artigos:

- o artigo 1.º reafirmava «os termos do Acordo de Paz, celebrado em Abuja (Nigéria), a 1 de Novembro de 1998»;
- o artigo 2.º fixava «para o mês de Novembro de 1999» a realização das eleições presidenciais e legislativas previstas no Acordo de Paz, devendo o PR marcá-las «após consultas ao Governo de Unidade Nacional e aos partidos políticos»;
- o artigo 3.º regulava a prorrogação dos mandatos (respectivamente, do PR, do GUN e da ANP).

Este *Protocolo* acabaria por não ser assinado pelas cinco partes previstas: o PR (Nino Vieira), o Comandante da Junta Militar (Ansumane Mané), o Presidente em exercício da CEDEAO, o Comandante da ECOMOG e o Coordenador do Sistema das Nações Unidas em Bissau[351]. Não obstante e apesar de algumas divergências quanto à data e condicionalismos das eleições, o PR, através do Decreto Presidencial de 3 de Maio, marcou para 28 de Novembro de 1999 as eleições conjuntas presidenciais e legislativas.

---

[350] Cfr. ONU, *S/RES/1233 (1999)*, de 6 de Abril [*Résolution 1233 (1999), adoptée par le Conseil de sécurité à sa 3991e séance, le 6 avril 1999, sur la situation en Guinée-Bissau*].

[351] Está publicado como Anexo apud E. Kafft Kosta, *op. cit.*, pp. 972/973.

A 4 e 5 de Maio, reuniu em Genebra, na Suíça, uma mesa-redonda de "países doadores", da qual resultou a promessa (ao PM Francisco Fadul) de uma ajuda de 2 mil milhões de dólares destinada à reconstrução do país e à preparação das eleições, mas dependente do efectivo desarmamento e consolidação da paz. Como o PR Nino Vieira – além de acusado de outras violações do *Acordo de Abuja* – parecia não aceder ao desarme, antes tentava reforçar a guarda presidencial de 600 soldados, a Junta Militar desencadeou uma ofensiva que fez com que a 7 de Maio se reacendesse a "guerra de Bissau".

Depois de violentos combates que, além do mais, destruíram o Palácio Presidencial, a embaixada senegalesa e o Centro Cultural francês, e derrotada militarmente a "guarda presidencial", Nino Vieira, refugiou-se na Embaixada de Portugal, acabando por aceitar, «após onze meses de conflito político-militar», subscrever a sua rendição incondicional (*Declaração de rendição*, de 8 de Maio de 1999). Mais tarde, através da *Declaração de renúncia*, de 2 de Junho, declinou ao mandato presidencial, permitindo a sua substituição «nos termos da Constituição da República». Seguidamente, partiu para o exílio.

Os 11 meses de conflito militar entre Junho de 1998 e Maio de 1999 originaram cerca de 350.000 deslocados e 2000 mortos.

CAPÍTULO VII – Estado de excepção (II): o Pacto de Transição Política, de 1999

Perante a vacatura e conforme o art. 71.º, n.º 2, da Constituição, interpretado extensivamente (pois limitava-se a prever o «caso de morte ou impedimento definitivo» do PR), assumiu as funções na qualidade de PR interino o então Presidente da ANP, Malam Bacai Sanhá. A 14 de Maio de 1999, procedeu ao juramento perante uma heterogénea assembleia reunida no edifício semi-destruído da ANP, confirmando as eleições legislativas e presidenciais para 28 de Novembro desse ano.

Mas o estatuto constitucional tornara-se ainda mais complexo, pois o *Acordo de Abuja* que, embora de modo imperfeito, vinha regulando o retorno à ordem constitucional podia considerar-se caducado, já que desaparecera, por via militar, uma das partes que o subscrevera. Além disso, o PR, tinha legitimidade diminuta, uma vez que beneficiava apenas de um mandato parlamentar em prorrogação e o art. 71.º, n.º 3, da Constituição impunha que o novo PR fosse eleito «no prazo de 60 dias», situação que não era previsível. Não surpreendeu, por isso, o anúncio, em 18 de Maio, da abertura de negociações com vista à celebração de um "pacto" destinado a regular os poderes da Junta Militar, articulando-os com o estatuto do PR interino.

Nessa negociação participaram os "poderes fácticos" (PR interino, Comandante Supremo da Junta Militar, ANP, GUN e partidos políticos). Em 21 de Maio de 1999, todos eles subscreveram um *Pacto de Transição Política*, considerando quatro factores: primeiro, a situação decorrente da «capitulação» do ex-PR; segundo, a necessidade de regressar à «normalidade constitucional, em condições de estabilidade político-institucional»; terceiro, «os princípios gerais de direito público que norteiam o Estado da Guiné-Bissau, especialmente a Constituição»; e, por fim, «a imperiosa necessidade de continuidade do Estado e de regulamentação do processo de transição».

Ao longo dos 5 títulos e 17 artigos que compunham este *Pacto de Transição Política*, enunciava-se «o quadro legal para a condução do País à normalidade constitucional». Essencialmente, outorgava-se um poder decisivo ao Comandante Supremo da Junta Militar, brigadeiro Ansumane Mané. Nele se previam os seguintes compromissos, poderes e garantias:

a) «engajamento» ao *Acordo de Abuja,* às instituições da República e aos compromissos internacionais;

b) estatutos (jurídico-políticos) do PR interino, do Comandante Supremo da Junta Militar e do GUN, estando o exercício de algumas competências do PR sujeito a autorização expressa do Comandante Supremo da Junta Militar;

c) dependência (política) do GUN não só do PR como do Comandante Supremo da Junta Militar;

d) depósito do *Pacto* no Supremo Tribunal de Justiça (STJ), que seria a «jurisdição competente para dirimir qualquer conflito que [viesse] a suscitar a sua interpretação ou aplicação»;

f) reafirmação das atribuições e competência constitucionais da ANP, confirmando o termo da legislatura «com a proclamação dos resultados eleitorais de 28 de Novembro de 1999».

Quer dizer: tratava-se de um novo estado de excepção, inserido na "escalada" de modificações da Constituição, pois ao estado de necessidade decorrente da rebelião militar e da "guerra civil" e à posterior ruptura que significara o *Acordo de Abuja*, acrescia agora uma derrogação expressa da organização do poder político, sobretudo pelas competências de tutela atribuídas ao Comandante Supremo da Junta Militar, que subia a «Co-Presidente».

Entretanto, a ANP, beneficiando da prorrogação do mandato, continuava a reunir. Na sessão de 21 de Abril de 1999 iniciara a leitura do *Projecto para a Revisão da Constituição* elaborado, no ano anterior, pela já referida Comissão Eventual para a Revisão Constitucional. Em 5 de Maio, com transmissão directa, via rádio, fora discutida e aprovada a nova redacção do artigo 5.°, referente à "cidadania guineense", passando a existir um novo requisito no preenchimento, por eleição ou nomeação, dos mais importantes órgãos constitucionais: a dupla ascendência paterna e

O *Estado das Constituições Bissau-Guineenses*

materna guineense (a chamada regra dos "dois avós" guineenses, quanto à cidadania originária, de óbvio carácter étnico).

Em 7 de Julho (portanto, após a vitória total da Junta Militar, consumada a 8 de Maio), a ANP, por maioria de 2/3 (setenta e três votos a favor), aprovou a revisão total da Constituição de 1993, tendo imediatamente enviado esta nova *Lei Constitucional* para promulgação. Porém – além de se sustentar que a ANP, pura e simplesmente, nem poderia rever a Constituição, pois o seu mandato expirara há mais de um ano – a formulação do citado artigo referente à "cidadania guineense" levantou grande polémica. A discussão prolongou-se e, perante as acusações de intolerância e discriminação (e também, de outra banda, de "veto dissimulado", quando o PR pediu a reapreciação da matéria), a ANP, em 3 de Outubro, decidiu mesmo rever as referidas condições de titularidade, dando nova redacção ao polémico artigo 5.º. Porém, ao fim e ao cabo, esta *Lei Constitucional*, de 7 de Julho de 1999, não foi promulgada pelo PR interino – chamou-se-lhe constituição "engavetada" – e acabará por "transitar" para a nova ANP, onde, por sua vez, se transformará na frustrada Constituição de 2001. Tratou-se de um processo inadequado, comprovando que as constituições não podem ser revistas em períodos de anormalidade constitucional (limites circunstanciais). Há mesmo quem veja nesta revisão constitucional de 1999 uma lamentável manifestação de «*delinquência constitucional*»[352].

A renúncia de Nino Vieira trazia várias perspectivas de mudança. Mas a situação política continuava frágil, a situação social e financeira era desesperada e os militares revelavam-se omnipresentes[353]. Em meados de Novembro, surgiu uma súbita proposta para institucionalizar por 10 anos a Junta Militar, através de um documento intitulado *Magna Carta*. No entanto, a tentativa de manter esse órgão na nova ordem constitucional (com funções tutelares ou, numa formulação posterior, de consulta) não conseguiu impor-se.

---

[352] Cfr. E. Kafft Kosta, *Estado de Direito*..., cit., p. 713 (nota 1290) e p. 640 (nota 1165). O texto em causa existe policopiado sob o título *Lei Constitucional*, Bissau, Junho (*sic*), 1999 (exemplar de trabalho da nova Constituição, elaborada em 1999 através de ratificação gradual da ANP). Alguns textos confundem as datas de 7 de Junho (aniversário do levantamento militar do ano anterior) e 7 de Julho de 1999 – assim, Lars Rudebeck, *op. cit.*, pp. 36/37.

[353] Ver Mário Matos e Lemos, "Sete sinais de preocupação na Guiné-Bissau", in *Público*, de 21/6/1999 (p. 17).

222   *Invenção e Construção da Guiné-Bissau*

Em suma, o conflito político-militar de 1998-1999 comprovava o colapso do Estado e a República da Guiné-Bissau parecia desagregar-se.

Não era, porém, um caso isolado em África, onde vários conflitos internos, posteriores ao termo da "guerra fria", estavam a levar à erosão ou debilitamento do Estado pós-colonial. O conceito de *Estado-falhado* (também designado, mas menos rigorosamente porque já usado para qualificar outros fenómenos, *Estado-frágil* ou *Estado-débil*) entrava na linguagem política, remetendo para uma situação em que o Estado não consegue garantir a ordem, a coesão social e o funcionamento da economia[354]. Apontavam-se vários exemplos na África subsariana e, na Guiné-Bissau, factores étnicos e militares vão acelerar o colapso.

---

[354] Desenvolvidamente, Itziar Ruiz-Giménez, "El colapso del estado poscolonial en la década de los noventa. La participación internacional", apud Francisco Javier Peñas (ed.), *Africa en el sistema internacional*, Madrid, Universidad Autónoma, 2000, pp. 165 e segs., e Ricardo Soares de Oliveira, "A África desde o fim da guerra fria", in *Relações Internacionais*, n.º 24, Dezembro de 2009, pp. 93 e segs.

CAPÍTULO VIII – A segunda vigência da Constituição de 1993 e o *Estado-falhado*

As eleições realizaram-se em 28 de Novembro de 1999, como previsto, sob coordenação da Comissão Nacional de Eleições (CNE), fiscalização internacional e substancial apoio técnico e financeiro da ONU, da União Europeia, de vários países e outras instâncias internacionais. A campanha eleitoral procurara o «eleitorado tribal e religioso»[355]. Os resultados foram conhecidos num ambiente de «grande tensão»[356].

Nas legislativas concorreram aos 102 mandatos candidatos de 13 partidos políticos, tendo os três mais votados alcançado os seguintes resultados: 38 para o PRS, 29 para a RGB-MB e 24 para o PAIGC, repartindo-se os demais onze mandatos por cinco partidos (com 1 a 3 deputados eleitos). Às presidenciais concorreram 12 candidatos; na 2.ª volta, realizada em 16 de Janeiro de 2000, o candidato Koumba Yala (Presidente do PRS, partido político que nas legislativas obtivera a maioria relativa) venceu com 69% contra 27% de Malam Bacai Sanhá (candidato do PAIGC e PR interino). Em resumo, o PRS ganhara ambas as eleições e o PAIGC sofria uma derrota completa, perdendo todo o poder, pela primeira vez desde a independência. Chegava uma nova e inexperiente "classe dirigente".

---

[355] Gérald Gaillard, "Islam et vie politique...", cit., in *loc. cit.*, p. 198.

[356] Álvaro Nóbrega, "Desejo de 'cambança': o processo eleitoral de 1999", in *Soronda – Revista de Estudos Guineenses*, Nova Série, n.º 6, Julho 2003 (pp. 7 a 81). Ver Comissão Nacional de Eleições, *Relatório Final das Eleições Presidenciais e Legislativas (28 de Novembro de 1999/16 de Janeiro de 2000)*, Cooperação Portuguesa/República da Guiné-Bissau, CNE, 2002, e Guilherme Zeverino e Luís Castelo Branco, *Guiné-Bissau. A Missão de Observação Internacional 1999/2000. A Participação Portuguesa*, Lisboa, Instituto de Cooperação Portuguesa, 2000.

224   *Invenção e Construção da Guiné-Bissau*

Seguiram-se as posses: da ANP em 28 de Janeiro de 2000, do PR em 17 de Fevereiro e do Governo em 19 de Fevereiro. Assim se concluía, formalmente, o regresso à democracia constitucional, mediante a restauração integral da Constituição de 1984 (alterada pelas sucessivas revisões) ou, melhor, como vimos, da Constituição de 1993, na redacção de 1997. Começava a sua segunda vigência.

Em 23 de Fevereiro, o Conselho de Segurança da ONU felicitou o regresso ao governo constitucional e instigou os doadores a concederem as suas ajudas «o mais depressa possível». Mas, logo no *Relatório* emitido a 24 de Março, o representante permanente do Secretário-Geral no território dava nota de que, apesar de a Constituição ter sido recentemente estabelecida, se mantinha o papel activo das forças militares na cena política[357].

O brigadeiro Ansumane Mané persistia em considerar-se «Comandante Supremo da Junta Militar e Co-Presidente» e, a propósito da promoção de grande número de militares em Novembro de 2000, o conflito culminou na sua auto-nomeação como Chefe do EMGFA e, dias depois, como Comandante Supremo das Forças Armadas (função que, segundo a Constituição, cabia ao PR). As tropas leais ao Governo tomaram a base militar onde Ansumane Mané se havia entrincheirado, acabando este por ser morto em circunstâncias obscuras, na mata de Quinhamel, a 30 de Novembro de 2000.

Em 28 de Fevereiro de 2001 a ANP começou a discutir a revisão constitucional e a 5 de Abril aprovou e decretou uma nova «*lei fundamental*», que correspondia a uma revisão total da Constituição de 1993. Considerava-se no preâmbulo que a Constituição vigente, como tinha sido «revista para possibilitar a transição de um modelo para outro», não espelhava «a configuração de um modelo material» que resumisse «os consensos obtidos» sobre os princípios do Estado de direito democrático. Além disso, pretendia-se «uma Constituição harmoniosa e estruturada com base nos princípios de uma democracia pluralista», que criasse «condições para um processo estável da sociedade guineense», permitindo alternâncias políticas «sem sobressaltos».

---

[357] Cfr. o relatório do Secretário-Geral da ONU, *S/2000/250*, de 24 de Março de 2000.

O novo texto constitucional provinha do longo processo constituinte iniciado na anterior legislatura, em 1997, ou seja, ainda antes do conflito militar. As fontes mais importantes desta Constituição de 5 de Abril de 2001 foram a Constituição vigente – que o novo texto procurava aperfeiçoar e desenvolver – e, mais uma vez, a Constituição portuguesa. O art. 303.° (e último) previa que a Constituição entraria em vigor «a partir do dia 5 de Julho de 2001», portanto, três meses após a sua aprovação.

Mas o PR Koumba Yala não concordou e, a 23 de Maio, comunicou à ANP a sua recusa de promulgação, ou seja, aparentemente, o seu veto. De forma ínvia, através de uma "declaração" (ou "pedido de reapreciação"), transmitia a discordância quanto à redução de poderes do PR – segundo parece, tratar-se-ia da presidência do Conselho de Ministros e da nomeação das chefias militares, já que ambas passavam a depender de proposta do Governo. Ora, agravando o conflito, o próprio texto constitucional recém-aprovado previa expressamente no art. 300.° que, de futuro, o PR não podia recusar a promulgação da lei de revisão. Além disso, incluía, na parte final, a fórmula a adoptar na (presente) promulgação presidencial, só faltando, pois, a (efectiva) assinatura do PR. Assim, e antes de mais, era estranho o sentido daquela recusa de promulgação pelo PR, uma vez que, perante a lacuna do texto sob revisão, era duvidosa a existência de direito de veto e, em caso afirmativo, se ele poderia ser superado e qual a maioria de confirmação. Cautelarmente, a ANP, face ao imbróglio e às objecções do PR, decidiu reiterar a votação, aprovando novamente o texto.

Como, apesar disso, o PR não promulgava, o impasse arrastou-se. Simultaneamente, a situação socioeconómica agravava-se e intensificavam-se as tensões entre todos os poderes e órgãos do Estado (executivo, legislativo e judicial). O PR exonerou e mandou prender o Presidente e o Vice-Presidente do STJ, interveio na comunicação social, ameaçou invadir a Gâmbia e travou discussões públicas com a oposição, que, por seu lado, pretendia a sua impugnação «por inépcia»; as autoridades militares serviam como mediadoras nos conflitos entre o PR e o Primeiro-Ministro e afirmavam-se cada vez mais na cena política e nos bastidores, como se tivessem funções de supervisão do jogo político.

Vivendo «momentos conturbados», a Guiné-Bissau parecia não parar na «corrida para o fundo» e o regime estava «seguramente para

226   *Invenção e Construção da Guiné-Bissau*

além de qualquer definição de democracia»[358]. Entre 2000 e 2003, Koumba Yala nomeou quatro Primeiros-Ministros, de origem balanta: o jurista Caetano N'Tchama (n. 1955), o sociólogo Faustino Imbali (n. 1956), o engenheiro agrónomo Alamara Nhassé (n. 1957) e o seu chefe de gabinete Mário Pires (n. 1949). O primeiro governo foi de coligação; o segundo e o terceiro, minoritários do PRS; o último, de gestão (ou de "iniciativa presidencial").

Como causa e consequência do fracasso da governação, apontava-se a "balantização" do poder, não tanto pela circunstância de os balantas serem a maior etnia guineense e controlarem o partido que sustentava o Presidente Koumba Yala, como pela «quase directa transposição para o Estado da imediatista (e potencialmente predadora) lógica de gestão de tabanca»[359]. A renovação da classe dirigente feita pelo PRS levara a Guiné a mergulhar numa «ditadura dos incompetentes»[360].

Em 15 de Novembro de 2002 (antes da abertura da sessão legislativa da ANP) e num clima de instabilidade crescente, o PR demitiu o Governo e dissolveu a ANP, fundamentando o seu decreto na «falta de credibilidade e de confiança interna e externa nas instituições da República» e responsabilizando a Assembleia (que acusou de «actos subversivos») e o Governo (que acusou de corrupção) pela «degradante situação política, económica e social»[361]. Foi formado um governo de gestão e aprazadas eleições legislativas para dentro de três meses, isto é, a realizar em Fevereiro de 2003.

O relatório da missão do FMI que visitara o território ainda em Novembro, desdobrava-se em alertas, considerando que a Guiné-Bissau atravessava um «período muito difícil» e mergulhara numa «espiral descendente». Em 13 de Dezembro, o Conselho de Segurança da ONU, apreciando o relatório trimestral sobre a situação no país, revelava a sua preocupação e a necessidade de medidas, convidando o PR Koumba Yala a «aplicar-se» na promulgação da Constituição e solicitando apoio inter-

---

[358] Carlos Lopes, "Haverá Estado na Guiné-Bissau?", in *Seara Nova*, n.º 77, Verão 2002 (p. 46).

[359] Eduardo Costa Dias, "Guiné-Bissau entre a tabanca e o Estado de direito – Para quando a estabilização política?", in *Seara Nova*, n.º 77, Verão 2002 (pp. 47/49).

[360] Pedro Rosa Mendes, "Guiné: A ditadura dos incompetentes", in *Público*, de 4/3/2001, pp. 16/17.

[361] Cfr. Ana Dias Cordeiro, "Koumba Ialá dissolve Assembleia na Guiné", in *Público*, de 16/11/2002, p. 18.

nacional para a organização das eleições legislativas. Durante o primeiro semestre de 2003 a situação piorara ainda. Continuava a incerteza quanto à realização de eleições (marcadas inicialmente para 20 de Abril, mas adiadas por falta das «condições orgânicas» impostas pela CNE e pelos "países doadores"). O PR defendia-se sustentando que o não funcionamento da ANP impedia qualquer solução quanto à questão constitucional bem como a eleição de novos Presidente e Vice-Presidente do STJ (duas condições impostas pela comunidade internacional); a oposição queixava-se de medidas governamentais arbitrárias, de restrições aos meios de comunicação social, prisões ilegais, violências policiais e limitações às liberdades de deslocação e expressão; sucessivas remodelações ministeriais (particularmente a demissão dos Ministros do Interior e da Defesa, em Abril, por «denúncia caluniosa» do PR e alegado envolvimento num golpe de Estado) punham em causa a continuidade governamental. Koumba Yala fazia publicar os seus aforismos, em dois volumes, com os quais pretendia «apenas dar algumas contribuições, dentro do possível, para a percepção de alguns pontos da Democracia pluralista»[362]. A situação socioeconómica agravava as tensões políticas, a função pública não recebia salários há vários meses e a miséria atingia cada vez mais famílias; eram evidentes o mal-estar e o descontentamento nos quartéis, com as chefias militares a exigirem a demissão do Executivo. Vivia-se uma crise «como nunca se viu»[363]. As eleições legislativas estavam agora previstas para 6 de Julho de 2003, mas a sua preparação decorria muito lentamente.

Para a ONU a situação política e socioeconómica era «alarmante», o país estava em «mau caminho», as eleições seriam «a hora da verdade». A delegação local da ONU tentava encorajar o diálogo entre Governo e Oposição, avançando com um programa para consolidar o processo de reconciliação nacional e promover a prevenção de conflitos. O Conselho de Segurança debateu a situação na sessão de 19 de Junho e o Secretário-Geral enviou uma nova missão para examinar a viabilidade de eleições transparentes, justas e credíveis.

---

[362] Koumba Yala, *Os pensamentos políticos e filosóficos*, Bissau, Editora Escolar, 2003, prefácio.

[363] Ana Dias Cordeiro, "Guiné-Bissau vive uma crise 'como nunca se viu'", in *Público*, de 9/5/2003, p. 20.

A visita desta delegação permitiu «renovar o diálogo entre a comunidade internacional e o Governo da Guiné-Bissau» e avançar no processo eleitoral, desde logo com a necessária actualização do recenseamento. O PR mais uma vez adiou as eleições legislativas, marcando-as para 12 de Outubro de 2003. Em resumo, as eleições antecipadas para Fevereiro de 2003 tinham sido sucessivamente adiadas, primeiro, para Abril, depois, para Julho e, por último, para Outubro (data que, aliás, em Setembro, a CNE considerou inviável, por deficiência do recenseamento eleitoral).

A Guiné-Bissau passara a pertencer à categoria dos *Estados-falhados*?

Categoria relativamente recente, consequência do fim da "guerra fria" (que impedira a sua emergência) e da globalização económica, fenómeno não previsto na Carta das Nações Unidas, mas resultante da desintegração violenta de certos Estados e servindo para a intervenção da ONU em operações de manutenção da paz, não tem, ainda, contornos bem definidos. Numa primeira aproximação, para casos extremos de destruição nacional, em que grupos rebeldes disputavam o monopólio da violência, levando à implosão de Estados-Nação em vias de desenvolvimento, falou-se de *Entidades caóticas ingovernáveis*[364].

Posteriormente, desenvolvendo os conceitos perante a diversidade de situações, há quem distinga essencialmente entre "Estados-falhados" (*failed states*) e " Estados-em-decomposição" (*failing states*) ou até, numa grelha mais ampla, quem considere cinco tipos de Estados-falhados: Estados-anárquicos (*anarchic states*); Estados-fantasma ("*phantom state, mirage state*"); Estados-anémicos (*anaemic states*); Estados-sequestrados (*captured states*); e ainda, Estados nado-mortos (*aborted states*)[365].

De uma forma geral, os Estados-falhados resultam da extrema fragilidade do Estado moderno, nacional e soberano e tendem a aparecer no seguinte contexto:

(1)- situam-se em certas áreas geográficas (no chamado Terceiro Mundo) de pobreza endémica;

---

[364] Assim, Oswaldo de Rivero, "Estados em ruínas, pequenas guerras sem fim – Entidades caóticas ingovernáveis", in *Le Monde diplomatique*, edição portuguesa, Abril 1999, Ano I, n.º 1, pp. 2/3.

[365] Cfr. Juan Álvarez Cobelas, "El África Subsahariana y el concepto del *Falling State*: sus consequencias en el derecho internacional", apud Francisco Javier Peñas (ed.), *Africa en el sistema internacional*, Madrid, Universidad Autónoma, 2000 (pp. 131 a 163).

(2)- geralmente, são palco de guerras internas, duradouras e com causas endógenas;

(3)- são quase todos produtos típicos da colonização europeia, resultantes de uma descolonização mal preparada, atravessados por graves problemas de convivência interétnica e com escassa estruturação social;

(4)- as instituições dominantes, são as Forças Armadas e o Partido único, ambos de base monoétnica, enquanto a sociedade civil é muito débil e fortemente militarizada.

Numa tentativa de restringir e adequar a situação à África subsariana, dir-se-á que a categoria de Estado-falhado, usada em sentido próprio ou rigoroso, decorre da conjugação dos seguintes aspectos ou características:

a) um conflito armado interno;

b) colapso ou desaparecimento da autoridade governamental;

c) paralisação ou dissolução do aparelho jurídico-administrativo;

d) graves e contínuas violações de direitos humanos em grande escala;

e) ausência de uma autoridade capaz de responsabilizar-se internacionalmente.

Nos últimos tempos, a República da Guiné-Bissau apresentava e preenchia cada vez mais estas características, deixando de funcionar como ordem legítima. Por isso, o Banco Mundial integrou-a num rol de 25 Estados-falhados, criando a categoria de *Low-Income Country Under Stress* (LICUS); por sua vez, segundo o painel (mundial) elaborado anualmente pela revista *FP – Foreign Policy*, a Guiné-Bissau tem piorado sempre a sua situação: 46.º lugar em 2006, 38.º lugar em 2007, 32.º lugar em 2008 e 27.º lugar em 2009, aproximando-se da chamada «situação crítica». Consequentemente, a comunidade internacional, sobretudo através da ONU, passou a exercer ou a tentar novas e efectivas formas de protectorado internacional[366].

---

[366] Cfr. o resumo de Sílvia Roque, "Peacebuilding Processes and Weakening Strategies in the States of Angola, Guinea-Bissau and Mozambique: A Comparative Study", in Martin Doornbos, Susan Woodward, Sílvia Roque, *Failing States or Failed States? The Role of Development Models: Collected Works*, Documento de trabajo 19, Fevereiro de 2006, 2.ª ed., in www.fride.org, e a invocação de uma intervenção da

230 Invenção e Construção da Guiné-Bissau

Mas, ainda no fim do século, assistia-se a outras profundas mudanças como consequência da associação de práticas criminosas colectivas ou altamente organizadas com instituições estaduais. Uma tal *criminalização* da política e do Estado resultaria da conjugação dos seguintes seis factores[367]:

(1)- uso da violência para fins privados e ao serviço das estratégias de acumulação de riqueza por parte dos órgãos do poder;

(2)- existência de uma estrutura colectiva secreta que pode, com impunidade, recorrer a meios violentos e ilegítimos, especialmente sob a forma de "gangs" organizados;

(3)- participação dessas estruturas colectivas e semi-clandestinas em actividades económicas consideradas criminosas pela lei internacional ou classificadas como tal pelas organizações internacionais;

(4)- inserção de tais actividades económicas nas redes internacionais do crime;

(5)- osmose entre a cultura historicamente constituída e específica de tais actividades com os processos de globalização;

(6)- amplitude macroeconómica e macropolítica de tais práticas.

Chegava-se, então, a uma conclusão algo paradoxal. De facto, por um lado, na época, só Guiné Equatorial, Comores e Seychelles poderiam ser concretamente qualificados como *Estados-criminosos*. Vários outros Estados preenchiam "apenas" os indicadores típicos da chamada «política do ventre», nas formas "clássicas" de corruptores, predadores ou cleptocratas (como eram os casos do Senegal, Costa do Marfim, Gabão, Zimbabué, Tanzânia e Namíbia); outros apresentavam alguns indicadores económicos mais positivos (Gana, Uganda, Botswana, Mali, Burkina-Faso); finalmente, um quarto grupo correspondia, sobretudo, a organizadores de grande contrabando (Gâmbia, Benim, Moçambique).

Na altura, a relação entre a economia internacional do comércio de drogas e a arena política era menos "íntima" e menos substancial do que a

---

comunidade internacional feita por Andrea E. Ostheimer "The structural crisis in Guinea--Bissau's political system", in *African Security Review,* Vol. 10, n.º 4, 2001.

[367] Cfr. Jean-François Bayart, Stephen Ellis e Béatrice Hibou, *The Criminalization of the State in Africa*, (tradução inglesa), Oxford, James Currey, 1999, pp. 25/26.

verificada na América Latina ou em alguns Estados asiáticos. Embora parecesse existir uma relação directa entre estratégias de guerra ou de luta armada e a venda ou distribuição de drogas (como acontecia, por exemplo, na Libéria e na Serra Leoa ou, em menor escala, no Chade, Ruanda e Burundi), não existia nenhum país a sul do Sara que pudesse ser comparado, por exemplo, ao Afeganistão ou ao Peru. No entanto, em algumas partes de África, a classe política mantinha relações com comerciantes de droga, através de familiares de titulares do poder, e surgiam milícias ou bandos armados ligados a partidos político com relações estreitas ao comércio de drogas[368].

Nessa época, a Guiné-Bissau não era considerada abrangida por esta *criminalização do Estado*. No entanto, a partir de 2005, vários casos e manifestações de crescimento do narcotráfico apontavam para novas formas de criminalização.

---

[368] Idem, *ibidem*.

CAPÍTULO IX – Estado de excepção (III): a Carta de Transição Política, de 2004

Na madrugada de 14 de Setembro de 2003, o general Veríssimo Seabra, Chefe do EMGFA ainda do tempo da Junta Militar, liderou outro golpe de Estado, em nome de um *Comité Militar para a Restituição da Ordem Constitucional e Democrática*. Sem grande surpresa, tanto mais que se vivia uma época de profunda desestabilização da África Ocidental propícia a rebeliões, tentativas e golpes de Estado – Costa do Marfim (desde 2002), Senegal (em 2003/2004), S. Tomé e Príncipe (Julho de 2003), Libéria (Agosto de 2003), Burkina-Faso, Mauritânia (Outubro de 2003) – que pareciam acarretar um «desmoronamento geral»[369].

Não houve tiros nem feridos, o apoio foi generalizado, «desde os partidos às igrejas e organizações da sociedade civil», pelo que, afinal, o «único 'tiro real' apenas atingiu o processo eleitoral» a que, mais cedo ou mais tarde, teria de se voltar pois «sem governos saídos das urnas não entra dinheiro de fora nos cofres do Estado»[370].

O PR deposto ficou sob residência vigiada e, em 17 de Setembro, leu e assinou publicamente uma extensa *"Declaração"*, que abria com seis parágrafos (ou considerandos) relativos à proposta de «um compromisso»

---

[369] Pierre Franklin Tavares, "Pourquoi tous ces coups d'Etat?", in *Résistances Africaines, Manière de voir/Le Monde Diplomatique*, n.º 79, 2005, p. 74.

[370] Onofre dos Santos, *Eleições em tempo de cólera*, Luanda, Chá de Caxinde, 2006, p. 33 – trata-se do jurista que chefiava a Missão de Observação Internacional (actualmente, Juiz Conselheiro do Tribunal Constitucional da República de Angola). Fora, também, o Coordenador das Nações Unidas dos Observadores Internacionais nas eleições de 1994 sobre as quais publicou a obra essencial, *Um sorriso para a democracia na Guiné--Bissau*, Lisboa, PAC – Artes Gráficas, Lda., 1996.

com a chefia das Forças Armadas. Entre as suas nove cláusulas constava, sob o n.° 3, a decisão de «deixar o cargo» de PR. Tratava-se de uma declaração equívoca, não só quanto ao teor do texto (que teve várias versões), como, sobretudo, à sua interpretação (e que, mais tarde, o próprio Koumba Yala iria impugnar e tentar revogar). Entretanto, em 28 de Setembro, após complexas negociações e vários adiamentos, o Comité Militar juntamente com 23 dos 24 partidos políticos legalmente constituídos e tendo como testemunhas um representante da sociedade civil e o Embaixador do Brasil, assinaram uma *Carta de Transição Política*, destinada a constituir «o quadro jurídico e político para a condução à legalidade e à normalidade constitucionais». Estes dois documentos (a *Declaração* de Koumba Yala e a *Carta de Transição Política*) não foram oficialmente publicados, antes "depositados" no STJ.

Essencialmente, a *Carta* previa uma transição com duas fases: uma primeira, até às eleições legislativas (a realizar no prazo máximo de seis meses); e uma segunda, até à posse do novo PR (cuja eleição se realizaria «no prazo máximo de um ano a contar da tomada de posse dos deputados eleitos»). Os órgãos do poder político eram quatro: o PR transitório (sem poderes de direcção política e, correctamente, não qualificado de "interino", pois, apesar da renúncia, a substituição não se fizera nos termos constitucionais), o Comité Militar para a Restituição da Ordem Constitucional e Democrática, o Conselho Nacional de Transição e o Governo de Transição. O órgão decisivo durante a primeira fase seria o Conselho Nacional de Transição (cujo mandato terminaria com a posse da nova ANP), visto que lhe competia não só fiscalizar a actividade dos demais órgãos e pronunciar-se sobre «as questões fundamentais de política interna e externa do Estado» (art. 7.°, n.° 1), como apreciar e deliberar sobre todas «as questões não consensuais no decurso das discussões para a adopção» da *Carta* (art. 27.°). Espécie de "mini-parlamento", era dominado pelo Comité Militar, sendo composto pelos 26 generais ou oficiais superiores das Forças Armadas, os representantes dos referidos 23 partidos políticos e os representantes das 8 organizações da sociedade civil.

Tratava-se de outro estado de excepção e a Constituição voltava a ser parcialmente suspensa. A organização do poder político, excepto no que respeitava ao poder local e ao poder judicial, passava a reger-se pelos 29 artigos que compunham a *Carta*.Todavia, não ficara claro o enquadramento da segunda fase da transição, quando iriam coexistir órgãos consti-

O *Estado das Constituições Bissau-Guineenses* 235

tucionais (a ANP e o Governo formados na sequência das eleições legislativas) com os demais órgãos de transição, ou seja, o PR (cujo mandato só terminava com a posse do PR eleito) e o Comité Militar (que, após as legislativas, passaria a exercer funções consultivas do PR e só se extinguiria com o fim do período de transição política)[371]. Aparentemente, continuava a vigorar «meia Constituição» – além do articulado referente ao poder judicial e ao poder local, deviam considerar-se vigentes os artigos contidos nos títulos e capítulos sobre os princípios e direitos fundamentais –, sendo a *Carta de Transição Política* objecto de críticas por, quanto ao sentido, ser «ambígua e contraditória, para além de redundante» e, quanto ao alcance, ser imprecisa ao «permitir a rediscussão de todas as matérias no seio do Conselho Nacional de Transição»[372].

Como quer que seja, a Comunidade Internacional – que, de imediato condenara o golpe e apelara à restauração da ordem constitucional – mitigou a sua condenação. Congratulou-se pela aprovação desta *Carta de Transição Política*, reabrindo a via à realização de eleições gerais, e mostrou-se relativamente optimista com a tomada de posse do PR de Transição, Henrique Rosa, um civil escolhido por consenso. Para Chefe do Governo de Transição foi designado Artur Sanhá (n. 1965), secretário-geral do PRS e aparentemente imposto pela hierarquia militar balanta.

Apesar da gravidade da crise social e política, revelaram-se factores positivos: a normalização das instituições fundamentais do poder, sobretudo pela recomposição do STJ e pelo papel moderador desempenhado pelo PR de Transição e pelo chefe das Forças Armadas, e sinais de uma gestão governamental rigorosa na economia e finanças.

Efectivamente, as eleições legislativas realizaram-se na data marcada, 28 de Março de 2004. Estavam recenseados 603.639 eleitores, votaram 460.254 (a abstenção foi de 23,75%), apurando-se 19.682 votos

---

[371] A questão foi mesmo sujeita à apreciação do STJ. Ver Filipe Falcão Oliveira, *Direito...*, cit., pp. 134 e segs., e Juliano Fernandes, "Compatibilização da Carta de Transição Política com a Constituição da República", in *Boletim da Faculdade de Direito de Bissau*, n.° 8, Centro de Estudos e Apoio às Reformas Legislativas/AAFDL, s. d., pp. 87 e segs. Note-se que a aplicabilidade das normas relativas ao poder local não era significativa, pois nunca se realizaram eleições autárquicas; já a regularização do poder judicial foi uma das primeiras tarefas dos órgãos de transição (cfr. *Deliberação n.° 11/2003, de 13 de Novembro, do Conselho Nacional de Transição sobre o Supremo Tribunal de Justiça*).

[372] Onofre dos Santos, *Eleições...*, cit., pp. 54 e 41, respectivamente.

236 *Invenção e Construção da Guiné-Bissau*

brancos e 10.420 nulos. Não se realizaram as eleições dos 2 deputados correspondentes aos círculos "Europa" e "África", pelo que o total de deputados eleitos foi de 100. A conversão dos votos em mandatos foi a seguinte:

- PAIGC: 45 deputados;
- PRS: 35 deputados;
- PUSD (Partido Unido Social-Democrata, de Francisco Fadul): 17 deputados;
- UE (União Eleitoral): 2 deputados;
- APU (Aliança Popular Unida): 1 deputado.

Em Bissau, entre as eleições e a publicação oficial dos resultados, reinava a ansiedade; depois, alguma perturbação. Houve reclamações (para a CNE) e três recursos de contencioso eleitoral (para o STJ). As eleições foram consideradas pelos observadores internacionais «livres, equitativas e transparentes» e o Conselho de Segurança da ONU felicitou a população pelo sentido cívico demonstrado, incitando os partidos políticos a trabalharem pela reconciliação nacional e pelo regresso à normalidade constitucional, bem como pela paz, estabilidade, unidade e democracia. Enfim, os partidos aceitaram a composição da ANP e a sua abertura oficial, em 7 de Maio de 2004. O Conselho Nacional de Transição cessou funções e o PR de Transição nomeou o líder do PAIGC, Carlos Gomes Júnior (n. 1949), como Primeiro-Ministro. Foi constituído um Governo homogéneo (embora com dificuldades de última hora) do PAIGC (de 24 membros e múltipla representação étnica), empossado, a 12 de Maio, perante várias delegações estrangeiras. Preocupado com a estabilidade governativa, o PAIGC negociou um acordo de apoio e cooperação parlamentar com o PRS, que fora a segunda força mais votada e parecia ter-se tornado, segundo a sociologia dos resultados eleitorais, um "partido nacional", já não exclusivamente assente na etnia balanta.

Em Junho, o relatório do Secretário-Geral da ONU destacava a acalmia na situação geral do país, apesar da instabilidade nas forças armadas; de resto, a reconciliação das diferentes facções e a reorganização das forças armadas apresentavam-se como prioridades absolutas do Governo.

Mas o processo de democratização continuava frágil. Em 6 de Outubro ocorreu novo levantamento militar – que, afinal, não teria passado de mera "insubordinação militar" contra a corrupção e o não pagamento de salários ou, noutra interpretação, de um ajuste de contas pela "execução" de Ansumane Mané. Esta nova sublevação teve graves sequelas, pois saldou-se em duas mortes (entre elas, o Chefe de EMGFA e anterior Presidente do Comité Militar, general Veríssimo Seabra) e os amotinados obtiveram a nomeação do Chefe de EMGFA, general Tagmé Na Waie, e a posterior designação das demais chefias militares.

Estas últimas nomeações militares, após o assassinato impune do general Veríssimo Seabra e resultantes de um acto de força, comprovavam a debilidade das autoridades civis, a partidarização das forças armadas e o seu controlo pela etnia balanta. Mais uma vez se questionava a existência de Estado na Guiné-Bissau[373].

Em 22 de Dezembro, o Conselho de Segurança, através da resolução 1580 (2004), decidiu prorrogar, por um ano, o mandato da Delegação de Apoio para a Consolidação da Paz (ONUGBIS), reforçando os seus poderes e funções. Entretanto, começou a preparar-se a eleição presidencial, que deveria ocorrer até 7 de Abril de 2005, embora o seu adiamento fosse previsível, dado o atraso no processo eleitoral.

Numa cidade de Bissau sob «alta tensão»[374], as eleições presidenciais foram finalmente marcadas para 19 de Junho de 2005, pelo PR transitório, após depósito de uma *Adenda à Carta de Transição* no STJ, com o objectivo de prorrogar o respectivo prazo. No entanto, a aceitação pelo STJ das candidaturas dos ex-Presidentes da República, quer Nino Vieira (que voltava do exílio, tendo apoio financeiro e logístico dos governos da Guiné-Conacri e, sobretudo, do Senegal e eventuais garantias das chefias militares), quer Koumba Yala (que continuava a liderar o PRS e pretendeu mesmo retomar a PR, para «concluir o mandato»), trouxe muita polémica à sociedade guineense e muitas preocupações à comunidade internacional.

Em 31 de Março de 2005, o Conselho de Segurança, após consultas à porta fechada e perante a eventual candidatura de Koumba Yala, emitiu um comunicado exortando os actores políticos guineenses a defenderem um processo eleitoral pacífico e evitando quaisquer hostilidades étnicas ou religiosas. A 13 de Abril – em declarações que repetirá a 16 de Maio, um mês antes das eleições –, o Secretário-Geral Kofi Annan mostrava-se

---

[373] J. A. Azeredo Lopes, "A Guiné-Bissau ainda é um Estado?", in *Público*, de 17/10/2004 (p. 11).

[374] Onofre dos Santos, *Eleições...*, cit., pp. 301 e segs.

238 Invenção e Construção da Guiné-Bissau

«muito preocupado» com a agudização das tensões políticas e sociais, tentando promover o diálogo para que as eleições fossem pacíficas e credíveis; depois, em 29 de Abril, decidiu nomear o ex-Presidente da República de Moçambique, Joaquim Chissano, como enviado especial.

À 1.ª volta das eleições presidenciais apresentaram-se 13 candidatos. A 2.ª volta realizou-se em 24 de Julho, «em condições pacíficas, livres, regulares e transparentes», concluía o relatório da ONU. A esta 2.ª volta concorreram Nino Vieira (que seria proclamado vencedor, com 52,35% dos votos, beneficiando do apoio de Koumba Yala e do voto balanta) e o candidato do PAIGC "oficial" e do Governo, Malam Bacai Sanhá (que obteve 47,65%). A sociologia da votação apresentava-se estranha e a reiterada recusa deste último em aceitar os resultados, provocou «amargura e graves divisões políticas»[375]. Mas, por acórdão de 26 de Agosto, o STJ declarou não existirem elementos de prova bastantes para deferir a anulação dos resultados eleitorais pretendida pelo PAIGC.

A comunidade internacional insistiu na solução dos diferendos por via do diálogo. Finalmente, Nino Vieira tomou posse como PR em 1 de Outubro de 2005, comprometendo-se a promover a reconciliação nacional e a velar pelo respeito do Estado de direito. Com a posse do PR terminava este período de excepção constitucional que a Guiné-Bissau atravessava desde o golpe de Estado de 14 de Setembro de 2003.

Restaurava-se, integralmente, a Constituição de 1993. Será a sua terceira vigência.

Porém – apesar de algumas divisões no interior das Forças Armadas –, o controlo da situação parecia depender afinal do general Tagmé Na Waie, que intervinha nos negócios políticos, defendendo vigorosamente princípios democráticos, atacando a corrupção e mantendo uma relação ambígua com o PR, Nino Vieira.

---

[375] Relatório do Secretário-Geral da ONU, *S/2005/575*, de 12 de Setembro de 2005. Ver Carlos Sangreman, Fernando Sousa Júnior, Guilherme Zeverino e Miguel Barros, *A evolução política recente na Guiné-Bissau – as eleições presidenciais de 2005,* Lisboa, CEsA, Colecção Documentos de Trabalho n.º 70, 2006 (também publicado in *Boletim da Faculdade de Direito de Bissau*, n.º 8, pp. 723 e segs.) e, em especial, quanto ao contencioso eleitoral, E. Kafft Kosta, *Estado de Direito...*, cit., pp. 736 e segs.

CAPÍTULO X – A terceira vigência da Constituição de 1993 e o *Estado-paralelo*

A eleição presidencial agravara as divisões no seio da classe política e, em particular, entre os deputados do PAIGC. As difíceis relações de "coabitação" entre o PR, Nino Vieira, e o PM, Carlos Gomes Júnior, levaram à demissão do Governo, por iniciativa do PR, logo em 25 de Outubro desse ano de 2005. Em 1 de Novembro, foi designado novo PM, o sociólogo Aristides Gomes (n. 1954), dissidente do PAIGC. Perante esta unilateral substituição do Governo, o PAIGC "institucional" requereu a fiscalização da constitucionalidade.

O STJ, através do Acórdão n.º 1/06, de 25 de Janeiro de 2006, conhecendo da questão, decidiu «não julgar inconstitucional o Decreto Presidencial n.º 55/2005, de 1 de Novembro» entendendo, em suma, que; *a)*- sendo o sistema de governo semipresidencial, um dos poderes principais do PR é a nomeação do Primeiro-Ministro, sobre a qual «detém uma substancial discricionariedade política»; *b)*- nada impede juridicamente que o PR nomeie um PM «da sua confiança pessoal, sem apoio parlamentar explícito à partida»; *c)*- na actual legislatura, o partido mais votado (PAIGC) não dispõe de maioria absoluta, «podendo, eventualmente, haver outros arranjos» com os demais partidos de forma a que, «por junto», se alcance uma maioria absoluta.

Antes, em 9 de Novembro de 2005, fora empossado o novo e heteróclito Governo, apoiado por um *Fórum de Convergência para o Desenvolvimento* (FCD), integrado pelos dissidentes do PAIGC e pelos partidários do PRS (do deposto PR e ex-candidato Koumba Yala, apoiante de Nino Vieira na 2.ª volta das presidenciais) e do PUSD (do antigo PM de transição Francisco Fadul).

Além da tensão política e da gravidade da situação económica, o Conselho de Segurança da ONU começava a mostrar «crescente preo-

240 *Invenção e Construção da Guiné-Bissau*

cupação» com o aumento da criminalidade e da insegurança, até porque o território da Guiné-Bissau estava «a ser usado como um ponto de trânsito para o tráfico de drogas entre a América do Sul e a Europa, como provam as crescentes apreensões de narcóticos»[376].

Nos primeiros meses de 2006, enquanto o país continuava a sofrer com a fraqueza das instituições e com a crise económico-social, mantinham-se – sobretudo, a propósito da aprovação parlamentar do programa do Governo e do Orçamento – a desconfiança, a intolerância e os antagonismos entre os principais protagonistas. Não obstante, desenvolveram-se a partir de Março vários esforços (mediante a intervenção do PR e, na sociedade civil, com a realização de uns "Estados Gerais") visando a reconciliação nacional e a estabilidade institucional, enquanto os dois mais importantes partidos políticos (o PAIGC e o PRS) procuravam reintegrar os seus dissidentes e superar as dificuldades internas. Porém, quer o regresso político de Koumba Yala (que passou a fazer longas estadias em Marrocos), quer as acusações de imperícia e corrupção, punham em causa a estabilidade governamental[377].

No início de 2007 o clima político estava perturbado pelas divergências quanto à substituição de deputados na ANP, pelo assassinato a tiro do ex-Chefe de Estado-Maior da Armada, Lamine Sanhá (adepto do falecido brigadeiro Ansumane Mané), pelo asilo do anterior PM Carlos Gomes Júnior (com um mandado de captura, por declarações a um jornalista) nas instalações da ONU e, até, pela generalizada instabilidade na vizinha República da Guiné-Conacri.

E, em 12 de Março, alterou-se o esquema de alianças políticas. Aparentemente aliados contra a "linha" que unia o PR ao Governo de Aristides Gomes e visando limitar os poderes do PR, os três principais partidos políticos (o PAIGC, o PRS e o PUSD) assinaram dois documentos: um *Pacto de Estabilidade Política Nacional* (para ser válido por um período de «duas legislaturas, independentemente dos resultados eleitorais das partes signatárias») e um *Acordo de Estabilidade Governativa e Parlamentar* (destinado à «formação de um Governo de Consenso Nacional com base parlamentar maioritária integrando representantes

---

[376] Relatório do Secretário-Geral da ONU, *S/2005/752*, de 2 de Dezembro de 2005.

[377] Cfr. os quatro relatórios do Secretário-Geral da ONU sobre a evolução da situação em 2006: o *S/2006/162*, de 14 de Março, o *S/2006/487*, de 6 de Julho, o *S/2006/783*, de 29 de Setembro, e o *S/2006/946*, de 6 de Dezembro.

O Estado das Constituições Bissau-Guineenses

dos Partidos com e sem assento parlamentar e a sociedade civil, capaz de assegurar a Estabilidade política e Governativa do País, até à realização das próximas eleições legislativas»). Neste último previa-se que o PAIGC escolheria o Primeiro-Ministro (haveria de ser «figura de consenso entre as partes») e que o preenchimento das restantes pastas ministeriais e secretarias de Estado se faria «na proporção de 40% para o PAIGC e o PRS, 15% para o PUSD e 5% para os restantes partidos com ou sem assento parlamentar e a sociedade civil».

Na sequência destas assinaturas, os deputados do PRS e do PUSD renunciaram ao *Fórum de Convergência para o Desenvolvimento*, tornando impossível a «sobrevivência» do Primeiro-Ministro e procurando impelir à formação de um novo governo. Todavia, a conjuntura política era complexa e incerta, tanto mais que, para o PR, não se verificavam «razões objectivas» que justificassem «a demissão ou a queda do Governo». Então, na sequência de um processo jurídica e politicamente controverso, a ANP, em 19 de Março, aprovou uma moção de censura (por 51 votos a favor, 25 contra e 8 abstenções). Constitucionalmente, esta moção de censura acarretava a demissão do Governo liderado por Aristides Gomes – como o PR confirmaria por comunicado de 27 de Março. Por decreto presidencial de 9 de Abril, foi, então, anunciada a nomeação de outro PM, Martinho N'Dafa Cabi (n. 1957), licenciado em Economia do Trabalho e que, além de Vice-Presidente do PAIGC, beneficiava do apoio do chefe do EMGFA.

O novo Governo – o terceiro da presente legislatura (2004-2008) – tomou posse a 17 de Abril, mas na sua composição não foi completamente respeitado o plano de distribuições de pastas ministeriais constante do citado *Acordo de Estabilidade Governativa e Parlamentar.* O programa do Governo só viria a ser aprovado (por 85 votos a favor e 2 contra) em Novembro, e o PM não deixou de destacar as várias e imensas prioridades: o restabelecimento da autoridade do Estado, a reconciliação nacional, o combate ao tráfico de droga, a reforma da organização judiciária, o saneamento das finanças públicas, a regularização dos salários na função pública, o fornecimento da energia eléctrica e a realização das eleições legislativas em 2008.

Politicamente, a assinatura deste *Pacto de Estabilidade* correspondia a uma vitória do Parlamento sobre o PR, pois permitia à ANP desempenhar um papel decisivo, como, aliás, é próprio do sistema semipresidencial. Por outras palavras, em análise mais refinada, o processo que levou a esta mudança de Governo correspondeu a «uma guinada partidária-parlamentar em resposta à guinada presidencialista que o governo do *Forum*

242 *Invenção e Construção da Guiné-Bissau*

representava», tendo a moção de censura comprovado que «o Executivo não pode ser um Governo de apoiantes da candidatura do Presidente da República. Foi uma espécie de vingança do Parlamento»[378].

Porém, a gravidade da situação provinha sobretudo da expansão do tráfico de droga, que tornara o território um trampolim para transporte da América Latina para a Europa. A República da Guiné-Bissau começava a ser qualificada de *narco-Estado* – qualificativo que, desde 2005, fora, primeiro usado em surdina e, depois, pelos jornalistas já que, no caso, se conjugavam visivelmente algumas características dos chamados "Estados--falhados" com a circunstância de «pessoas bem colocadas no topo da hierarquia do Estado» serem «cúmplices» e beneficiarem desse tráfico[379]. Na verdade, tinham ocorrido alguns episódios de captura (e desaparecimento) quer de grandes quantidades de droga quer de aviões, barcos e mesmo traficantes e, nos finais de 2007, a Ministra da Justiça, Carmelita Pires, apresentou uma primeira lista de políticos, militares e polícias da Guiné-Bissau envolvidos em actividades ilegais[380].

Com vista a um melhor enquadramento nos domínios da ciência política e relações internacionais, será preferível utilizar a terminologia *Estado-paralelo* precisamente para descrever o nexo clandestino entre a liderança política formal e as facções no interior do aparelho de Estado com o crime organizado e/ou os especialistas em violência. Em termos gerais, o acordo "paralelo" visa distorcer a aplicação da política pública através da promoção dos interesses de algumas facções e o seu efeito principal é perpetuar a incapacidade do Estado para providenciar bens essenciais – tais como a segurança, o Estado de direito, o bem-estar social e o crescimento económico – através da distorção da política pública em benefício destes poderes fácticos.

Salienta-se, ainda, que condições propícias à criação e consolidação de *Estados-paralelos* existem em Estados fragilizados, mas dotados de uma instituição forte (usualmente, os militares), e nos quais a globalização aumentou o leque de oportunidades comerciais, lícitas e ilícitas. A estabili-

---

378 Fernando Delfim da Silva, in entrevista ao jornal *Nô Pintcha* (reproduzida no blogue *africanidades.blogspot.com*).

379 Ana Dias Cordeiro, "Guiné-Bissau, o primeiro narco-Estado de África", in *Público*, de 9/08/2007, pp. 2 e 3

380 Cfr. Francesc Relea, "En el corazón del 'narcoestado'", in *El País – Domingo*, de 28/06/2009, pp. 2/4.

dade do *Estado-paralelo* depende da manutenção do "acordo" entre governantes e estrutura clandestina, por um lado, e das expectativas da opinião pública sobre as políticas de reforma, por outro. Por tudo isso, também se lhe poderia chamar *Estado-sombra*. Além dos casos já históricos do Peru, El Salvador e Sérvia, esta caracterização abrange alguns exemplos contemporâneos: Paquistão, Afeganistão, Guatemala e Guiné-Bissau[381].

Entre outras intervenções, o Conselho de Segurança da ONU, em Outubro de 2007 – além de se declarar preocupado com a fragilidade da democratização e com a persistência da crise económica e social – exprimiu a sua «profunda inquietação» quanto ao tráfico de estupefacientes e de seres humanos na Guiné-Bissau, «que podem pôr em causa as conquistas não negligenciáveis do Estado de direito e da governação transparente e democrática». Salientava igualmente que «o perigo que representa o tráfico de estupefacientes na Guiné-Bissau pode ter consequências negativas em toda região e mesmo fora dela». Além disso, o Conselho de Segurança mostrava-se «particularmente preocupado com a segurança dos responsáveis bissau-guineenses encarregues de lutar contra o tráfico de estupefacientes e o crime organizado», propondo, apoiando e tomando várias iniciativas[382]. No decorrer do ano de 2008 o Conselho de Segurança manteve-se «gravemente preocupado com o aumento do tráfico de drogas e da criminalidade organizada», insistiu na responsabilidade do Governo da Guiné-Bissau em «atacar este problema» e solicitou a cooperação activa da comunidade internacional[383].

Segundo o Departamento (Escritório) da ONU sobre droga e crime (ONUDC), várias centenas de quilos de cocaína chegavam semanalmente por barco e avião, provenientes da Venezuela, da Colômbia e do Brasil, para serem guardados na Guiné-Bissau (bem como em outros países da

---

[381] Cfr. Ivan Briscoe, *La proliferación del "estado paralelo"*, Documento de trabajo 71, Outubro de 2008, in www.fride.org (embora não incluindo o Afeganistão). Ver, criticamente, Dirk Kohnert, "Democratization via Elections in an African "Narco-state"? The Case of Guinea-Bissau", n.º 123, Fevereiro 2010, in www.giga-hamburg.de/working-papers

[382] Cfr., em especial, o relatório do Secretário-Geral da ONU, *S/2007/576*, de 28 de Setembro, e a Declaração do Conselho de Segurança *CS/9145*, de 19 de Outubro.

[383] A «ameaça do tráfico de drogas» passou a ser uma constante da discussão e deliberações do Conselho de Segurança sobre a Guiné-Bissau – cfr. os relatórios do Secretário-Geral, *S/2008/81*, de 17 de Março, *S/2008/395*, de 17 de Junho, e *S/2008/628*, de 29 de Setembro.

África Ocidental) antes de serem distribuídos em pequenas quantidades pela Europa. A Guiné-Bissau era (com o Gana) um dos dois centros de entrada; além de uma maior vulnerabilidade das fronteiras e das debilidades institucionais e logísticas (falta de polícia capaz e prisões adequadas), os traficantes actuavam com toda a impunidade e beneficiavam da cumplicidade activa quer dos meios militares quer de um significativo número de dirigentes políticos[384].

Apesar de, em Novembro de 2007, a aprovação do programa de Governo e dos orçamentos de 2007 e 2008 pela ANP ter dissipado as dúvidas sobre a viabilidade e a legitimidade política do Governo, logo em Janeiro de 2008 houve uma primeira remodelação governamental. Em Fevereiro, ao mesmo tempo que a ANP iniciava a última sessão ordinária, surgiu nova crise quando a direcção do PAIGC (que preparava novo Congresso) retirou a confiança política ao Primeiro-Ministro.

Em 25 de Março, três dias antes do termo da sessão, discursando perante a ANP, o PR, além de apelar à aprovação de alguns diplomas, referiu-se às eleições legislativas, sustentando que o mandato da ANP acabava em 21 de Abril e, no mesmo dia, por decreto presidencial marcou as eleições legislativas para 16 de Novembro de 2008.

Ora a questão do termo do mandato vai agudizar-se uma vez que, dois dias depois, a ANP, pela Resolução n.º 03/PL/2008, de 27 de Março, deliberou que «[e]xcepcionalmente, a Legislatura de 2004/2008 terminará aquando da proclamação dos resultados eleitorais das próximas eleições legislativas». Entre vários considerandos, o respectivo preâmbulo indicava como causas principais da decisão não só a marcação das eleições legislativas para o dia 16 de Novembro de 2008 como a necessidade de «evitar que haja o vazio que impede a Assembleia Nacional Popular de funcionar em pleno».

Suscitaram-se dúvidas sobre a constitucionalidade desta resolução, tendo sido requerida a intervenção do STJ. Por sua vez, o PR decidiu, a propósito, consultar os partidos políticos com representação parlamentar, o Presidente da ANP, o Primeiro-Ministro e o Conselho de Estado.

---

[384] Cfr. Nações Unidas (Escritório sobre Drogas e Crime), *Tráfico de droga como uma ameaça à segurança na África Ocidental*, Outubro/2008. Ver, ainda, International Crisis Group, "Guinée-Bissau: besoin d'État», in *Rapport Afrique,* n.º 142, 2/Julho/2008 (web: www.crisisgroup.org,), pp. 17/18 e 22 e segs., e Reporters sans Frontières- -Bureau Afrique, "Cocaine et coup d'État, fantômes d'une nation bâillonnée", Paris, Novembro/2007 (web: www.rsf.org).

No entanto, antecipando-se, a ANP, em sessão extraordinária de 16 de Abril, voltou a debater a questão, aprovando sobre a mesma matéria, por 68 votos a favor, 7 contra e 6 abstenções, um outro diploma, agora a Lei n.° 1/2008 – intitulada *Lei Constitucional, excepcional e transitória* –, segundo a qual:

Artigo 1.°
A Legislatura de 2004/2008 terminará aquando da proclamação dos resultados eleitorais das próximas eleições legislativas.

Artigo 2.°
Esta Lei Constitucional, Excepcional e Transitória entra em vigor à data da sua Promulgação, independentemente da sua publicação no Boletim Oficial.

Relativamente à antes citada Resolução n.° 03/PL/2008, aprovada em 27 de Março, esta Lei (além de uma nova formulação do preâmbulo) contém duas alterações de relevo: por um lado, quanto à forma, substituiu-se uma «Resolução de valor reforçado elevado à hierarquia constitucional» por uma «Lei Constitucional, Excepcional e Transitória»; por outro, na redacção do artigo 1.° eliminou-se a referência ao «Excepcionalmente», que constava da versão final da Resolução de 27/03/2008.

Após um tempo de impasse entre o PR e o Presidente da ANP, aquela Lei Constitucional n.° 1/2008 foi finalmente promulgada em 18 de Abril. Todavia, logo um grupo de Deputados requereu a sua declaração de inconstitucionalidade.

Enquando se aguardava o acórdão do STJ sobre esta questão, dois factos se destacaram: por um lado, em Julho, Koumba Yala anunciou solenemente, numa cerimónia em Gabu, a sua conversão ao islamismo (adoptando o nome de Mohamed Yala Embaló); por outro, deterioraram-se as relações quer entre o PAIGC e o PRS (dois dos signatários do *Pacto de Estabilidade Política Nacional)* quer entre o Presidente do PAIGC, Carlos Gomes Júnior, e o PM, Martinho N'Dafa Cabi, neste último caso em função do próximo Congresso do PAIGC (que seria ganho pelo primeiro).

O STJ, pelo Acórdão n.° 04/08, de 31 de Julho, veio concluir pela inconstitucionalidade (com força obrigatória geral) da Lei relativa ao termo da legislatura, «por inobservância das formalidades prescritas na Constituição e por violação aos artigos 79.° e 128.°, n.° 1, da Magna

Carta». Qualificou, portanto, a referida Lei como uma lei de revisão constitucional e considerou, consequentemente, que era formal e materialmente inconstitucional[385].

Perante o referido Acórdão do STJ e o abandono do *Pacto de Estabilidade Política Nacional* por parte do PAIGC, o PR, em 5 de Agosto, «tendo em conta a grave crise institucional» que se atravessava e por se terem frustrado «todos os esforços políticos no sentido de encontrar uma solução de compromisso que garantisse a estabilidade política e governativa», dissolveu a ANP[386]. Simultaneamente, por outro decreto do mesmo dia, exonerou o Governo e nomeou Carlos Correia (pela terceira vez, depois das experiências de 1991 e de 1997) como Primeiro-Ministro.

Após o anúncio da descoberta de mais uma tentativa de golpe de Estado – aparentemente organizada pelo Chefe de Estado-Maior da Marinha, contra-almirante José Américo Bubo Na Tchuto (que se evadiu para a Gâmbia), envolvido no tráfico de drogas –, o novo Governo tomou posse em 11 de Agosto. Foram mantidos os Ministros das Finanças, Negócios Estrangeiros, Defesa e Justiça e a grande maioria dos seus membros provinha do PAIGC. Este Governo de gestão representava, aparentemente, um reforço do papel e capacidade de intervenção do PR, pois, além de a ANP ter sido dissolvida, regressava ao poder uma linha do PAIGC com a qual Nino Vieira se entendia.

As eleições realizaram-se na data prevista (16 de Novembro de 2008). Foram consideradas exemplares, pelos observadores nacionais e internacionais, embora o ambiente de inquietação que as precedeu revelasse a fragilidade e a vulnerabilidade da situação, sobretudo quanto ao risco de intervenção das forças armadas na vida política[387]. Concorreram

---

[385] Houve quem sustentasse, diferentemente, tratar-se de uma *lei interpretativa* (embora de duvidoso processo legislativo), com eficácia meramente declarativa. De resto, quer a problemática da prorrogação do mandato dos deputados (ou prolongamento da legislatura) quer a norma em causa (qualquer que seja a sua forma) não tinham *juridicamente* qualquer implicação na competência constitucional do PR para dissolver a ANP ou demitir o Governo.

[386] Este Decreto Presidencial n.° 57/2008, de 5 de Agosto, frisava que a comissão permanente da ANP se mantinha em funcionamento e que o mandato dos deputados vigorava até à tomada de posse dos novos deputados.

[387] Ver International Crisis Group, "Guinée-Bissau: construire un véritable pacte de stabilité», in *Briefing Afrique,* n.° 57, Dacar/Bruxelas, 29/Janeiro/2009, p. 2 (www.crisisgroup.org)

O Estado das Constituições Bissau-Guineenses 247

19 partidos e duas coligações, a taxa de participação atingiu os 82% (a mais alta de sempre), tendo votado 484.546 dos 593.731 eleitores inscritos. Registaram-se 16.038 votos em branco e cerca de 11.000 votos nulos (foram protestados cerca de 2.000 votos). A conversão dos votos em mandatos foi a seguinte:

- PAIGC: 67 deputados;
- PRS: 28 deputados;
- PRID (do anterior PM Aristides Gomes): 3 deputados;
- AD: 1 deputado;
- PND: 1 deputado.

O PAIGC "institucional" foi, pois, o grande vencedor, alcançando uma expressiva maioria qualificada. Além de garantias de estabilidade governamental e de uma considerável margem de manobra para legislar, disporia mesmo da maioria necessária para rever a constituição. Enfim, considerando a articulação e a dinâmica do sistema semipresidencial, reforçava-se a componente parlamentar e destacava-se o peso específico do Primeiro-Ministro – que poderia, pela primeira vez, dominar o governo e a maioria parlamentar. Diminuiriam, consequentemente, a capacidade e a necessidade de intervenção do PR, que saía derrotado da votação, tanto mais que o PRID, da sua linha política, obtivera escassa representação.

CAPÍTULO XI – **Normalidade, calamidade e interinidade**

Logo no fim-de-semana seguinte ao da realização das eleições e conhecidos os resultados provisórios, a residência do PR, situada no centro de Bissau, foi atacada por um grupo de militares, que tinham o evidente objectivo de liquidar Nino Vieira. O acto foi unanimemente condenado pelas instâncias internas e pela comunidade internacional, considerando o primeiro comunicado oficial que «a acção visou subverter a vontade popular».

Embora alguns observadores pretendessem que este obscuro acto poderia até, paradoxalmente, reforçar a influência do PR, mais uma vez se constatava que o sucesso dos actos eleitorais não conseguia garantir o fim da violência política. O PR revelava grande temor, como comunicou primeiro a uma missão da CEDEAO em 25 de Novembro e depois à 35.ª Cimeira de Chefes de Estado e de Governo da CEDEAO, reunida em Abuja (Nigéria). Advertiu que o exército continuava «altamente politizado e desequilibrado na perspectiva étnica» pelo que se tornara mesmo o «maior obstáculo à Paz, à estabilidade e uma verdadeira ameaça à cultura democrática na Guiné-Bissau». Por isso, pretendia que, ainda antes da reforma do sector de defesa e segurança, lhe fosse imediatamente disponibilizada «uma força de estabilização» destinada a garantir «a segurança do Presidente da República e das Instituições democráticas». Outro sinal da instabilidade fora, dias depois, a visita de uma missão conjunta angolana--cabo-verdiana dirigida por Pedro Pires, presidente da República de Cabo Verde, com o objectivo expresso de «desanuviar a tensão» e, em especial, atenuar as clivagens entre o PR Nino Vieira e Carlos Gomes Júnior, líder do PAIGC e futuro Primeiro-Ministro.

Em 17 de Dezembro foram rejeitados pelo STJ os três recursos eleitorais e publicados os resultados oficiais das eleições legislativas. A ANP pôde, então, ser empossada a 22 de Dezembro, elegendo para a sua presidência, por 60 votos contra 37, o candidato "oficial" do PAIGC, Raimundo Pereira – apesar de o PAIGC revelar divisões internas, pois dois outros seus deputados reivindicaram a eleição. Logo em 25 de Dezembro, seguindo o procedimento constitucional, Carlos Gomes Júnior foi (pela segunda vez, depois de 2004) nomeado Primeiro-Ministro. Discursando na investidura, a 3 de Janeiro de 2009, sustentou estar-se «perante uma viragem fundamental no processo político de regresso à normalidade constitucional» e, em suma, declarou o empenho «no restabelecimento da credibilidade interna e externa» do Estado. Finalmente, em 8 de Janeiro, tomaram posse os 21 ministros e 11 secretários de Estado do novo Governo, uma equipa da confiança do Primeiro-Ministro e maioritariamente formada por figuras destacadas do PAIGC.

Entretanto, em 5 de Janeiro (e após negociações envolvendo, além do próprio PR, os indigitados Ministros do Interior e da Defesa), o Chefe do EMGFA mandara desarmar a "guarda pessoal" do PR. Tratava-se de uma manifesta perda de poder de Nino Vieira, a que, além de recentes escaramuças, talvez não fosse alheio o falecimento, em Dezembro, de um seu velho aliado político-militar, o Presidente da Guiné-Conacri Lansana Conte, e subsequente golpe de estado.

Em 1 e 2 de Março o pandemónio regressou a Bissau. Ao fim da tarde de domingo, o general Tagmé Na Waie foi morto pela explosão de uma sofisticada bomba colocada nas instalações do EMGFA. Horas depois, de madrugada, o PR Nino Vieira foi brutalmente assassinado, numa acção de retaliação ou ajuste de contas, levada a cabo por uma unidade militar. As reacções, internas e internacionais, foram algo ambíguas[388]. Passados cerca de quarenta anos de independências, tratava-se do 30.º Chefe de Estado africano assassinado. Foi enterrado no cemitério municipal. A propósito, um jornalista destacava que ao menos, na Guiné--Bissau, «o *jeu de massacre* é praticado dentro do clube dos dirigentes»[389] não se estendendo às etnias nem aos grupos religiosos.

As chefias militares distribuíram um comunicado, esclarecendo não se encontrar em curso nenhum golpe de Estado, prometendo respeitar a ordem constitucional e obedecer às instituições democraticamente eleitas.

---

[388] Cfr. International Crisis Group, "Guiné-Bissau: para lá da lei das armas", in *Briefing Afrique*, n.º 61, Dacar/Bruxelas, 25/Junho/2009 (www.crisisgroup.org).

[389] Jean-Philippe Rémy, "Guinée-Bissau: funérailles au pays de la mort violente", in *Le Monde*, de 11/03/2009.

De acordo com o artigo 71.º da Constituição, em caso de morte do PR, as funções são assumidas pelo Presidente da ANP (n.º 2), devendo o novo PR ser eleito no prazo de 60 dias (n.º 3). Em 3 de Março, e perante a ANP que acabara de o eleger como seu Presidente, Raimundo Pereira tomou posse como PR interino. O destino de Nino Vieira fizera com que o poder político civil passasse, de momento, a depender integralmente do PAIGC liderado pelo PM Carlos Gomes Júnior.

O poder militar continuava, porém, nas mãos dos mesmos grupos militares, como confirmou a indicação pelo Conselho de Ministros, sob proposta das chefias militares, do novo chefe de EMGFA, capitão-de-mar--e-guerra Zamora Induta[390], e do vice-chefe António Indjai (comandante do destacamento operacional de Mansoa, envolvido no assassinato de Nino Vieira), ambos de patente intermédia e de origem balanta. Dada a limitação constitucional dos poderes do PR, mas considerando também a «delicadeza da presente situação», foi decidido nomear tais titulares «interinamente», isto é, como referia o respectivo decreto presidencial, «até à tomada de posse do Presidente da República eleito».

Em 18 de Março, após dois dias de discussão, o programa do Governo foi aprovado na ANP, por 67 votos a favor (bancada do PAIGC mais representantes dos partidos PRID e PND) e 28 abstenções (bancada do PRS mais um deputado do PAIGC), sem qualquer voto contra. Mas as condições de governação continuavam precárias. Depois da questão da competência para a nomeação das chefias militares, outra questão constitucional resultou da impossibilidade de cumprir os prazos previstos na Constituição. A solução encontrada foi um "Memorandum de acordo" (assinado, em 31 de Março, pelo Presidente interino da ANP, pelo Primeiro-Ministro e pelos dois mais importantes partidos parlamentares, o PAIGC e o PRS) que, por um lado, suspendeu as restrições constitucionais aos poderes do PR interino (embora mantendo a impossibilidade de dissolver a ANP e demitir o Governo) e, por outro, prorrogou para 120 dias o mandato do PR interino. Então, Raimundo Pereira, através de Decreto Presidencial, de 2 de Abril, ouvidos a CNE e o Governo, marcou para 28 de Junho de 2009 a data da eleição presidencial.

---

[390] José Zamora Induta (n. 1966) estudou em Academias Militares da URSS, EUA e Portugal. Participou em várias missões militares e foi porta-voz da Junta Militar aquando do conflito de 1998/99. Foi membro do Secretariado Permanente para Assuntos de Defesa da CPLP e Ministro da Defesa Nacional (Governo Mário Pires).

252 *Invenção e Construção da Guiné-Bissau*

Quer dizer, fez-se um esforço para cumprir o espírito da Constituição, restabelecendo a ordem constitucional adequada. Não ocorreu rigorosamente uma situação de anormalidade constitucional, pois tentou-se interpretar e aplicar a Constituição de 1993, perante um imprevisto e imprevisível estado de coisas e, onde foi indispensável, tratou-se de suspender parcial, temporária e convencionadamente, algumas normas dos n.º 3 e 4 do artigo 71.º da Constituição (relativas ao mandato e competência do PR interino). Em sentido muito amplo, talvez possa dizer-se que ocorreu uma espécie de *"situação-de-calamidade"*, ou seja, uma situação de crise resultante do assassinato "paralelo" das mais altas autoridades civil e militar e, portanto, subjectivamente, de «uma grande perda, dano, desgraça [...] ou grande infortúnio, infelicidade pessoal»[391]. Procurou-se, em suma, limitar a interinidade e regressar à normalidade constitucional – o que impunha a rápida realização de eleições presidenciais.

Com o objectivo de acompanhar o processo político e, em especial, para apoiar a reforma do sector de defesa e segurança e a preparação das eleições, a União Africana nomeou como «enviado especial para a Guiné-Bissau» o antigo ministro das Relações Exteriores angolano, João Miranda. Entretanto, a CPLP e a CEDEAO apreciavam a hipótese de envio de um contigente militar e condenavam a ocorrência de novos "desmandos" de forças militares, bem como as «constantes violações» dos Direitos Humanos.

Em 9 de Abril, na habitual análise da situação na Guiné-Bissau (era o 34.º Relatório da ONUGBIS, criada em 1999), e entre outras medidas, o Conselho de Segurança da ONU deliberou:

– registar «com satisfação» a determinação das novas autoridades em manter a ordem constitucional, exortando à criação das melhores condições para que a prevista eleição presidencial fosse «livre, regular, transparente e credível»;

---

[391] Cfr. *Dicionário Houaiss da Língua Portuguesa*. A Constituição prevê, enquanto formas de "estado de necessidade", na perspectiva constitucional da suspensão do exercício de direitos fundamentais, quer o estado de sítio quer o estado de emergência [artigos 31.º, 68.º, alínea *v)*, 75.º, alínea *b)*, e 85.º, n.º 1, alínea *i)*], nos quais se deve considerar integrada a situação de "calamidade pública". Não é esse o caso, como vimos, mas a situação de crise invocada (mais "desgraça" ou "praga") vai prolongar-se.

- convidar a CEDEAO a acertar com o Governo bissau-guineense o eventual envio de contingentes militares e unidades de polícia para assegurar a protecção das instituições republicanas e das autoridades, bem como do processo eleitoral;
- exigir o respeito dos direitos humanos e liberdades fundamentais e apelar à reconciliação nacional e à luta contra a impunidade;
- reafirmar a importância da reforma do sector de segurança, confessando-se «gravemente preocupado» com a intensificação do tráfico de drogas e da criminalidade transnacional organizada, recordando a necessidade de enquadrar a resolução dos problemas na sua dimensão regional, e felicitando a intervenção da Unidade Africana, da CEDEAO, da CPLP e da União Europeia na «tarefa da consolidação da paz» [392].

O governo da Guiné-Bissau não acolheu a sugestão do contingente militar. Entretanto, na cidade da Praia, a CPLP, a CEDEAO, a ONUGBIS, os Governos da Guiné-Bissau e de Cabo Verde, conjuntamente, promoveram uma "Mesa Redonda sobre a Reestruturação e Modernização dos Sectores da Defesa e da Segurança da Guiné-Bissau". A reunião tinha por objectivos «identificar os principais constrangimentos», tentar removê-los e injectar «uma nova vida e dinamismo ao programa» relativo à Reforma do Sector de Segurança (RSS). O documento preparatório da reunião desenvolvia um panorama sombrio, considerando «horrendos» e «desencorajadores» os desafios a enfrentar. A "Mesa Redonda" dividiu-se em quatro grupos, tendo adoptado uma série de "recomendações" sobre cada um deles – Grupo I: Reforma do Sector da Defesa; Grupo II: Reforma do Sector da Segurança e da Justiça (Polícia e Justiça); Grupo III: Luta contra o narcotráfico; Grupo IV: Questões institucionais e de coordenação[393]. Trata-se de um plano muito ambicioso e, quiçá, uma «última oportuni-

---

[392] Cfr. Relatório do Secretário-Geral da ONU, *S/2009/169*, de 31 de Março de 2009, e Declaração do Presidente do Conselho de Segurança, *S/PRST,2009/6*, de 9 de Abril de 2009.

[393] As referidas "Recomendações" (bem como a extensa lista de participantes) constam do "Comunicado Final" da referida *Mesa Redonda sobre Reestruturação e Modernização dos Sectores da Defesa e da Segurança da Guiné-Bissau*, Praia, República de Cabo Verde, 20 de Abril de 2009.

dade»[394], tendo como eixo a redução drástica do Exército, através da desmobilização da maioria dos efectivos (à data, e quase todos provindos ainda da época da luta armada, 4.575 homens, dos quais 42% oficiais, 27% sargentos e 31% praças, números que correspondiam a elevados e desproporcionados índices *per capita*).

Quanto às presidenciais antecipadas, o STJ admitiu 12 das 20 candidaturas, das quais 7 correspondiam a candidatos com "suporte partidário" e 5 se apresentavam como "independentes". Entre os candidatos, destaquem-se uma mulher e três anteriores Presidentes: Malan Bacai Sanhá (PR interino durante nove meses, de Maio de 1999 a Fevereiro de 2000), Koumba Yala (convertido em Mohamed Yala Embaló) e Henrique Rosa (PR de Transição durante dois anos, de Outubro de 2003 a Outubro de 2005).

Porém, em Bissau continuava a viver-se sob um clima de medo e tensão política. A madrugada de 4 de Junho foi de violência política e regresso às "matanças" pelas forças militares: foram assasinados o candidato presidencial e ex-Ministro da Administração Territorial, Baciro Dabó (na sua residência, onde dormia) e o deputado do PAIGC e ex-Ministro da Defesa Hélder Proença (conjuntamente com o motorista e um segurança, numa emboscada quando se dirigiam de Dacar para Bissau), ambos conotados com a "linha" de Nino Vieira. Segundo comunicados emitidos, em 5 de Junho, pela Direcção-Geral dos Serviços de Informação do Estado e, em 8 de Junho, pelo Conselho de Ministros teriam, presumivelmente, resistido a ordens de prisão por envolvimento numa tentativa de golpe de Estado (preparado por um dito "Alto Comando das Forças Republicanas para a Restauração da Ordem Constitucional", que integraria nove pessoas no interior e incluía um núcleo em Dacar).

Estes novos assassinatos agravaram o estado de choque e receio generalizados da população e comprovavam «a atmosfera de profunda suspeição» reinante nas elites político-militares bem como «a fragmentação e sectarismo no seio das forças armadas»[395]. Foram unanimemente condenados pela comunidade internacional e ocorreram na véspera do início da campanha eleitoral, mas, após consultas com o Governo, os parti-

---

[394] Assim, André Monteiro e Miguel Morgado, "Last Chance for Security Sector Reform in Guinea-Bissau", in *IPRIS Viewpoints*, n° 1, Abril 2009.

[395] Cfr. International Crisis Group, "Guiné-Bissau: para lá da lei das armas", cit.

O *Estado das Constituições Bissau-Guineenses* 255

dos políticos, a CNE e as organizações internacionais em causa, o PR Raimundo Pereira manteve a data de 28 de Junho para realização das eleições presidenciais.

Dias depois, em mais um (e muito extenso) relatório, o Secretário-Geral da ONU – além de apelar à formação de uma comissão de inquérito "credível" para acabar com a onda de violência e de propor a criação de um "Gabinete Integrado das Nações Unidas na Guiné-Bissau" (ONUIG-BIS), reforçando a presença da ONU – sublinhou que as eleições presidenciais constituiriam uma condição essencial para o restabelecimento integral da ordem democrática e a criação de um clima propício às necessárias e indispensáveis reformas[396]. De facto, a situação global continuava precária e eram generalizados os sentimentos de desconfiança e cepticismo. Na opinião comum da CNE, de doadores e de observadores internacionais o grande desafio consistia em garantir a segurança durante o processo eleitoral. Aliás, a CPLP e outras organizações repetiam a sugestão de envio de uma força militar internacional de estabilização enquanto a CEDEAO (reunida na Cimeira de Abuja) reforçava os seus apelos de paz e a sua ajuda.

A votação, na primeira volta da eleição presidencial, decorreu serenamente, embora com elevada abstenção (cerca de 40%). Os três candidatos mais votados, a longa distância dos restantes, foram os anteriores Presidentes da República: Malan Bacai Sanhá, apoiado pelo PAIGC, com 133.786 (39,59% dos sufrágios expressos), Koumba Yala, apoiado pelo PRS, com 99.428 votos (29,42%) e Henrique Rosa, independente, com 81.751 votos (24,19%).

A segunda volta, no domingo 26 de Julho, foi considerada bem organizada e transparente. Num universo de 593.765 eleitores a taxa de abstenção continuou elevada (39%). Entretanto, o PAIGC e o PRS assinaram um "Memorando de Entendimento", comprometendo-se a aceitar os resultados e a tratar o candidato vencido com dignidade. A CNE divulgou os resultados provisórios no dia indicado (29 de Julho). Tendo alcançado 224.259 votos (63,31%), Malan Bacai Sanhá foi eleito PR contra os 129.973 votos (36,9%) obtidos por Koumba Yala. O apuramento geral foi inequívoco e incontestado.

---

[396] Cfr. Relatório do Secretário-geral da ONU, *S/2009/302*, de 10 de Junho de 2009, e respectivo "Processo-verbal", *S/PV.6149*, de 23/Junho/2009.

256   *Invenção e Construção da Guiné-Bissau*

O novo PR tomou posse em 8 de Setembro. Prometeu inaugurar «uma nova página, baseada no diálogo, na estabilidade, na justiça social, num Estado em que o império da lei se afirme e a vida humana seja respeitada como valor mais sagrado». Propôs um «contrato social» que permita «a unidade na diversidade» e comprometeu-se ao desempenho de uma «Magistratura de influência». Entre as prioridades, destacou o combate ao narcotráfico, à corrupção e a outras formas de crime organizado, a defesa da moralização e transparência da vida pública mediante «o reforço da credibilidade e eficiência do sector judiciário», bem como a reforma e modernização das Forças de Defesa e Segurança. No sentido de melhorar a participação cívica e a magistratura de proximidade, além da convocação de eleições autárquicas, avançou com a ideia da criação de um «Conselho Consultivo do Poder Tradicional».

Em 27 de Outubro, o PR deu posse aos (reconduzidos) chefe e vice-chefe do EMGFA, Zamora Induta e António Indjai, promovidos, respectivamente, a vice-almirante e general de divisão. Em 28 de Outubro, após iniciativa do Primeiro-Ministro, visando uma estrutura mais funcional e diminuição das despesas públicas, o PR decretou uma remodelação governamental (incidindo, sobretudo, nos Ministérios dos Negócios Estrangeiros, do Interior, da Defesa e da Presidência do Conselho de Ministros), passando de 21 para 16 Ministros e de 10 para 12 secretários de Estado. Em 3 de Novembro, na abertura da sessão legislativa da ANP, apelou à celebração de um «pacto de estabilidade social» e à revisão da Constituição, com vista a superar as «interpretações dúbias» e a adaptá-la «às exigências da actualidade», sobretudo, através da necessária «reforma global do Estado». Na mesma data, nomeou o novo Procurador-Geral da República, dr. Amine Saad.

Embora a situação económica e social continue «frágil», com os militares irrequietos, e se mantenham as ameaças da criminalidade organizada, o tráfico de cocaína tem diminuído e as instituições políticas têm funcionado. Os resultados das eleições legislativas e presidenciais favorecem a harmonia institucional e a estabilidade governamental. Abre-se uma «janela de oportunidade» para a Guiné-Bissau pois os esforços endógenos, a ajuda internacional e a melhoria da gestão das finanças públicas começam a revelar um *«élan positivo»*[397].

---

[397] Cfr. Relatório do Secretário-geral da ONU, *S/2009/552*, de 22 de Outubro de 2009, e respectivo "Processo-verbal", *S/PV.6212* e *S/PV.6213*, de 5 de Novembro de 2009.

CAPÍTULO XII – **Quatro conclusões e um verso**

1. Em 36 anos de história (1973-2009), apesar das múltiplas modificações (rupturas, derrogações, suspensões, transições e revisões), há formalmente continuidade constitucional na República da Guiné-Bissau.

Pode falar-se da vigência de três Constituições (a de 1973 – que vigorou até 1980; a de 1984 – que proporcionou a transição constitucional para a democracia; e a «de 1993» – que, actualmente, se encontra na sua terceira vigência), a que acrescem duas Constituições frustradas (a de 10 de Novembro de 1980, que esteve na origem do golpe de 14 de Novembro, e a de 5 de Abril de 2001, que Koumba Yala recusou promulgar) e, ainda, uma Constituição "engavetada" (a *Lei Constitucional*, de 7 de Julho de 1999, aprovada na sequência da "guerra civil" e não promulgada pelo então PR interino, Malan Bacai Sanhá). Não obstante este emaranhamento, a história constitucional bissau-guineense insere-se na evolução e nos ciclos do constitucionalismo africano: a de 1973 foi a constituição da descolonização (1.º ciclo); a de 1984 foi a constituição de legitimação do poder (2.º ciclo); e a dita «de 1993» foi a constituição da democratização (3.º ciclo).

2. A Constituição originária (aprovada no Boé, em 24 de Setembro de 1973, integrando o processo de declaração unilateral de independência) não fora uma técnica de descolonização nem se limitara à transformação do movimento de libertação nacional em Estado. Antes disso, já o PAIGC alcançara um estatuto de "proto-Estado" e a Constituição do Boé resultara da confluência de duas grandes linhas de força. Por um lado, as instituições estaduais (Conselhos Regionais, ANP, CE e CCE) e a hegemonia do PAIGC traduziram a especificidade histórica da libertação nacional, numa «evolução certa, política e jurídica» e num processo de formação «passo a passo» do Estado, como defendera Amílcar Cabral. Por outro lado, essa

organização constitucional do poder político entroncava na filosofia política, de raiz europeia e fundo jacobino, que chegou ao marxismo--leninismo e se consubstanciou no modelo soviético de Estado.

Quanto a esta última vertente, a influência da matriz constitucional soviética era dominante e revelava-se em três princípios políticos: (*a*) da soberania popular (no caso, designada "democracia nacional revolucionária"), (*b*) da unidade do poder de Estado (e, portanto, rejeição do princípio da separação de poderes), (*c*) da direcção do Partido sobre o Estado. Este último era o princípio nuclear, pelo que o PAIGC se assumia como um "movimento de libertação no poder" que era «a força política dirigente da sociedade» e decidia «da orientação política do Estado» (artigos 4.º e. 6.º da Constituição de 1973), defendendo e representando, simultaneamente, a Unidade Guiné-Cabo Verde.

Esta forma política foi, primeiro, alterada pelo sobreposição militar resultante do "Movimento Reajustador" desencadeado em 14 de Novembro de 1980 e, depois, progressivamente erradicada pela transição constitucional para a democracia, iniciada em 1991. O colapso da República da Guiné-Bissau, a partir do início da década de 1980 e apesar do dinamismo proporcionado pela "transição para a democracia", não foi também uma excepção, tendo ocorrido numa época em que o generalizado e manifesto fracasso do Estado Pós-Colonial em África surgia como uma espécie de vingança da sociedade (civil) africana ou uma consequência da desgraça do Estado-nação em África – que, como parafraseou Basil Davidson, se reconverteu em «fardo do homem-negro».

Ou seja, mais do que um problema de Constituição, prepondera a debilidade (se não ausência) do Estado. O colapso do Estado Pós-Colonial tem, na Guiné-Bissau, merecido diferentes qualificações e tem-se acentuado: primeiro, revelou-se sob a forma de *Estado-suave* (ou *Estado--frágil*), depois, com a guerra civil e a presidência de Koumba Yalá, derivou para *Estado-falhado* e, mais recentemente, desde 2005, arrisca-se ao *Estado-paralelo* (vulgarmente, *narco-Estado*). A crise política manifesta-se constante e auto-destrutiva. Após 1980, houve vários golpes militares vitoriosos, inúmeras tentativas de golpes de Estado, nenhum Presidente da República eleito democraticamente completou o seu mandato, enquanto três sucessivos titulares do Estado-Maior das Forças Armadas ocuparam o lugar pela força e foram assassinados. O descontrolo das forças armadas levou à guerra civil e tem redundado em "matanças" de chefes.

3. Formalmente, continua a invocar-se a Constituição de 1984, na redacção de 1997 (data da última revisão, referente a duas normas da sua "constituição económica"). Ela proporcionou, através das quatro revisões aprovadas entre 1991 e 1995, a transição para a democracia representativa e o Estado de direito, conduzindo a uma nova Constituição material, dita «de 1993» (por ser a data da revisão nuclear). Todavia, esta Constituição vai na terceira vigência sem ser normativa, pois nem as suas normas têm dominado efectivamente o processo político, nem o poder se adaptou e submeteu a elas – muito embora a Constituição quase sempre se tenha mantido como referência ou bandeira e várias vezes tenha servido para firmar posições na articulação entre os órgãos de poder. A Constituição não tem impedido as crises mas, em contrapartida, o regresso à democracia que se lhes tem seguido foi sempre operado pela via da restauração constitucional.

Enquanto ordem constitucional (isto é, na ausência das situações de excepção) três questões se têm revelado mais problemáticas:

- a garantia dos direitos fundamentais e a separação de poderes, em particular quanto ao estatuto da oposição (embora, a partir de 1991, o país seja classificado como «parcialmente livre»);
- a eficácia da governação e os contrapesos à afirmação da preeminência presidencial, sobretudo quanto ao papel do primeiro-ministro (pois a coabitação não se mostrou viável e o semipresidencialimo não tem provado);
- a independência do poder judicial e, particularmente, o sentido da jurisdição constitucional (pois esta tem privilegiado os actos políticos e o contencioso eleitoral).

No fundo, subsiste um conflito de legitimidades: de um lado, a legitimidade histórica (ainda derivada da «luta» e remanescente nos militares), de crescente carácter étnico; e, de outro, a legitimidade democrática (baseada em eleições representativas e no Estado de direito), sustentada pela comunidade internacional.

4. A história constitucional da Guiné-Bissau não é, portanto, excepção à evolução turbulenta do constitucionalismo africano. Também ela confirma a desintegração das soberanias adquiridas com a descolonização, a debilidade da democratização e a perda de autonomia do direito público

interno. Em contrapartida, regressou o exercício patrimonial do poder político e cresceu a privatização da vida pública. Em suma, a ajuda internacional tornou-se cada vez mais indispensável e a tutela internacional impôs-se e reforçou-se.

Ultimamente, as debilidades do país perante a criminalidade organizada, a implicação da hierarquia militar e de personalidades civis no tráfico de drogas, a corrupção generalizada e a inoperância da organização judiciária têm levado à qualificação da República da Guiné-Bissau como primeiro *narco-Estado* em África. As fronteiras e as instituições são muito vulneráveis, a Guiné-Bissau é um dos centros de passagem da cocaína proveniente da América do Sul e tem sido alvo de muitas acusações, mas a "rota africana para o tráfico de droga" abrange outros países da região.

Apesar de tudo, o "anseio" constitucional tem sobrevivido. Pode ser que a maioria qualificada saída das últimas eleições legislativas e o resultado inequívoco das eleições presidenciais antecipadas tenham definido as responsabilidades e criado condições para uma governação que alcance uma vivência democrática e o fim da violência política, duas condições prévias à construção de qualquer Estado constitucional.

5. *Caminho lundjo inda de ianda**.

---
*

n'na nega bedjo	*recuso-me a envelhecer*
ca djudjo bim pirguiça	*não venham os joelhos a fraquejar*
caminho lundjo inda de ianda	*pois o caminho a percorrer é ainda longo*

[José Carlos Schwarz (Bissau, 1949 – Havana, 1977), início do poema "Recuso-me a envelhecer", in *Djiu di Galinha* (disco, 1978)]

APÊNDICES

GOVERNADORES DA GUINÉ

(Nomeados após a instauração da República)

Carlos de Almeida Pereira	1910-1913
José António de Andrade Sequeira	1913-1914
Josué de Oliveira Duque	1914-1915
José António de Andrade Sequeira	1915-1917
Manuel Maria Coelho	1917
Josué de Oliveira Duque	1918-1919
Henrique Alberto de Sousa Guerra	1919-1920
Jorge Frederico Velez Caroço	1921-1926
António José Pereira Saldanha	1926-1927
António Leite de Magalhães	1927-1931
José de Ascensão Valdez	1932-1933
Luís António de Carvalho Viegas	1933-1941
Ricardo Vaz Monteiro	1941-1945
Manuel Maria Sarmento Rodrigues	1945-1949
Raimundo António Rodrigues Serrão	1949-1954
Diogo de Mello e Alvim	1954-1956
Álvaro Rodrigues da Silva Tavares	1956-1958
António Augusto Peixoto Correia	1958-1962
Vasco António Martins Rodrigues	1962-1964
Arnaldo Schultz	1964-1968
António Sebastião Ribeiro Spínola	1968-1973
José Manuel Bettencourt da Conceição Rodrigues	1973-1974
Carlos Alberto Idães Soares Fabião	1974

PRESIDENTES E CHEFES DO GOVERNO

I – Constituição de 1973
   a) 1.ª Legislatura da ANP (1973-1976):
   Presidente do CE – Luís Cabral
   Comissário Principal – Francisco Mendes ("Chico Té")

   b) 2.ª Legislatura da ANP (1977-1980):
   Presidente do CE – Luís Cabral
   Comissário Principal – Francisco Mendes ("Chico Té")[398]
   Comissário Principal interino – Constantino Teixeira ("Tchutchu")[399]
   Comissário Principal – João Bernardo Vieira ("Nino")[400]

II – "Movimento Reajustador", de Novembro de 1980
   Presidente do CR – João Bernardo Vieira ("Nino")
   Chefe do Governo – João Bernardo Vieira ("Nino")
   Primeiro-Ministro – Victor Saúde Maria[401]

III – Constituição de 1984
   a) 1.ª Legislatura da ANP (1984-1989):
   Presidente do CE – João Bernardo Vieira ("Nino")
   Chefe do Governo – João Bernardo Vieira ("Nino")

   b) 2.ª Legislatura da ANP (1989-1994):
   Presidente do CE – João Bernardo Vieira ("Nino")
   Chefe do Governo – João Bernardo Vieira ("Nino")
   Primeiro-Ministro – Carlos Correia[402]

---

[398] Até ao seu falecimento em 7 de Julho de 1978.

[399] Entre 15 de Julho e 24 de Setembro de 1978.

[400] De 24 de Setembro de 1978 a 14 de Novembro de 1980.

[401] De 17 de Maio de 1982 a 12 de Março de 1984. Em 27 de Março, o Presidente do CR retomou integralmente as funções de Chefe de Governo.

[402] De 21 de Dezembro de 1991 e 3 de Julho de 1994. O cargo foi criado pela Lei

266   *Invenção e Construção da Guiné-Bissau*

IV – Primeira vigência da Constituição de 1993 [e após as eleições legislativas (3 de Julho de 1994) e presidenciais (3 de Julho e 7 de Agosto de 1994)]
PR – João Bernardo Vieira ("Nino")
Primeiro-Ministro – Manuel Saturnino da Costa[403]
Primeiro-Ministro – Carlos Correia[404]

V – Acordo de Abuja, de 1998, e Pacto de Transição Política, de 1999
PR – João Bernardo Vieira ("Nino")[405]
PR interino – Malan Bacai Sanhá[406]
Comandante Supremo da Junta Militar – Ansumane Mané[407]
Primeiro-Ministro – Francisco Fadul[408].

VI – Segunda vigência da Constituição de 1993 [após as eleições legislativas (28 de Novembro de 1999) e presidenciais (28 de Novembro de 1999 e 16 de Janeiro de 2000)]
PR – Koumba Yala[409]
Primeiro-Ministro ("Governo de coligação") – Caetano N'Tchama[410]
Primeiro-Ministro ("Governo minoritário" do PRS) – Faustino Fudut Imbali[411]
Primeiro-Ministro ("Governo minoritário" do PRS) – Alamara Ntchia Nhassé[412]
Primeiro-Ministro ("Governo de gestão") – Mário dos Reis Pires[413]

Constitucional n.º 2/91, de 4 de Dezembro, embora, como mero coordenador de "Governo de Transição", mantendo-se o Presidente do CE como Chefe do Governo.

[403] De 26 de Outubro de 1994 a 27 de Maio de 1997.

[404] Primeiro, de 6 de Junho e, após "renomeração", de 13 de Outubro de 1997 ao "Acordo de Abuja", de 1 de Novembro de 1998.

[405] Até à "declaração de rendição" de 8 de Maio de 1999, embora a "declaração de renúncia" só date de 2 de Junho de 1999.

[406] Posse a 14 de Maio de 1999.

[407] Com o estatuto de "Co-Presidente".

[408] Nomeado em 3 de Dezembro de 1998, embora a posse do "Governo de Unidade Nacional" seja de 20 de Fevereiro de 1999.

[409] Até à "declaração de renúncia", de 17 de Setembro de 2003.

[410] De 19 de Fevereiro de 2000 a 19 de Março de 2001 (com remodelação governamental em 25 de Janeiro de 2001).

[411] De 26 de Março de 2001 a 7 de Dezembro de 2001.

[412] De 8 de Dezembro de 2001 a 15 de Novembro de 2002.

[413] De 16 de Novembro de 2202 a 14 de Setembro de 2003.

VII – Carta de Transição Política, de 2004
Presidente do Comité Militar – Veríssimo Correia Seabra
PR de Transição – Henrique Rosa
Primeiro-Ministro – António Artur Sanhá[414]

VIII – Terceira vigência da Constituição de 1993 [após as eleições legislativas (28 de Março de 2004) e presidenciais (19 de Junho de 2005 e 24 de Julho de 2005)]
PR – João Bernardo Vieira ("Nino")[415]
Primeiro-Ministro – Carlos Domingues Gomes Júnior[416]
Primeiro-Ministro – Aristides Gomes[417]
Primeiro-Ministro – Martinho N'Dafa Cabi[418]
Primeiro-Ministro – Carlos Correia[419]

IX – Terceira vigência da Constituição de 1993 (continuação) [após as eleições legislativas (16 de Novembro de 2008) e as presidenciais antecipadas (28 de Junho e 26 de Julho de 2009)]
PR interino – Raimundo Pereira[420]
Primeiro-Ministro – Carlos Domingos Gomes Júnior[421]
PR – Malan Bacai Sanhá[422]

---

[414] De 28 de Setembro de 2003 a 28 de Março de 2004.
[415] Posse a 1 de Outubro de 2005 e assassinado em 2 de Março de 2009.
[416] Posse a 12 de Maio de 2004 e exonerado em 25 de Outubro de 2005.
[417] Designado em 1 de Novembro de 2005 e exonerado em 27 de Março de 2007.
[418] Designado em 9 de Abril de 2007 e exonerado em 5 de Agosto de 2008.
[419] Designado em 5 de Agosto de 2008, em "Governo de gestão".
[420] Posse a 3 de Março de 2009.
[421] Designado pelo PR Nino Vieira em 25 de Dezembro de 2008.
[422] Posse a 8 de Setembro de 2009.

BIOGRAFIAS*

ALMEIDA, Júlio (S. Vicente, ? – S. Vicente, 1982) – feitor agrícola na granja do Pessubé. Amigo de infância de Amílcar Cabral. Fundador do PAI. Não mais participou no movimento nacionalista. Regressou a Cabo Verde em 1977.

ALVIM, Diogo António José Leite Pereira de Mello e (1904-1973) – Contra-almirante. Chefiou as forças expedicionárias em Timor e a capitania de portos em Macau. Governador da província da Zambézia (Moçambique). Enquanto capitão-de-fragata, Governador da Guiné (1954-1956). Prosseguiu a carreira militar, sempre com porte aristocrático e descomprometido.

AMADO, Epifânio Souto (? – ?) – cabo-verdiano. Em Bissau, empregado na farmácia "Lisboa", dirigida por Sofia Pomba Guerra. Fundador e tesoureiro do MLG. Preso pela PIDE no "processo de 1961" e condenado em Tribunal Militar a dois anos de cadeia. Preso no campo de concentração de São Nicolau (Angola). Libertado em 1969.

ANDRADE, Mário Pinto de (Golungo Alto, 1928 – Londres, 1990) – seminarista em Luanda, frequentou o curso de Filologia Clássica na Faculdade de Letras de Lisboa. Exilou-se em Paris (1954). Fundador do CEA, do MAC, da FRAIN e da CONCP. Presidente do MPLA (1960-62). Crítico do MPLA. Na República da Guiné-Bissau, coordenador do Conselho Nacional de Cultura (1976-78) e Comissário de Estado da Informação e Cultura (1978-80). Notável intelectual e biógrafo de Amílcar Cabral.

ARAÚJO, José Eduardo (Praia, 1934 – Praia, 1993) – estudou em Angola e licenciou-se em direito em Lisboa. Viveu, desde 1961, em Dacar e Conacri. Comissário político na Frente Sul. Comissário de Estado da Secretaria Geral do Estado (até 1977). Secretário executivo do CEL do PAIGC. Membro da delegação do PAIGC às "conversações de Londres" e subscritor do "Acordo de Argel". Principal relator da (abortada) Constituição de 10 de Novembro de 1980. Regressou a Cabo Verde, onde foi Ministro da Educação.

---

* Agradeço a colaboração preciosa de António Júlio Estácio

270 *Invenção e Construção da Guiné-Bissau*

ARAÚJO, Manuel Gomes de (Barcelos, 1897-?, 1982) – general. Cursos da Escola do Exército (infantaria) e de Engenharia. Subsecretário de Estado da Guerra (1944-1947). Ministro das Comunicações (1947-1956). Director do Instituto de Altos Estudos Militares (1958-61). Chefe do EMGFA (1961). Ministro da Defesa Nacional (1962-1968). Supervisionou a "Operação Tridente". Alcançou elevado prestígio nas hostes do regime.

BARBOSA, Rafael Paula Gomes ["Zain Lopes"] (Bissau, 1927 – Dacar, 2007) – oficial da construção civil. Participou em quase todas as organizações nacionalistas (sobretudo, na criação do MLG e na implantação do PAIGC). Integrou o MLG no PAI (Setembro de 1959). Foi, no interior, o mais importante dirigente do PAIGC. Participou na Conferência de Quadros (Dacar, Outubro de 1960). Presidente do Comité Central do PAIGC. Preso pela PIDE em 1962 e libertado em 1969. De 1969 a 1974 viveu entre a colaboração, a clandestinidade e a prisão. Condenado à morte, por fuzilamento, em Tribunal Militar (1977), pena comutada em 15 anos de prisão. Na noite de 14 de Novembro de 1980 fez uma intervenção na rádio contra a Unidade Guiné-Cabo Verde e a presença cubana, mas foi interrompido e novamente colocado em "prisão domiciliária". Amnistiado em 1987. Em 1990, fundou (com Victor Saúde Maria, Koumba Yala e Braima Camará) a Frente Democrática-Social (FDS), que, no entanto, rapidamente sofreu dissidências.

BARKA, Mehdi Ben (1920-1965) – dirigente do movimento que conduziu Marrocos à independência. Presidente da Assembleia Consultiva de Marrocos (1956-59). Socialista, líder do "terceiro-mundismo", defensor do pan-africanismo, opositor do rei Hassan II. Vivia no exílio quando, raptado em Paris em 29 de Outubro de 1965, foi misteriosamente assassinado originando o chamado "Caso Ben Barka".

BARRETO, Honório Pereira (Cacheu, 1813 – Bissau, 1859) – filho do sargento-mor de Cacheu (cabo-verdiano) e de uma comerciante da praça de Ziguinchor, ligados ao tráfico negreiro. Estudou no Colégio dos Nobres em Lisboa. Por morte do pai, regressou à Guiné (1829). Provedor do concelho de Cacheu (1934). Governador de Bissau e Cacheu (1837). Participou na ocupação de Bolama. Voltou a ser comerciante privado. Sustentou, por vários meios, uma campanha para a ocupação do Casamansa, tentando impedir a expansão francesa. Agraciado com a condecoração da Ordem da Torre e Espada (1846). Nomeado tenente-coronel de 2.ª linha e reconduzido como Governador de Cacheu (1854), cargo que exerceu ainda várias vezes, por interinidade. Visitou os Bijagós (1856). Celebrou tratados e acordos com régulos e cedeu terrenos ao Governo português. A sua morte foi muito lamentada pelas autoridades de Cabo Verde e de Lisboa. Crioulo de formação intelectual europeia, expoente dos comerciantes afro-portugueses, tornou-se uma bandeira do luso-tropicalismo.

BARRETO, Nicandro José Augusto de Lacerda Pereira (Bolama, 1939 – Bissau, 1999) – funcionário dos serviços de Registos e Notariado. Julgado no

Apêndices   271

"Processo de 1961". Depois da independência, Juiz, Procurador-Geral da República, Governador de Região, Ministro da Função Pública e Trabalho, da Justiça, e da Administração Territorial. Presidente do Tribunal de Contas. Membro do Comité Central do PAIGC (1981). Mentor da criação da Escola de Direito (1979) e, sobretudo, da Faculdade de Direito de Bissau (1990). Assassinado (estrangulado, em sua casa), na noite de 22 de Agosto de 1999.

BELLA, Ahmed Ben (1916) – dirigente histórico da Frente de Libertação Nacional (FLN). Primeiro PR da Argélia (1963-1965), destituído por um golpe de Estado, dirigido por Houari Boumediène. Sob prisão até Outubro de 1980 (prisão domiciliária desde Julho de 1979). Exilado na Europa, regressou a Argélia em 1990.

BELO, João (Leiria, 1876 – Lisboa, 1928) – oficial da Marinha de Guerra. Em Moçambique, participou nas "campanhas de pacificação" e na administração civil e militar. Ministro das Colónias (1926-1928) da Ditadura Militar foi o inicial estratega e organizador do Império Colonial Português. Promulgou o (primeiro) Estatuto Político, Civil e Criminal dos Indígenas de Angola e Moçambique.

BULL, Benjamim Pinto (Bissau, 1916 – Lisboa, 2005) – seminarista em França e Portugal. Funcionário das Alfândegas em Bissau. Dirigente da UNPG. Reuniu com Salazar em Julho de 1963. Exilado no Senegal, foi colaborador de Léopold Senghor. Secretário de Informação da FLING. Licenciado e doutorado (França) em Filologia Românica e professor (Dacar). Regressou a Portugal em 1984. Professor no ensino superior privado, publicou o livro *Filosofia e sabedoria: o crioulo da Guiné-Bissau*.

CABRAL, Amílcar Lopes ["Abel Djassi"] (Bafatá, 1924 – Conacri, 1973) – frequentou o ensino primário e secundário em Cabo Verde. Curso de engenheiro agrícola no Instituto Superior de Agronomia (Lisboa). Regressou à Guiné, em Setembro de 1952, contratado pelo Ministério do Ultramar, para exercer funções no Posto Agrícola Experimental de Pessubé. Vogal do CEGP (1954). Expulso administrativamente da Guiné (1955). Ainda voltou três vezes a Bissau, para visitar a família: em 1956 (fundou, então, o PAI), em 1958 e em 1959 (concertou, então, o início da luta de libertação). Promoveu a criação do CEA, do MAC, da FRAIN e da CONCP. Em 1960, abandonou Lisboa e completou o "regresso a África", instalando-se em Conacri. Secretário-Geral do PAIGC (1960-1973). Em Novembro de 1962, primeira intervenção perante a IV Comissão da Assembleia Geral da ONU. Doutor *Honoris Causa* pela Universidade Lincoln (Siracusa, Pensilvânia, EUA) e pela Academia de Ciências da URSS. Assassinado em 20 de Janeiro de 1973. «Militante n.º 1 do PAIGC» e «Fundador da Nacionalidade» (artigos 1.º e 2.º da Lei n.º 4/73, de 24 de Setembro).

CABRAL, Luís Severino de Almeida (Bissau, 1931 – Lisboa, 2009) – meio-irmão de Amílcar Cabral. Juventude em Cabo Verde, regressou em 1953, a Bissau, trabalhando como contabilista na "Casa Gouveia". Fundador do PAI. Participou na Conferência de Quadros (Dacar, Outubro de 1960). Membro do

Conselho de Guerra do PAIGC. Comissário Político na Região Norte. Secretário-
-Geral Adjunto do PAIGC (1973-1980), Presidente do CE (1973-1980). Exilado
em Cuba, Cabo Verde e Portugal.

CABRAL, António Vasco da Costa Rebelo (Farim, 1926 – Bissau, 2005) –
filho de um dirigente da Liga Africana, fez, em Lisboa, o curso dos liceus e concluiu a licenciatura no Instituto Superior de Ciências Económicas e Financeiras.
Dirigente do MUD Juvenil, preso político (1951 e 1954-59), acusado de militância no PCP. Membro do Comité Central (1962) e do CEL do PAIGC. Comissário
de Estado da Economia e Finanças, Ministro da Coordenação Económica e do
Plano (1981-1984). Membro do *Bureau* Político do PAIGC (1981). Membro do
Conselho de Estado (1984). Ministro de Estado da Presidência para os Assuntos
Económicos e Ministro de Estado da Justiça (1984-1987). Membro de várias
organizações internacionais e literárias.

CAETANO, Marcello José das Neves Alves (Lisboa, 1906 – Rio de Janeiro,
1980) – professor da Faculdade de Direito da Universidade de Lisboa. Vogal do
Conselho do Império Colonial (1936). Ministro das Colónias (1944-1947). Relator
do "Parecer" da Câmara Corporativa sobre a revisão do Acto Colonial (1951).
Membro do Conselho de Estado. Vice-Presidente do Conselho Ultramarino (1953-
-1958). Ministro da Presidência (1955-1958). Autor do "Memorial" sobre a forma
de Estado (Conselho Ultramarino Extraordinário, 1962). Presidente do Conselho
de Ministros (1968-1974). Visitou a Guiné em 1935 e em 1969.

CARDOSO, Pedro Alexandre Gomes (Caldas da Rainha, 1922 – Lisboa,
2002) – general. Especialista dos serviços de informações e "contra-inteligência".
Delegado na Comissão de Segurança da NATO (1957-1958). Envolvido em operações político-militares em Portugal e em Angola (1958-1961). Cursos de formação em Inglaterra e nos USA. Membro da Delegação Portuguesa à XVII
Assembleia Geral da ONU (1962). Colocado novamente na 2.ª Repartição do
Secretariado-Geral da Defesa Nacional, foi enviado especial de Salazar para acabar com a "Operação Tridente" (1964). Chefe da 2.ª Repartição na Região Militar
de Moçambique (1966-1968). Secretário-Geral da Província da Guiné (1968-
1972). Comandante da Academia Militar (1975-1997). Chefe do EME (1978-
1981). Artífice dos Serviços de Informação da República Portuguesa. Professor
Universitário e de Cursos Militares (Estudos estratégicos).

CARREIRA, António Barbosa (São Filipe/Fogo, 1905 – Lisboa, 1988) – estudou em Portugal, onde também concluiu o curso do Instituto Superior de Estudos
Ultramarinos (1949). Na Guiné foi chefe de posto, secretário administrativo,
administrador de circunscrição, membro do CEGP. Reformou-se em 1954.
Gerente da "Casa Gouveia" (envolvido no "massacre do Pindjiguiti") e dirigente
da "União Nacional". Em Lisboa, depois do "25 de Abril", professor convidado
da FCSH da Universidade Nova. Historiador e etnólogo com uma bibliografia
vastíssima sobre a Guiné e Cabo Verde.

CASTRO, Maria Fernanda Teles de [Castro e Quadros] (Lisboa, 1900 – Lisboa, 1994) – filha de Ana Teles de Castro e Quadros (morta e enterrada em Bolama, vítima de febre amarela) e de João Filipe Quadros, oficial da Marinha de Guerra, nomeado em 1913 Capitão do Porto e Chefe dos Serviços Marítimos de Bolama. Completou o curso dos liceus em 1918 e casou com António Ferro, em 1922. Entretanto, fizera uma nova curta estadia em Bolama, acompanhando o pai no seu regresso ao cargo que já desempenhara.

CONTE, Lansana (1934-2009) – fez parte do Exército francês e participou na guerra da Argélia. Deputado pelo PDG, partido único na Guiné-Conacri. Dirigiu, como coronel, o "Comité Militar de Salvação Nacional" que tomou o poder na semana posterior à morte de Sékou Touré (Abril de 1984). Promovido a general, foi oficialmente eleito PR em 1993 e reconduzido em 1998 e 2003. Aliado de Nino Vieira.

CORREIA, António Augusto Peixoto (Vila Nova de Gaia, 1913 – Lisboa, 1988) – contra-almirante. Na Guiné, entre 1945 e 1949, sucessivamente, chefe de gabinete do Governador Sarmento Rodrigues, presidente da Câmara Municipal de Bissau, presidente do Conselho dos Desportos, capitão dos Portos, vice-presidente da Comissão Orientadora da Radiodifusão e membro residente do CEGP. Governador de Cabo Verde (1957-1958). Governador da Guiné (1958-1962). Ministro do Ultramar (1962-1965). Vice-Presidente do Conselho Ultramarino.

CORREIA, Carlos (S. Domingos, 1933) – empregado na "Casa Gouveia". Preso aquando do "massacre do Pindjiguiti". Dirigente histórico do PAIGC. Licenciado em Agronomia na RDA. Comissário na Região Sul. Membro do CEL do PAIGC. Comissário de Estado e Ministro das Finanças. Membro do *Bureau* Político do PAIGC (1981). Membro do CE (1984). Ministro de Estado do Desenvolvimento Rural e Pescas. Três vezes Primeiro-Ministro ("Governo de transição" de 1991, "Governo de iniciativa presidencial" de 1997 e "Governo de gestão" de 2008).

CORREIA, Paulo (Nuacru, 1942 – Bissau, 1986) – comandante de brigada (1980). Entrou na luta armada em 1963. Comandante da Frente Leste. Membro do CEL do PAIGC. Membro do CE (1973). Presidente do Comité de Estado de Bissau. Comissário de Estado dos Combatentes da Liberdade da Pátria (1977). Membro do CR. Membro do *Bureau* Político do PAIGC (1981). Vice-Presidente do CE. Ministro das Forças Armadas. Ministro da Justiça e do Poder Local. Preso, acusado de tentativa de golpe de Estado (1985), e fuzilado em 12 de Julho de 1986.

COSTA, Manuel Saturnino da (Bolama, 1942) – coronel e 1.° comandante (1980). Fez parte do grupo inicial de guerrilheiros formados, em 1961 na Academia Militar de Nanquim (China). Responsável de zona (norte). Membro do CSL do PAIGC. Sub-Comissário de Estado da Educação e Cultura. Comissário de Estado dos Antigos Combatentes (1975). Membro do CR. Embaixador na URSS e em Cuba. Ministro do Interior. Membro do *Bureau* Político do PAIGC

274   *Invenção e Construção da Guiné-Bissau*

(1981). Secretário Nacional do PAIGC. Presidente da Câmara de Bissau (1991). Primeiro-Ministro (1994-1997). Ministro da Presidência do Conselho de Ministros (2009).

CRUZ, Viriato Clemente da (Porto Amboim, 1928 – Pequim, 1973) – curso liceal incompleto e empregado de escritório, em Luanda. Intelectual e poeta. Criou o Partido Comunista de Angola (1955). Exilou-se na Europa em 1957. Fundador do MAC, da FRAIN e da CONCP. Fundador do MPLA. Secretário--Geral do MPLA (Conacri). Aproximou-se da FNLA (1962-63), sendo nomeado Ministro dos Negócios Estrangeiros do GRAE (1965). Exilado em Pequim desde 1966, morreu no esquecimento e na miséria.

CUNHA, Joaquim Moreira da Silva (Santo Tirso, 1920) – professor da Faculdade de Direito da Universidade de Lisboa, do ISCSPU e do Instituto de Altos Estudos Militares. Secretário do Ministro das Colónias (1944-1946). Vogal do Conselho Ultramarino (1950). Chefe da missão portuguesa dos Estudos dos Movimentos Associativos da África Negra (1955). Procurador à Câmara Corporativa. Comissário Nacional Adjunto para o Ultramar da Mocidade Portuguesa (1958). Subsecretário de Estado da Administração Ultramarina (1962--1965). Chefe da delegação portuguesa às conversações com a UNPG, em Bissau (Agosto de 1963). Ministro do Ultramar (1965-1973). Ministro da Defesa (1973--1974). Múltiplas visitas à Guiné, em diferentes qualidades.

DJALÓ, Umarú (Caravela/Bijagós, 1939) – comandante de brigada (1980). De etnia fula, combatente na Frente Sul. Membro do CEL do PAIGC. Vice--Presidente do CE (1973-1978). Membro da delegação do PAIGC às "conversações secretas de Londres" e subscritor do "Acordo de Argel". Chefe do EMGFA. Comissário de Estado das Forças Armadas (1978-1980). Membro da Comissão Permanente do CEL do PAIGC. Vários anos preso, após o "14 de Novembro" de 1980. Em 1990, refugiou-se em Portugal.

DREKE, Víctor E. [Dreke Cruz] (Las Villas, 1937) – general das Forças Armadas cubanas, com vasto passado revolucionário. Em 1965, foi (sob pseudónimo de "Moja") o segundo chefe da "Coluna Um", comandada por Che Guevara no Congo. Comandante da Missão Militar cubana na Guiné-Bissau (1966-1968). Já como coronel, fez uma segunda estadia (Bissau, 1986-1989). A Resolução n.º 22/89, de 2 de Agosto, «pelos serviços prestados ao PAIGC e à República da Guiné-Bissau», concedeu-lhe a medalha *Ordem Nacional das Colinas do Boé*.

DUARTE, Abílio Augusto Monteiro (Santiago, 1931 – Lisboa, 1996) – funcionário bancário em Bissau, desde 1948. Amigo de infância, colaborou nos trabalhos de investigação de Amílcar Cabral. Dirigente histórico do PAIGC. Regressou a Cabo Verde em 1958. Ministro dos Negócios Estrangeiros e Presidente da ANP da República de Cabo Verde (1975-1981).

DUARTE, Fausto Castilho (Praia, 1903 – Lisboa, 1953) – agrimensor na Guiné, desde 1928. Testemunhou, em 1931, a "Revolução Triunfante". Concluiu o Curso Superior Colonial, em Lisboa (1936). Exerceu, durante quinze anos, funções de secretário da comarca de Bolama. Escritor. Jornalista em *O Comércio da Guiné*. Organizou dois volumes do *Anuário da Guiné Portuguesa*.

FABIÃO, Carlos Alberto Idães Soares (Lisboa, 1930 – Lisboa, 2006) – coronel e ex-general graduado. Fez quatro comissões na Guiné (1955-1961, 1965-1967, 1968-1970 e 1971-1973) e uma em Angola (1961-1963). Estava em Bissau aquando do "Massacre do Pindjiguiti". Grande especialista sobre os "chãos" e as etnias da Guiné. Membro do equipa de Spínola que negociou com Senghor no cabo Skiring (1972). Membro do MFA e do CR. Último Governador da Guiné. Chefe do EME (1974-1975). Recusou chefiar o VI Governo Provisório. Coordenador do *Guia do Terceiro Mundo*.

FANON, Frantz (1925-1961) – natural da Martinica. Médico psiquiatra, ensaísta, anticolonialista radical, militante político (FNL argelina). Defensor da luta armada de libertação, teve grande influência na formação dos movimentos nacionalistas das colónias portuguesas, sobretudo da UPA/ FNLA, cuja violência inicial teorizou e promoveu.

FELGAS, Hélio Augusto Esteves (Rio de Janeiro, 1920 – Lisboa, 2008) – brigadeiro. Alferes e tenente, em Moçambique e em Timor. Durante a guerra colonial, comissões militares na Guiné (1963-65 e 1968-1969) e em Angola (1973-1974). Escritor, jornalista, professor e conferencista da "guerra subversiva" e da "contra-revolução". Passado à reserva compulsiva (Maio de 1974).

FERREIRA, Luiz Gonzaga (Horta, ?) – diplomata. Adido na Embaixada portuguesa em Dacar, até à ruptura das relações diplomáticas (1963). Partícipe na "Operação Camaleão" e na criação da UNGP (1962). Membro da delegação portuguesa às conversações com a UNPG, em Bissau (Agosto de 1963).

FORTES, Fernando Ferreira (S. Vicente, 1929 – Moscovo, 1983) – concluiu o curso liceal em Cabo Verde. Funcionário da estação postal dos Correios em Bissau, desde 1947. Fundador do PAI e do MLG. Participou na "reunião ampliada" de 1959. Preso pela PIDE no "processo de 1961" e condenado em Tribunal Militar a dois anos de cadeia. Novamente preso em 1966, enviado para o campo de concentração de São Nicolau (Angola), onde esteve de 1967 a 1971. Residência fixa em Luanda (1971-1974). Comissário de Estado dos Correios e Telecomunicações (1975). Regressou a Cabo Verde após o "14 de Novembro" de 1980. Embaixador em Moscovo.

GOMES, José Francisco ["Maneta"] (? – ?) – membro do MING. Fundador e presidente do MLG. Opôs-se à integração do MLG no PAI, ao papel dos cabo-verdianos e à chefia de Amílcar Cabral. Aliado de José Ferreira de Lacerda. Exilou-se em Conacri e Dacar, aderindo ao MLG (Dacar).

GOMES, Francisco da Costa (Chaves, 1914 – Lisboa, 2001) – marechal. Curso da Escola Militar e licenciado em Ciências Matemáticas. Destacado no Comando Supremo da NATO (1954-1956). Subsecretário de Estado do Exército

(1958-1961). Participou na "Abrilada de 1961". Segundo Comandante da Região Militar de Moçambique (1964-1968). Comandante-Chefe de Angola (1969- -1972). Chefe do EMGFA (1972-1974). Designado PR pela JSN. Acumulou com os cargos de Chefe de EMGFA e Presidente do CR. Visitou a Guiné como autoridade militar, em momentos decisivos (1958/1959 e 1973).

GUERRA, Maria Sofia Carrajola Pomba do Amaral (Elvas, 1906-?) – licenciada em Farmácia. Em 1936, editou *Dois anos em África* (cuja redacção concluíra em «Polana, Setembro 934») e que era, como resume o "Prefácio" de Vitorino Nemésio, um «livro de impressões coloniais vagamente romanceadas – um jovem a colocar, um Tio utopista que o chama e a selva de Moçambique como fundo e quase çomo desfecho». Professora em Lourenço Marques (Maputo). Militante (clandestina) do PCP e da "Organização Comunista de Moçambique" (1946), membro da direcção dos "Jovens Democratas de Moçambique", ligada ao MUD. Detida pela PIDE foi enviada sob prisão (juntamente com João Mendes, Norberto Sobral de Campos e Henrique Beirão), num cargueiro, para Lisboa. Deu entrada na Directoria da PIDE em 23/11/1949, sendo enviada para o Depósito de Presos de Caxias. Restituída à liberdade em 4 de Julho de 1950, mas "desterrada" para a Guiné, onde já se encontrava o marido, dr. Platão Amaral Guerra (colocado na "Farmácia do Governo"). Directora da "Farmácia Lisboa", em Bissau. Membro residente do CEGP (1952). Manteve (sob vigilância da PIDE) intensa actividade cultural, política e pedagógica, com grande influência nos primeiros militantes do PAIGC.

JUSTADO, Ladislau Lopes (?-?) – enfermeiro. Anfitrião e fundador do MLG. Preso pela PIDE no "processo de 1961" e condenado em Tribunal Militar a dois anos de cadeia. Opositor do PAIGC (após a independência).

LACERDA, José Ferreira de [Lacerda Júnior] (Bolama, 1906 – Bissau, 1966) – seminarista em Cabo Verde e Viseu (Portugal). Ascendentes portugueses, de Cabo Verde. Funcionário dos quadros administrativos e da capitania dos portos da Província em Xitole, Bambadinca, Bissau e, sobretudo, Bolama. Assinou o termo de posse do Encarregado do Governo major Soares Zilhão, na sequência da "Revolução Triunfante", de 1931. Participou na criação do Partido Socialista, do MLG e do PAIGC. Articulista do jornal *O Bolamense*. Promoveu candidatura às eleições para o Conselho de Governo. Opositor da Unidade Guiné-Cabo Verde e da integração do MLG no PAI. Redigiu vários documentos nacionalistas e trocou importante correspondência com Amílcar Cabral. Preso aquando do "processo de 1961" e, novamente, em Maio de 1966. Morto, em 14 de Agosto desse ano, nas instalações da PIDE.

LARA, Lúcio Rodrigo Leite Barreto de (Huambo, 1929) – curso liceal no Lubango (Sá da Bandeira) e estudos universitários em Coimbra e Lisboa. Participou no MUD Juvenil. Presente no V Congresso (ilegal) do PCP. Exílio na Alemanha (1959). Fundador do MAC, da FRAIN, da CONCP e do MPLA. Membro do *Bureau* Político do MPLA.

LOBATO, António Lourenço de Sousa (Melgaço, 1938) – piloto voluntário na Força Aérea (1957). Embarque para a Guiné (1961). Capturado pelo PAIGC, após uma operação "de limpeza" à ilha de Como (22 de Maio de 1963). Detido em prisões da Guiné-Conacri e do PAIGC. Libertado em 22 de Novembro de 1970, na sequência da "Operação Mar Verde".

LOPES, Francisco Higino Craveiro (Lisboa, 1894 – Lisboa, 1964) – marechal. Aderiu ao "28 de Maio de 1926". Governador Geral do Estado da Índia (1936-1938). Comandante-Geral da Legião Portuguesa. Deputado à Assembleia Nacional (1945). Comandante da Base Aérea das Lajes e da 3.ª Região Militar. PR entre 1951 e 1958. No final do mandato, afastou-se do regime e da sua política colonial e aproximou-se do "marcelismo". Envolvido na "Abrilada de 1961". Viagem presidencial à Guiné em 1955.

MACHADO, Francisco José Vieira (Lisboa, 1898 – Lisboa, 1972) – licenciado em direito. Subsecretário de Estado das Colónias (1934-1935), Ministro das Colónias (1936-1944), desenvolveu a política económico-social, propagandística e totalitária da "fase imperial". Criou a CEI. Dirigente da "União Nacional" e Governador do Banco Nacional Ultramarino. Visitou a Guiné em 1941, transferindo a capital para Bissau.

MANÉ, Ansumane ["Bric-Brac"] (1945-2000) – brigadeiro. Nasceu na Gambia e fez estudos islâmicos no Casamansa. Em 1962 aderiu à luta de libertação do PAIGC. Desempenhou funções de "guarda-costas privativo" de Nino Vieira. Formação militar na Coreia do Norte e vários estágios na União Soviética. De etnia mandinga, nunca aprendeu a língua portuguesa. Teve um papel importante no "14 de Novembro de 1980" mas não integrou o CR. Funções de assessoria na presidência da República. Chefe do EMGFA (1986). Comandante Supremo da Junta Militar (1998-1999). Assassinado em 30 de Novembro de 2000.

MANÉ, Arafan ["Ndjamba"] (1944-2004) – aderiu ao PAIGC em Conacri, em 1961. Dirigiu a mobilização na área de Tite, comandando o primeiro ataque da luta armada, em 23 de Janeiro de 1963. Formação na Academia Militar de Nanquim (segundo grupo, em 1963). Organização do Congresso de Cassacá (1964). Comando geral das operações na região sul. Comandante-chefe da Marinha de Guerra (1968). Director do "Centro de Instrução Madina do Boé" (1973-1974). Chefe da casa militar do Presidente do CE. Membro do EMGFA. Detido no "14 de Novembro" (1980) Ministro dos Combatentes da Liberdade da Pátria (1994).

MARIA, Victor Saúde (Bafatá, 1938 – Bissau, 1999) – dirigente histórico do PAIGC. Participou na Conferência de Quadros (Dacar, Outubro de 1960). Secretário internacional e membro do CEL do PAIGC. Membro da delegação do PAIGC às conversações secretas de Londres (Março de 1974). Comissário de Estado dos Negócios Estrangeiros. Vice-Presidente do CR (1980). Ministro dos

278   *Invenção e Construção da Guiné-Bissau*

Negócios Estrangeiros. Membro do *Bureau* Político do PAIGC (1981). Primeiro-Ministro (1982). Expulso do PAIGC (1984). Presidente da Câmara de Bissau (1990). Primeiro presidente do PUSD e fundador da FDS.

MENDES, Francisco ["Chico Té"] (Enxudé, 1939 – Bambadinca, 1978) – curso liceal. Aderiu ao PAIGC em Conacri (1960). Participou na Conferência de Quadros (Dacar, Outubro de 1960). Foi um dos dez militantes do PAIGC enviados, em Janeiro de 1961, para a Academia Militar de Nanquim. Comissário Político da Região Norte. Membro do Conselho de Guerra e do Secretariado Permanente do CEL do PAIGC. Comissário Principal (1973-1978). Faleceu num acidente de viação em 7 de Julho de 1978.

MENEZES, Alfredo d'Alva (? – ?) – natural de S. Tomé e Príncipe. Fundador e cobrador de quotas do MLG. Participou na "reunião ampliada" de 1959. Preso pela PIDE no "processo de 1961".

MONTEIRO, Armindo Rodrigues de Sttau (Vila Velha de Ródão, 1896 – Loures, 1955) – professor da Faculdade de Direito da Universidade de Lisboa. Subsecretário de Estado das Finanças (1930-1931). Ministro das Colónias (1931--1935). Ministro dos Negócios Estrangeiros (1936). Embaixador em Londres (1937-1943). Membro do Conselho de Estado. Procurador à Câmara Corporativa. Opôs-se à revogação do Acto Colonial.

MOREIRA, Adriano José Alves (Macedo de Cavaleiros, 1922) – licenciado em Direito. Professor da Escola Superior Colonial e do ISCSPU, fundador do Centro de Estudos Políticos e Sociais (1956). Membro da delegação portuguesa à Assembleia Geral da ONU (1957). Vogal do Conselho Ultramarino. Procurador à Câmara Corporativa. Subsecretário de Estado da Administração Ultramarina (1960-1961). Ministro do Ultramar (1961-1962). Revogou o Estatuto dos Indígenas ("Reformas de Setembro de 1961"). Promoveu a Reunião Extraordinária do Conselho Ultramarino (Outubro de 1962). Arauto do luso-tropicalismo.

MOTA, Avelino Teixeira da (Lisboa, 1920 – Lisboa, 1982) – vice-almirante, por distinção. Na Guiné, desempenhou múltiplas funções: ajudante de campo do Governador Sarmento Rodrigues, fundador do CEGP e membro do comissão de redacção do *BCGP*, integrou depois a Missão Geo-Hidrográfica (1947-1957). Deputado à Assembleia Nacional pela Guiné (1957). Membro do Conselho Ultramarino. Chefe do Estado-Maior do Comando da Defesa Marítima da Guiné (1969). Dedicou-se ao ensino e à investigação nas áreas da Cartografia, História, Etnografia, Geografia e Antropologia, deixando uma bibliografia excepcional.

NKRUMAH, Kwame (1909-1972) – estudou na Inglaterra e nos EUA. Líder do movimento nacionalista, defensor da desobediência civil, preso pelas autoridades britânicas do Gana (Costa de Ouro) até 1951. Nomeado Primeiro-Ministro, após eleições legislativas, colaborou com as autoridades britânicas. A independência foi proclamada em 6 de Março de 1957, mas o Gana de Nkrumah só

Apêndices 279

adoptou a forma de República em 1 de Julho de 1960. Reivindicou a independência imediata e a formação dos Estados Unidos da África, ou seja, o panafricanismo. Foi destituído por um golpe de Estado militar, em 24 de Fevereiro de 1966. Refugiou-se na Guiné-Conacri e morreu na Roménia.

PEREIRA, Aristides ["Alfredo Bangoura"] (Boa Vista, 1923) – técnico radiotelegrafista em Bafatá (1948), Bolama e Bissau (1950). Cunhado de Fernando Fortes, com quem coabitava em Bissau, aquando da fundação do PAI. Partiu para Dacar, via Lisboa (1960). Participou na conferência de imprensa em Londres (Dezembro de 1960). Seguiu para Conacri (1961). Representou o PAIGC na I CONCP (1961). Secretário-Geral Adjunto do PAIGC (1964-1973). Secretário-Geral do PAIGC (1973-1980). Presidente da República de Cabo Verde (1975-1991).

PEREIRA, Carmen (Bissau, 1936) – curso liceal. Formação profissional na URSS. Coordenadora de cuidados médicos e comissária política na Frente Sul. Membro do CEL do PAIGC. Membro do CE. Membro do *Bureau* Político do PAIGC (1981). Ministra da Saúde e dos Assuntos Sociais. Presidente da ANP. Promulgou a Constituição de 1984, pelo que a sua assinatura se mantém na Constituição vigente.

PEREIRA, Raimundo (1956) – licenciado pela Faculdade de Direito de Lisboa. Dirigiu a Televisão e a Rádio Nacional. Ministro da Informação. Ministro da Justiça. Vice-Presidente do PAIGC. Presidente da ANP (2008). PR interino (2009).

PINTO, João Teixeira (Moçâmedes/Namibe, 1876 – Negomabe, 1917) – militar de uma família de oficiais coloniais. Tenente, embarcou para Angola (1902), exercendo quatro comissões como oficial-administrador (campanhas de Cuamato e missão diplomática nos Dembos). Apresentou-se, em Lisboa, no Ministério da Guerra, partindo pouco depois para a Guiné. Capitão, chegou a Bolama em 23 de Setembro de 1912, ocupando o cargo de chefe do estado--maior. Dirigiu a ocupação militar da Guiné (1912-1915). Regressou a Lisboa em Novembro de 1915, sendo promovido a major. Morreu, no norte de Moçambique, em combate contra as tropas alemãs. Impôs a soberania portuguesa na Guiné «com a brutalidade de um *condottiere* e o encarniçamento de um administrador--cobrador de impostos» (René Pélissier).

ROBALO, Victor (Bissau, 1914 – Bissau, 2008) – filho de um dirigente da Liga Guineense. Empregado comercial e "ponteiro" em Bigimita. Partícipe nas reuniões da ADRA e colega de Amílcar Cabral na área agrícola. Apoiante de uma lista representativa nas eleições para o Conselho de Governo. Testemunha no "processo de 1961". Não aderiu a qualquer organização nacionalista.

RODRIGUES, Manuel Maria Sarmento (Freixo de Espada à Cinta, 1899 – Lisboa, 1979) – almirante. Funções no Estado da Índia e comandos navais em Moçambique. Chefe do Estado-Maior da Força Naval. Governador da Guiné

(1946-1949). Ministro das Colónias e do Ultramar (1950-1955). Deputado por Moçambique. Professor da Escola Superior Colonial e do ISCSPU. Vogal do Centro de Estudos Políticos e Sociais do Ministério do Ultramar. Director da Escola Naval. Governador de Moçambique (1961-1964). Expoente da nova "Escola Colonial". Arauto do luso-tropicalismo.

RODRIGUES, Vasco António Martins (Lisboa, 1917 – Lisboa, 1983) – curso da Escola Naval. Exerceu várias comissões em Moçambique e era, à data da nomeação para Bissau, Governador do Distrito de Lourenço Marques. Governador da Guiné (1963-1964). Adido Naval em Washington (1965-1972).

ROSA, Henrique Pereira (Bafatá, 1946) – funcionário público entre 1965 e 1971. Empresário do sector de seguros, comércio internacional e agropecuária. Membro de várias associações económicas, religiosas e sociais. Director executivo da CNE nas eleições de 1994. PR de Transição (2004). Candidato derrotado na 1.ª volta das presidenciais de 2009.

ROSA, João da Silva (?-?) – guarda-livros na firma comercial francesa NOSOCO. Partícipe nas reuniões da ADRA. Anfitrião do PAI. Morreu em consequência da prisão pela PIDE no "processo de 1961".

SALAZAR, António de Oliveira (Santa Comba Dão, 1889 – Lisboa, 1970) – professor da Faculdade de Direito de Coimbra. Ministro das Colónias interino, para fazer aprovar o Acto Colonial (1930). Presidente do Ministério (1932-1933). Presidente do Conselho de Ministros (1933-1968).

SANHÁ, Malam Bacai (Quinara, 1947) – muçulmano de etnia beafada. Militante do PAIGC na Frente Sul. Estudou Ciências Sociais e Políticas na RDA. Administrador da Região do Biombo (1975/76). Governador da Região de Gabu e da Província do Leste (1981-1991). Secretário-geral da UNTG (1990-91). Ministro da Informação e das Telecomunicações (1992). Ministro da Função Pública e do Trabalho (1992-94). Presidente da ANP (1994-1999). PR interino (1999-2000). Candidato derrotado nas presidenciais de 2000 e de 2005. PR eleito em 2009.

SCHULTZ, Arnaldo (Tomar, 1910 – Lisboa, 1993) – general. Curso da Escola Militar (infantaria). Missão Militar de Observação na Guerra Civil de Espanha. Ministro do Interior (1958-1961). Como brigadeiro, em 1963, comandava em Angola, o sector operacional de Cabinda. Governador da Guiné (1964--1967). Director do Instituto de Altos Estudos Militares. Vogal do Conselho Ultramarino. Presidente da Liga dos Combatentes, apoiou o I Congresso dos Combatentes do Ultramar. Preso (mas absolvido) após o "25 de Abril".

SEABRA, Veríssimo Correia (Bissau, 1947 – Bissau, 2004) – general. Militante do PAIGC desde 1963. Estudou na Bulgária entre 1966 e 1970. Inspector no Centro de Instrução Político-Militar de Madina do Boé. Especializou-se na URSS na arma de artilharia. Comandante na Região Sul. Chefe do EMGFA. Ministro da Defesa (2000). Presidente do Comité Militar para a

Restituição da Ordem Constitucional e Democrática (2003). Assassinado em 6 de Outubro de 2004.

Senghor, Léopold Sedar (1906-2001) – poeta, escritor e político. Parlamentar francês na Assembleia Constituinte e na Assembleia Nacional (de 1945 a 1955) e Secretário de Estado (1955-56). Eleito PR do Senegal entre 1960 e 1980 (5 mandatos). Símbolo da cooperação pós-colonial e defensor da "negritude". Apoiou a FLING até 1965 e, posteriormente, deu apoio limitado e crítico ao PAIGC. Promoveu várias tentativas de negociações, sobretudo através do "plano Senghor", assumido pelo Governo senegalês em Março de 1969 e reiterado em Outubro de 1972.

Serrão, Raimundo António Rodrigues (Almoster, 1897 – Lisboa, 1988) – curso da Escola Militar e de engenharia. Tenente do "28 de Maio de 1926". Director da Exploração dos Serviços de Portos, Caminhos de Ferro e Transportes das Colónias. Larga folha de serviços em Angola, a partir de 1930, onde fora, ultimamente, Director do Porto do Lobito e Governador da Província do Bié. Governador da Guiné (1949-1953).

Spínola, António Sebastião Ribeiro de (Estremoz, 1910 – Lisboa, 1996) – marechal. Carreira simultaneamente militar e empresarial. Voluntário e coronel no início da guerra em Angola (1961-1964). Brigadeiro e Segundo-Comandante da Guarda Nacional Republicana (1966). Governador e Comandante-Chefe das Forças Armadas da Guiné (1968-1973). A experiência na Guiné foi convertida no livro *Portugal e o Futuro*. Escolhido para PR pela Junta de Salvação Nacional, renunciou ao mandato em Setembro de 1974.

Tavares, Álvaro Rodrigues da Silva (Santo Antão, 1915-?) – magistrado do Ministério Público e Judicial na Guiné, Moçambique, Angola e Goa. Governador da Guiné (1956-1958). Subsecretário de Estado da Administração Ultramarina (1958-1960). Governador-Geral de Angola (1960-1961). Procurador à Câmara Corporativa. Presidente do STA (1970-1974). Advogado.

Teixeira, Constantino ["Tchutchu" ou "Axon"] (? – Bissau, 1983) – frequência do 1.º curso de sargentos milicianos [Centro de Instrução de Civilizados] realizado na Guiné (1959). Integrou a coluna militar, em 3 de Agosto de 1959, no cais do Pindjiguiti. Foi um dos dez militantes enviados, em Janeiro de 1961, para a Academia Militar de Nanquim. Participou no Congresso de Cassacá. Membro dos serviços de segurança do PAIGC. Comissário de Estado da Segurança Interna e Ordem Pública (1978-1980). Comissário Principal interino (Julho a Setembro de 1978). Membro da Comissão Permanente do CEL do PAIGC. Comandante de brigada (1980). Preso no "14 de Novembro" de 1980, morreu na prisão.

Touré, Ahmed Sékou (1922-1984) – funcionário dos correios, sindicalista e fundador do partido RDA (União Democrática Africana). Defensor do "não" aquando do referendo da Constituição francesa. Tornou-se PR com a independência da República da Guiné-Conacri (1958). Sucessivamente reeleito até à

282 *Invenção e Construção da Guiné-Bissau*

morte. Defensor do socialismo africano e do princípio político-constitucional Partido-Estado. Instaurou um regime de violência e arbitrariedade. Apoiou e manteve relações ambíguas com o PAIGC, embora a Guiné-Conacri tenha constituído a retaguarda fundamental e vital da luta armada de libertação.

TURPIN, Elisée Jean Marie (Bissau, 1930) – contabilista, na "Sociedade Comercial Oeste Africa" (1942-1956), na "Casa Gouveia" (1958-1964) e Secretário Geral da Associação Comercial (1973-1976). Partícipe nas reuniões da ADRA. Fundador do PAI. Preso pela PIDE no "processo de 1961".

VENTURA, Raúl Jorge Rodrigues (1919-2000) – professor da Faculdade de Direito da Universidade de Lisboa. Subsecretário de Estado do Ultramar (1953--1955). Ministro do Ultramar (1955-1958). Prosseguiu uma linha reformista da administração ultramarina e da política económica. Visitou a Guiné em 1953 e em 1957.

VIEIRA, João Bernardo ["Nino", "Marga", "Kabi"] (Bissau, 1939 – Bissau, 2009) – general. Ajudante de electricista. Aderiu ao PAIGC em Conacri (1960). Foi um dos dez militantes enviados, em Janeiro de 1961, para a Academia Militar de Nanquim. Comandante da Região Sul. Membro do Conselho de Guerra e do Secretariado Permanente do CEL do PAIGC. Presidente da ANP (1973-1980). Comissário de Estado das Forças Armadas (1973-1978) e Comissário Principal (1978-1980). Comandante de Brigada (1980). Presidente do CR (1980-1984) e Secretário-Geral do PAIGC (1981). Presidente do CE (1984-1994). Eleito PR (1994). Deposto em 1999. Exílio em Portugal (1999-2005). Reeleito PR (2005). Assassinado em 2 de Março de 2009.

VIEIRA, Osvaldo Máximo (Bissau, 1938 – Boké, 1973) – empregado de farmácia "Lisboa", dirigida por Sofia Pomba Guerra. Foi um dos dez militantes enviados, em Janeiro de 1961, para a Academia Militar de Nanquim. Responsável pela Região Norte. Membro do Conselho de Guerra. Comandante da Frente Leste. Alegado (e desmentido) envolvimento no assassinato de Amílcar Cabral. Morte (suspeita) por alcoolismo.

YALA, Koumba [Iala Kobdé Nhanca] (Bula, 1953) – seminarista (católico) e estudos de filosofia e teologia na RDA e em Portugal. Professor (de Educação Militante) na "Escola Nacional do Partido". Expulso do PAIGC (1990) Fundador da FDS (1991) e do PRS (1992). Adoptou eleitoralmente o barrete vermelho, símbolo da etnia balanta. Candidato derrotado na 2.ª volta das presidenciais de 1994. Licenciado em Direito pela Faculdade de Direito de Bissau (1995). Eleito PR nas presidenciais de 1999. Deposto em 2003. Longas estadias em Marrocos. Candidato derrotado na 1.ª volta das presidenciais de 2005. Conversão ao islamismo (2008). Candidato derrotado na 2.ª volta das presidenciais de 2009. Generalizou-se a escrita do seu nome como Kumba Yalá.

WAIE, Baptista Tagmé Na (Bambadinca, 1949 – Bissau, 2009) – general. Guerrilheiro, de origem balanta. Apoiou Nino Vieira no "14 de Novembro de

1980". Era major e comandante da Polícia Militar, quando foi torturado e condenado à morte (pena comutada em trabalhos forçados) no " Caso 17 de Outubro" de 1985. Aderiu ao partido da oposição RGB. Acusado no "Caso 17 de Março de 1993", foi absolvido pelo Tribunal Militar Superior. Regressou às fileiras aquando da guerra de 1998/99. Fez parte da Junta Militar liderada por Ansumane Mané, tendo sido promovido a Inspector-Geral das Forças Armadas. Chefe do EMGFA (2004). Assassinado em 1 de Março de 2009.

GLOSSÁRIO DE SIGLAS

AAFDL	– Associação Académica da Faculdade de Direito de Lisboa
ADRA	– Associação Desportiva e Recreativa dos Africanos
ANP	– Assembleia Nacional Popular
APU	– Aliança Popular Unida
BANUGBIS	– Delegação de Apoio das Nações Unidas para a Consolidação da Paz na Guiné-Bissau
BCGP	– Boletim Cultural da Guiné Portuguesa
CCE	– Conselho dos Comissários de Estado
CE	– Conselho de Estado
CEA	– Centro de Estudos Africanos
CEDEAO	– Comunidade Económica dos Estados da África Ocidental
CEGP	– Centro de Estudos da Guiné Portuguesa
CEI	– Casa dos Estudantes do Império
CEL	– Comité Executivo da Luta (do PAIGC)
CERCLE	– Comissão Eventual para a Revisão Constitucional e das Leis Eleitorais
CLSTP	– Comité de Libertação de S. Tomé e Príncipe
CMDG	– Comando da Defesa Marítima da Guiné
CNE	– Comissão Nacional de Eleições
CPLP	– Comunidade dos Povos de Língua Portuguesa
CR	– Conselho da Revolução
CSL	– Conselho Superior da Luta (do PAIGC)
CTIG	– Comando Territorial Independente da Guiné
CONCP	– Conferência das Organizações Nacionalistas das Colónias Portuguesas
CUF	– Companhia União Fabril
ECOMOG	– Grupo de vigilância do cessar-fogo nos Estados da África Ocidental
EMGFA	– Estado-Maior General das Forças Armadas
EUA	– Estados Unidos da América
FARP	– Forças Armadas Revolucionárias do Povo
FDS	– Frente Democrática Social
FLGCV	– Frente de Libertação da Guiné e Cabo Verde
FLING	– Frente de Luta pela Independência Nacional da Guiné
FMI	– Fundo Monetário Internacional
FNLA	– Frente Nacional de Libertação de Angola
FRAIN	– Frente Revolucionária Africana para a Independência Nacional
FRELIMO	– Frente de Libertação de Moçambique

GUN	– Governo de Unidade Nacional
ICS	– Imprensa de Ciências Sociais
IICT	– Instituto de Investigação Científica Tropical
INCM	– Imprensa Nacional – Casa da Moeda
INEP	– Instituto Nacional de Estudos e Pesquisas
ISCSPU	– Instituto Superior de Ciências Sociais e Política Ultramarina
JSN	– Junta de Salvação Nacional
MAC	– Movimento Anti-Colonialista (para a Libertação das Colónias Portuguesas)
MING	– Movimento para a Independência Nacional da Guiné
MLG	– Movimento de Libertação da Guiné
MLGC	– Movimento de Libertação da Guiné e Cabo Verde
MNE	– Ministério dos Negócios Estrangeiros
MPLA	– Movimento Popular de Libertação de Angola
MUD	– Movimento de Unidade Democrática
ONU	– Organização das Nações Unidas
ONUGBIS	– Delegação de Apoio das Nações Unidas para a Consolidação da Paz na Guiné-Bissau
OSPAA	– Organização de Solidariedade dos Povos da África e da Ásia
OSPAAAL	– Organização de Solidariedade dos Povos da África, Ásia e América Latina
OUA	– Organização da Unidade Africana
PAI	– Partido Africano da Independência
PAICV	– Partido Africano da Independência de Cabo Verde
PAIGC	– Partido Africano da Independência da Guiné e Cabo Verde
PALOP	– Países Africanos de Língua Oficial Portuguesa
PCD	– AD/Plataforma Unida
PCP	– Partido Comunista Português
PIDE/DGS	– Polícia Internacional de Defesa do Estado/Direcção Geral de Segurança
PM	– Primeiro-Ministro
PND	– Partido da Nova Democracia
PR	– Presidente da República
PRID	– Partido Republicano Independente para o Desenvolvimento
PRS	– Partido da Renovação Social
PSD	– Partido Social Democrata
PSG	– Partido Socialista da Guiné
PSP	– Polícia de Segurança Pública
PUSD	– Partido Unido Social Democrata
RDA	– República Democrática Alemã
RGB	– Resistência da Guiné-Bissau/ Movimento Bâ-fatá
STJ	– Supremo Tribunal de Justiça
UE	– União Eleitoral
UM	– União para a Mudança
UNGP	– União dos Naturais da Guiné Portuguesa
UNTG	– União Nacional dos Trabalhadores da Guiné
UPA	– União dos Povos de Angola
URSS	– União das Repúblicas Socialista Soviéticas

BIBLIOGRAFIA SELECCIONADA

BIBLIOGRAFIA RELATIVA À PARTE I – A GUINÉ PORTUGUESA: INSTALAÇÃO

AAVV, *Guiné (Separata)*, Boletim da Agência Geral das Colónias, n.° 44, Fevereiro de 1929.

AAVV, in *O Mundo Português*, n.° 28, Volume III, Agência Geral das Colónias/Secretariado da Propaganda Nacional, Abril de 1936.

AAVV, *Congresso Comemorativo do Quinto Centenário do Descobrimento da Guiné*, Vol. I e Vol. II, Lisboa, Sociedade de Geografia, 1946.

AAVV, *BGCP – Número Especial – Comemorativo do V Centenário da Descoberta da Guiné*, Outubro de 1947.

AAVV, *Almirante Sarmento Rodrigues (1899-1979) – Testemunhos e Inéditos no Centenário do seu Nascimento*, Academia da Marinha/Câmara Municipal de Freixo de Espada à Cinta, 1999.

AAVV, *A construção da nação em África: os exemplos de Angola, Cabo Verde, Guiné-Bissau, Moçambique e S. Tomé e Príncipe*, Bissau, INEP, 1989.

ACTAS do Colóquio Internacional "Bolama, Caminho Longe", *Bolama entre a generosidade da natureza e a cobiça dos homens*, Bissau, INEP, 1996.

ALEXANDRE VALENTIM, "Configurações políticas", in *História da Expansão Portuguesa,* Vol. IV (dir. de Francisco Bethencourt e Kirti Chaudhuri), Circulo de Leitores, 1998.

Idem, "Administração colonial", in *Dicionário da História de Portugal,* Vol. 7 – Suplemento (coord. de António Barreto e Filomena Mónica), Porto, Figueirinhas, 1999.

AMADO, Leopoldo, "A literatura colonial guineense", in *Soronda – Revista de Estudos Guineenses*, INEP, Bissau, n.° 9, Janeiro de 1990.

ANDRADE, Mário Pinto de, "As ordens do discurso do 'clamor africano: continuidade e ruptura na ideologia do nacionalismo africano", in *Estudos Moçambicanos,* n.° 7, Universidade Eduardo Mondlane, Maputo, 1990.

Idem, *Origens do Nacionalismo Africano*, Lisboa, Dom Quixote, 1997.

ANTUNES, José Freire, *Salazar/Caetano – Cartas Secretas (1932-1968)*, Lisboa, Círculo dos Leitores, 1993.

ARCHER, Maria, *Roteiro do Mundo Português*, 2.ª Edição, Lisboa, Soc. Ind. de Tipografia, 1950.

BARBOSA, Honório, "Os indígenas da Guiné perante a lei portuguesa", in *BCGP*, n.º 6, Abril de 1947.

BARRETO, João, *História da Guiné, 1418-1918*, Lisboa, Edição do Autor, 1938.

CAETANO, Marcello, *Perspectivas da vida política, da economia, e da vida colonial*, Lisboa, Livraria Morais, 1936.

Idem, "Uma crónica nova da conquista da Guiné", in *BCGP*, Vol. I, n.º 1, Janeiro de 1946.

Idem, *Minhas Memórias de Salazar*, Lisboa, Verbo, 1977.

CARREIRA, António, *Os Portugueses nos Rios da Guiné (1500-1900)*, Lisboa, Edição do Autor, 1983.

CARDOSO, Carlos, "A ideologia e a prática da colonização portuguesa na Guiné e o seu impacto na estrutura social, 1926-1973", in *Soronda – Revista de Estudos Guineenses*, INEP, Bissau, n.º 14, Jul./92.

Idem, *A formação da elite política guineense*, Centro de Estudos Africanos (CEA/ ISCTE), "Occasional Papers Series".

CARNEIRO, Ruy de Sá, *Comemorações Centenárias da Guiné – Discursos e alocuções*, Agência Geral das Colónias, 1947.

CAROÇO, Jorge Frederico Velez, *Relatório Anual do Governador da Guiné: (1921-1922)*, Coimbra, Imprensa da Universidade, 1923.

CARVALHO, Clara, "O olhar colonial: antropologia e fotografia no Centro de Estudos da Guiné Portuguesa", apud Clara Carvalho e João Pina Cabral (org.), *A Persistência da História – Passado e Contemporaneidade em África*, Lisboa, ICS, 2004.

CASTRO, Fernanda de, *Ao fim da memória I, 1906-1939*, Rio de Mouro, Círculo de Leitores, 2006.

CORREIA, António Mendes, *Uma jornada científica na Guiné Portuguesa*, Lisboa, Agência Geral das Colónias, 1946.

CUNHA, J. M. da Silva, *O sistema português de política indígena*, Coimbra Editora, 1953.

DIAS, Eduardo Costa, "Regulado do Gabú, 1900-1930: a difícil compatibilização entre legitimidades tradicionais e a reorganização do espaço colonial", in *Africana Studia*, n.º 9, Porto, Faculdade de Letras, 2006.

DINIS, António J. Dias, *O V Centenário do Descobrimento da Guiné Portuguesa à Luz da Crítica Histórica: 1446-1946,* Braga, 1946.

DUARTE, Fausto Castilho (org.), *Anuário da Guiné Portuguesa – 1946*, Lisboa.

Idem, *Anuário da Guiné Portuguesa – 1948*, Lisboa.

ESTEVES, Maria Luísa, *A questão do Casamansa e a delimitação das fronteiras da Guiné*, Lisboa, IICT e INEP, 1988.

FARINHA, Luís, "Rodrigues, Manuel Maria Sarmento (1899-1979)", in Fernando Rosas e J. M. Brandão de Brito (dir.), *Dicionário da História do Estado Novo*, Lisboa, Círculo de Leitores, 1996.

FERRÃO, Nuno de Sotto-Mayor Q. M., *Aspectos da Vida e Obra do Almirante Sarmento Rodrigues (1899-1979)*, Edição da Câmara Municipal de Freixo de Espada à Cinta, 1999.

GALLI, Rosemary E., "A ausência de capitalismo agrário na Guiné-Bissau durante o regime do Estado Novo", in *Soronda – Revista de Estudos Guineenses*, INEP, Bissau, n.º 7, Janeiro de 1994.

HAVIK, Philip J., "*Mundasson i Kambansa*: espaço social e movimentos políticos na Guiné-Bissau (1910-1994)", in *Revista Internacional de Estudos Africanos*, Lisboa, n.ᵒˢ 18-22, Lisboa, 1995-1999.

Idem, "Tributos e Impostos: a crise mundial, o Estado Novo e a política fiscal na Guiné", in *Economia e Sociologia*, n.º 85, Évora, 2008.

HORTA, José da Silva, e DIAS, Eduardo Costa, " História da G[uiné] B[issau]", in Fernando Cristóvão (dir. e coord.), *Dicionário Temático da Lusofonia*, Lisboa, Texto Editores, 2005.

JÚNIOR, Ascensão, DUARTE, Fausto (desenhos e legendas), e LOPES, Amândio (fotografias), *Guiné Portuguesa – Álbum Fotográfico*, Lisboa, Ática, 1943.

LEMOS, Mário Matos e, *A "Revolução Triunfante". Guiné – 1931*, Separata da Revista de História das Ideias, Vol. 17, Faculdade de Letras, Coimbra, 1995.

Idem, *Os Portugueses na Guiné – Apontamentos para uma síntese*, Lisboa, Crédito Predial Português, s. d. (1997).

Idem, "Guiné", in *Dicionário de História de Portugal*, Volume VIII, Suplemento (coord. de António Barreto e Filomena Mónica), Porto, Figueirinhas, 1999.

Idem e RAMIRES, Alexandre, *O Primeiro Fotógrafo de Guerra Português – José Henriques de Mello (Guiné: campanhas de 1907-1908)*, Coimbra, Imprensa da Universidade, 2008.

LOPES, António dos Mártires, *A Questão de Bolama*, Lisboa, Agência-Geral do Ultramar, 1970.

LOPES, Carlos, "Os limites históricos de uma fronteira territorial: Guiné Portuguesa ou Guiné-Bissau", in *Lusotopie – Géopolitique des Mondes Lusophones*, n.º 1-2, CEAN/L'Harmatan, 1994.

Idem, *Kaabunké – espaço, território e poder na Guiné-Bissau, Gâmbia e Casamance pré-coloniais* (tradução), Lisboa, Comissão Nacional para as Comemorações dos Descobrimentos Portugueses, 1999.

MAGALHÃES, Coronel Leite de, "A Guiné através da história...", in *Cadernos Coloniais*, n.º 24, Lisboa, Verbo, s.d..

MATOS, Patrícia Ferraz de, *As Côres do Império – Representações Raciais no Império Colonial Português*, Lisboa, ICS, 2006.

MENDY, P. Karibe, *Colonialismo português em África: a tradição de resistência na Guiné-Bissau (1879-1959)*, Bissau, INEP, 1994.

Idem, "A perturbação da *Pax Lusitana*: resistência passiva na 'Guiné 'Portuguesa' durante os primeiros anos do Estado Novo", in *Revista Internacional de Estudos Africanos*, n.os 18-22, Lisboa, 1995-1999.

MONTENEGRO, Teresa, "Breve notícia da Revolução Triunfante", in *Soronda – Revista de Estudos Guineenses,* n.º 15, Bissau, Janeiro de 1993.

MOTA, Avelino Teixeira da, *Guiné Portuguesa*, 2 Volumes, Lisboa, Agência Geral do Ultramar, 1954.

Idem, "O Centro de Estudos da Guiné Portuguesa. História e perspectivas", in *BCGP*, Vol. X, n.º 40, Outubro de 1955.

PAIGC, *História da Guiné e Ilhas de Cabo Verde,* Porto, Afrontamento, 1974.

PÉLISSIER, René, *História da Guiné,* Vol. II, Lisboa, Estampa, 1989.

Idem, *Les campagnes coloniales du Portugal (1844-1941)*, Paris, Pygmalion, 2004.

PINTO, João Teixeira, *A ocupação militar da Guiné*, Lisboa, Agência Geral das Colónias, 1936.

QUINTINO, Fernando Rogado, *Eis a Guiné!*, Lisboa, Sociedade de Geografia, 1946.

RÊGO, Raúl, "O testemunho de Sarmento Rodrigues", in *Diário de Notícias*, de 3/9/1986.

REIS, Célia, "Guiné", in A. H. de Oliveira Marques (coord.), *O Império Africano, 1890-1930*, Lisboa, Estampa, 2001.

ROCHA, Carlos Vieira da, *João Teixeira Pinto – Uma vida dedicada ao Ultramar*, Lisboa, Grafitécnica, 1971.

RODRIGUES, Manuel Maria Sarmento, *No Governo da Guiné*, 2.ª ed., Lisboa, Agência Geral do Ultramar, 1952.

Idem, "Os maometanos no futuro da Guiné Portuguesa", in *BCGP*, Vol. III, n.º 9, 1948.

Idem, "Sarmento Rodrigues (Manuel Maria)", in *Grande Enciclopédia Portuguesa e Brasileira*, Vol. XXVII.

SANTOS, Maria Emília, "Lançados na costa da Guiné: aventureiros e comerciantes", in Carlos Lopes (org.), *Mansas, Escravos, Grumetes e Gentio – Cacheu na encruzilhada das civilizações*, Lisboa/Bissau, INEP, 1993.

SILVA, António E. Duarte, "Salazar e a Política Colonial do Estado Novo: o Acto Colonial (1930-1950), in AAVV, *Salazar e o Salazarismo*, Lisboa, Dom Quixote, 1989.

Idem, "Estatuto dos Indígenas", in Fernando Rosas, e J. M. Brandão de Brito (dir.), *Dicionário de História do Estado Novo,* Vol. I, Lisboa, Círculo de Leitores, 1996.

Silva, Cristina Nogueira da, *Constitucionalismo e Império – a Cidadania no Ultramar Português*, Coimbra, Almedina, 2009.

Silveira, Joel Frederico, "Guiné", in Valentim Alexandre e Jill Dias (coord.), *O Império Africano (1825-1890)*, Lisboa, Estampa, 1998.

Soares, Maria João, "Contradições e debilidades da política colonial guineense: o caso de Bissau", in Maria Emília Madeira Santos (dir.), *A África e a Instalação do Sistema Colonial (c. 1885 – c. 1930)*, Lisboa, IICT, 2000.

Tavares, Álvaro da Silva, "Do Indigenato à Cidadania: o Diploma Legislativo n.° 1 346, de 7 de Outubro de 1946", in *BCGP*, n.° 8, Outubro de 1947.

Idem, "Álvaro da Silva Tavares", in Jaime Nogueira Pinto (org.), *Salazar visto pelos seus próximos (1946-1958)*, Venda Nova, Bertrand Editora, 1993.

Valentim, Carlos Manuel, *O trabalho de uma vida – Bibliografia de Avelino Teixeira da Mota (1920-1982)*, Lisboa, Comissão Cultural da Marinha, 2007.

Ventura, António, *Campanhas coloniais (1850-1925)*, Academia Portuguesa de História, QuidNovi, 2006.

Viegas, Luís António de Carvalho, *Guiné Portuguesa*, 3 Volumes, Lisboa, Severo, Freitas & Cª., 1936-40.

Walter, Jaime, *Honório Pereira Barreto*, Bissau, CEGP, 1947.

BIBLIOGRAFIA RELATIVA À PARTE II – A GUINÉ COMO PROVÍNCIA ULTRAMARINA

Alexandre, Valentim, "Luso-tropicalismo", in *Dicionário de História de Portugal*, Volume VIII, Suplemento (coord. de António Barreto e Filomena Mónica), Porto, Figueirinhas, 1999.

Idem, *Velho Brasil, Novas Áfricas – Portugal e o Império (1808-1975)*, Porto, Afrontamento, 2000.

Andrade, Mário Pinto de [Buanga Fele], "Qu'est-ce que le luso-tropicalisme?", in *Présence Africaine*, Paris, n.° 4/5, 1955.

Andrade, Mário Pinto de, *Uma entrevista dada a Michel Laban*, Lisboa, Sá da Costa, 1997.

Barbosa, Honório, *Os indígenas da Guiné perante a lei portuguesa*, Separata do BCGP, n.° 6, Abril de 1947.

Barradas, Ana, "Gilberto Freyre em África – Lusotropicalismo, mito e embuste", in *História*, Ano XXI (Nova Série), n.° 17, Lisboa, Setembro 1999.

Bastos, Cristiana, "Tristes trópicos e alegres luso-tropicalismos: das notas de viagem de Lévi-Strauss e Gilberto Freyre", in *Análise Social*, n.ᵒˢ 146-147, Lisboa, 1998.

CAETANO, Marcello, *O Conselho Ultramarino – Esboço da sua história*, Lisboa, Agência Geral do Ultramar, 1967.

CASTELO, Cláudia, *«O Modo Português de Estar no Mundo». O luso-tropicalismo e a ideologia colonial portuguesa (1933-1961)*, Porto, Afrontamento, 1999.

Idem, "Gilberto Freyre – Invenção de identidade e projecto luso-tropical", in *JL – Jornal de Letras, Artes e Ideias*, n.º 777, de 3 a 16/V/2000.

CUNHA, J. M. Silva, *Questões ultramarinas e internacionais (Direito e política)*, Vol. I, Lisboa, Ática, 1960.

Idem, *O Ultramar, a Nação e o "25 de Abril"*, Coimbra, Atântida Editora, 1977.

ENDERS, Armelle, "Le lusotropicalisme, théorie d'exportation – Gilberto Freyre en son pays", in *Lusotopie, 1997*, Paris, Khartala.

FERRÃO, Nuno de Sotto-Mayor Quaresma Mendes, *O Pensamento Colonial de Sarmento Rodrigues enquanto Ministro do Ultramar: 1950-1955* (Dissertação de mestrado em História Contemporânea), Faculdade de Letras de Lisboa, 1997.

FREYRE, Gilberto, *Aventura e Rotina – Sugestões de uma viagem à procura das constantes portuguesas de carácter e acção*, 2.ª ed., Lisboa, Livros do Brasil, s.d..

Idem, *Um Brasileiro em Terras Portuguesas*, Lisboa, Livros do Brasil, s.d..

Idem, *O Luso e o Trópico – sugestões em torno dos métodos portugueses de integração dos povos autóctones e de culturas diferentes da europeia num complexo novo de civilização: o luso-tropical*, Lisboa, Comissão Executiva das Comemorações do V Centenário da Morte do Infante D. Henrique, 1961.

GALVÃO, Henrique, *Da minha luta contra o salazarismo e o comunismo em Portugal*, Lisboa, Arcádia, 1976.

GONÇALVES, Williams da Silva, *O Realismo da Fraternidade Brasil-Portugal*, Lisboa, ICS, 2003.

GUEDES, Armando M. Marques, "Organização político-administrativa: os Conselhos Legislativos e os Conselhos de Governo", in AAVV, *Cabo Verde, Guiné, S. Tomé e Príncipe*, Lisboa, ISCSPU, 1966.

HENRIQUES, Isabel Castro, "Hesitações federalistas em África", in Ernesto Castro Leal (coord.), *O federalismo europeu – história, política e utopia*, Lisboa, Colibri, 2001.

LÉONARD, Ives, "Salazarisme et lusotropicalisme, histoire d'une appropriation", in *Lusotopie, 1997*, Paris, Khartala, 1997.

Idem, "O ultramar português", in *História da Expansão Portuguesa*, Volume 5 (dir. de Francisco Bethencourt e Kurti Chaudhuri), Círculo de Leitores, 1999.

Idem, "Immuable et changeant, le lusotropicalisme au Portugal", in *Arquivos do Centro Cultural Calouste Gulbenkian – Volume XLII – Le Portugal et l'Atlantique*, Lisboa-Paris, 2001.

LOPES, Norberto, *Terra ardente – Narrativas da Guiné*, Lisboa, Marítimo-Colonial Lda, 1947.

LUCAS, Rémy, "*Aventura e rotina*: Gilberto Freyre et l'Afrique", in *Lusotopie, 1997,* Paris, Khartala.

LUCENA, Manuel de, "Nationalisme impérial et Union européenne", in *Arquivos do Centro Cultural Calouste Gulbenkian, Vol. XL – L'Europe des Nations*, Lisboa-Paris, 2000 (Separata).

Idem, "Moreira, Adriano", in *Dicionário de História de Portugal,* Volume VIII, Suplemento (coord. António Barreto e Filomena Mónica), Porto, Figueirinhas, 1999.

MACEDO, Jorge Borges de, "O luso-tropicalismo de Gilberto Freire – metodologia, prática e resultados", in *Academia Internacional de Cultura Portuguesa – Boletim*, n.º 16, Lisboa, 1989.

MACHADO, José Alfredo Vieira (coord.), *Revisão da Lei Orgânica do Ultramar – Reunião Extraordinária do Conselho Ultramarino*, Lisboa, Academia Internacional da Cultura Portuguesa, 1988.

MARTINS, Hermínio, "O federalismo no pensamento político português", *in Penélope*, n.º 18, Lisboa, Cosmos, 1998.

MASSA, Jean-Michel, "Heurs et malheurs de Gilberto Freyre en Guinée portugaise et au Cap-Vert", in *Lusotopie, 1997,* Paris, Khartala.

MATOS, Sérgio Campos, "O V Centenário Henriquino (1960): Portugal entre a Europa e o Império", in António José Telo (coord.), *O fim da Segunda Guerra Mundial e os novos rumos da Europa*, Lisboa, Cosmos, 1996.

MELLO, Manuel José Homem de, *Portugal, o Ultramar e o Futuro*, Edição do Autor, 1962

MEDINA, João, "Gilberto Freyre contestado: o lusotropicalismo criticado nas colónias portuguesas como álibi colonial do salazarismo", in *Portuguesismo(s)*, Lisboa, Centro de História da Universidade de Lisboa, 2006.

MOREIRA, Adriano, *O tempo dos outros*, Lisboa, Bertrand, s. d..

Idem, "Os transmontanos no mundo, Luciano Cordeiro – Sarmento Rodrigues", in *Estudos Políticos e Sociais*, Lisboa, Vol. XIII, n.os 1 e 2, 1985.

Idem, "Era possível uma solução política" (entrevista a Adelino Gomes), in jornal *Público – Suplemento – Vinte anos de independências*, de 22/5/1995.

Idem, "O último plenário do Conselho Ultramarino", in *Notas do Tempo Perdido*, Matosinhos, Contemporânea, 1996.

Idem, "Gilberto Freyre – Os trópicos da Europa", in *JL – Jornal de Letras, Artes e Ideias*, n.º 777, de 3 a 16/V/2000.

294   *Invenção e Construção da Guiné-Bissau*

Idem, *A Espuma do Tempo – Memórias do Tempo de Vésperas*, Coimbra, Almedina, 2008.

MOTA, Avelino Teixeira da, "O Centro de Estudos da Guiné Portuguesa. História e perspectivas", in *BCGP*, Vol. X, n.º 40, Outubro de 1955.

Idem, "Vice-Almirante RAa Manuel Maria Sarmento Rodrigues (15.6.1899 – 1.8.1979)", in *Anais do Clube Militar Naval*, Vol. CIX, Julho a Setembro de 1979.

OTERO, Paulo, "A Concepção Unitarista do Estado na Constituição de 1933", in *Revista da Faculdade de Direito da Universidade de Lisboa*, Vol. XXXI, 1990.

RIBEIRO, Margarida Calafate, *Uma História de Regressos – Império, Guerra Colonial e Pós-colonialismo*, Porto, Afrontamento, 2004.

RODRIGUES, Manuel Maria Sarmento, *Unidade da Nação Portuguesa*, Vol. I, Lisboa, Agência Geral do Ultramar, 1956.

Idem, *Esperanças e Realidades da Vida Portuguesa*, Lisboa, Centro de Estudos Históricos Ultramarinos, 1965.

Idem, *Gilberto Freyre*, Lisboa, ed. do Autor (Sociedade Industrial de Tipografia), 1972.

SILVA, António E. Duarte, "Sarmento Rodrigues, a Guiné e o Luso-tropicalismo", in *Cultura. Revista de História e Teoria das Ideias*, n.º 25 – 2.ª, Lisboa, 2007.

Idem, "Das colónias às províncias ultramarinas", in António Simões do Paço (ed. e coord.), *Os Anos de Salazar*, n.º 9 – 1951, Planeta DeAgostini, 2008.

SOUSA, Ivo Carneiro de, "O Luso-tropicalismo e a historiografia portuguesa: itinerários críticos e temas de debate", in Adriano Moreira e José Carlos Venâncio (org.), *Luso-Tropicalismo: uma teoria social em questão*, Lisboa, Vega, 2000.

TEBOUL, Jean-Claude Bruno, e CORREIA, Maria Helena, "O Luso-Tropicalismo – Uma teoria aplicável à colonização portuguesa ou um mito ao serviço de uma ideologia colonial" in *Factos & Ideias*, Universidade do Minho, n.º 2, Braga, 1985.

THOMAZ, Omar Ribeiro, "Tigres de papel: Gilberto Freyre, Portugal e os países africanos de língua oficial portuguesa», in AAVV, *Trânsitos coloniais: diálogos críticos luso-brasileiros,* Lisboa, ICS, 2002.

VALENTIM, Carlos Manuel, "A África na acção e na obra de Avelino Teixeira da Mota (1920-1982) – Notas para uma biografia", in *Anais do Clube Militar Naval*, Vol. CXXXIV, Outubro a Dezembro de 2004.

WILENSKY, Alfredo Héctor, *Tendencias de la legislación ultramarina portuguesa en África*, Braga, Editora Pax, 1968

Apêndices 295

BIBLIOGRAFIA RELATIVA À PARTE III – A CAUSA DO NACIONALISMO

AMADO, Leopoldo, "Da embriologia nacionalista à guerra de libertação na Guiné--Bissau", in www.didinho.org/daembriologia nacionalista.htm

Idem, "Simbólica de Pindjiguiti na óptica libertária da Guiné-Bissau", in http://guineidade.blogs.sapo/pt/arquivo/1019191.html

ANDRADE, Mário Pinto de, *A Geração de Cabral*, PAIGC, Instituto Amizade, 1973.

Idem, *Amilcar Cabral*, Paris, Maspero, 1980.

Idem, *Uma entrevista dada a Michel Laban*, Lisboa, Edições João Sá da Costa, 1997.

Idem, e MESSIANT, Christine (entrevista, 1982), "Sur la première génération du MPLA: 1948-1960", in *Lusotopie*, 1999, Paris, Karthala.

BITTENCOURT, Marcelo, *Dos Jornais às Armas – Trajectórias da Contestação Angolana*, Lisboa, Vega, 1999.

CABRAL, Amílcar, *Obras Escolhidas de Amílcar Cabral*, 2 Vols., Lisboa, Seara Nova, 1976 e 1977.

Idem, *Estudos Agrários de Amílcar Cabral*, Lisboa/Bissau, IICT e INEP, 1988.

CABRAL, Luís, *Crónica da Libertação*, Lisboa, Edições O Jornal, 1984.

Idem, "O massacre de Pidjiguiti", in António Simões do Paço (ed. e coord.), *Os Anos de Salazar*, n.º 16 – 1959, Planeta DeAgostini, 2008.

CASTRO, Armando, *O Sistema Colonial Português em África (meados do século XX)*, Lisboa, Caminho, 1980.

CHABAL, Patrick, *Amilcar Cabral – Revolutionary leadership and people's war*, Cambridge, University Press, 1983 (2.ª edição revista, Londres, C. Hurst & Co. Publishers, 2004).

CHALIAND, Gérard, *Lutte armée en Afrique*, Paris, François Maspero, 1967.

CHILCOTE, Ronald H., *Portuguese Africa*, New Jersey, Prentice-Hall, 1967.

Idem, *Emerging Nationalism in Portuguese Africa.Documents*, Califórnia, Stanford University, Hoover Institution Press, 1971.

CUNHA, J. M. da Silva, *Missão de Estudo dos movimentos associativos em África. Relatório da Campanha de 1958 (Guiné)*, Lisboa, Junta de Investigações do Ultramar, 1959.

CUNHA, Luís Fernando Dias Correia da, "Alguns Aspectos da Subversão na Província Portuguesa da Guiné", in *Ultramar*, n.º 32, Vol. VIII, Lisboa, 1968.

DAVIDSON, Basil, *Révolution en Afrique – la libération de la Guinée Portugaise*, Paris, Seuil, 1969 (edição original inglesa; há tradução portuguesa).

DHADA, Mustafah, *Warriors at Work*, Colorado, University Press, 1993.

296 Invenção e Construção da Guiné-Bissau

DIAS, Mário, "Guiné 63/74 – DXXXV: Pidjiguiti, 3 de Agosto de 1959: eu estive lá", in http://blogueforanada.blogspot.com/.

FELGAS, Hélio, *Os movimentos terroristas de Angola, Guiné e Moçambique (influência externa)*, Lisboa, L.C.G.G. (Revista Militar), 1966.

Idem, *Guerra na Guiné*, Lisboa, SPEME, 1967.

FORREST, Joshua B., *Lineages of State Fragility – Rural Civil Society in Guinea-Bissau*, Athens, Ohio University Press/ Oxford, James Currey, 2003.

FORTES, Fernando, "Fernando Fortes evoca a criação do PAIGC", in *Nô Pintcha*, n.° 75, de 18/9/1975.

FRANKLIN, George Cristóvão de Sousa, *A ameaça islâmica na Guiné portuguesa*, Comunicação apresentada ao IV Congresso da União Nacional, Lisboa, 1956.

GUERRA, João Paulo, *Memória das Guerras Coloniais*, Porto, Afrontamento, 1994.

IGNÁTIEV, Oleg, *Amílcar Cabral*, Moscovo, Edições Progresso, 1984.

KEESE, Alexander, "'Proteger os pretos'. Havia uma mentalidade reformista na administração portuguesa na África Tropical (1926-1961)?", in *Africana Studia*, n.° 6, Porto, 2003.

LARA, Lúcio, *Documentos e Comentários para a história do MPLA – até Fev. 1961*, Lisboa, Dom Quixote, 1999.

LOPES, José Vicente, *Cabo Verde – Os Bastidores da Independência*, Praia, Spleen, 2002.

MADEIRA, João, "O PCP e a Questão Colonial – dos fins da guerra ao V Congresso (1943-1957)", in Luís Reis Torgal e Luís Oliveira Andrade, *Colonialismo, Anticolonialismo e Identidades Nacionais – Estudos do Século XX*, n.° 3 – 2003, Universidade de Coimbra, Quarteto.

MANYA, Judith, *Le Parti Communiste Portugais et la question coloniale, 1921-1974*, Tese de doutoramento, Bordéus, Université Montesquieu, 2004.

MATEUS, Dalila Cabrita, *A Luta pela Independência – a formação das elites fundadoras da FRELIMO, MPLA e PAIGC*, Mem Martins, Inquérito, 1999.

MATIAS, Rodrigues (coord.), *Diário da viagem presidencial às províncias ultramarinas da Guiné e Cabo Verde em 1955*, Vol. I, Agência Geral do Ultramar, 1956.

METTAS, Jean, *La Guinée Portugaise au XX siècle*, Paris, Académie des Sciences d'Outre-Mer, 1984.

MOTA, Avelino Teixeira da, *A Guiné – o seu Presente e o seu Futuro*, s. l., Instituto de Altos Estudos Militares, Conferências proferidas em 1960-1961.

NETO, João Baptista Pereira, "Movimentos subversivos da Guiné, Cabo Verde e S. Tomé e Príncipe", in AAVV, *Cabo Verde, Guiné, São Tomé e Príncipe*, Lisboa, ISCSPU, 1966.

NEVES, José, *Comunismo e Nacionalismo em Portugal*, Lisboa, Tinta-da-China, 2008.

PACHECO, Carlos, *MPLA – Um nascimento polémico*, Lisboa, Vega, 1997.

PATTEE, Richard, *Portugal na África Contemporânea*, Coimbra, Faculdade de Letras (Instituto de Estudos Ultramarinos), 1959.

PEREIRA, André Gonçalves, *O Ultramar Português no Plano Mundial*, Lisboa, Sociedade de Geografia, 1959.

PEREIRA, Aristides, "Intervenção na sessão de abertura do simpósio sobre 'O Significado Político do Massacre de Pidjiguiti', Bissau, 1 de Agosto de 1979", in *Discursos – Volume I (1973-1980)*, Edição do Gabinete da Presidência da República, Praia, 1988.

Idem, *Guiné-Bissau e Cabo Verde – Uma luta, um partido, dois países*, Lisboa, Editorial Notícias, 2002.

Idem, *O Meu Testemunho – uma luta, um partido, dois países (versão documentada)*, Lisboa, Editorial Notícias, 2003.

PEREIRA, José Pacheco, *Álvaro Cunhal – Uma biografia política – O prisioneiro (1949-1960)*, Lisboa, Temas e Debates, 2005.

REMA, Henrique Pinto, *História das Missões Católicas da Guiné*, Braga, Editorial Franciscana, 1982.

ROCHA, Edmundo, "A Casa dos Estudantes do Império nos anos de fogo", in AAVV, *Mensagem – Número Especial*, Lisboa, Associação Casa dos Estudantes do Império, 1977.

Idem, *Contribuição ao estudo da Génese do Nacionalismo Moderno Angolano*, Lisboa, Edição do Autor (Kilombelombe), 2003.

Idem, e SOARES, Francisco, e FERNANDES, Moisés (coord.), *Viriato da Cruz – o Homem e o Mito*, Luanda/Lisboa, Caxinde/Prefácio, 2008.

RUDEBECK, Lars, "Observations sur la stratégie de mobilisation anti-coloniale d'Amilcar Cabral", in Carlos Lopes (org.) *Mansas, Escravos, Grumetes e Gentios – Cacheu na encruzilhada das civilizações* Lisboa/Bissau, INEP, 1993.

SANTOS, Daniel Pedro Amadeu dos, *A questão colonial: o contributo de Amílcar Cabral*, Dissertação de mestrado, Lisboa, ISCSP, 2005.

SILVA, António E. Duarte, "Guiné-Bissau: a causa do nacionalismo" in *Cadernos de Estudos Africanos*, n.os 9/10, Lisboa, Julho 2005/Junho 2006.

Idem, "O nacionalismo africano afirma-se na Guiné", in António Simões do Paço (ed. e coord.), *Os Anos de Salazar*, n.° 13 – 1956, Planeta DeAgostini, 2008.

SOUSA, Julião Soares, "Os movimentos unitários anti-colonialistas (1954-1960). O contributo de Amílcar Cabral", in Luís Reis Torgal e Luís Oliveira Andrade, *Colonialismo, Anticolonialismo e Identidades Nacionais – Estudos do Século XX*, n.° 3 – 2003, Universidade de Coimbra, Quarteto.

298   *Invenção e Construção da Guiné-Bissau*

TAVARES, Álvaro da Silva, "[Guiné –] Doutor Silva Tavares (1956-58)", in AAVV, *Os últimos governadores do império*, Lisboa, Edições Neptuno, 1994.

TOMÁS, António, *O fazedor de utopias – uma biografia de Amílcar Cabral*, Lisboa, Tinta-da-China, 2007.

TURPIN, Elisée, "Depoimento", in www.paigc.org/DEPOIM~1.HTM.

ZIEGLER, Jean, *Les Rebelles – Mouvements armés de libération nationale du Tiers Monde*, Paris, Seuil, 1983.

BIBLIOGRAFIA RELATIVA À PARTE IV – A VIA DA LIBERTAÇÃO NACIONAL

ABECASIS, José Krus, *Bordo de Ataque*, Volume I, Coimbra, Coimbra Editora, 1985.

AFONSO, Aniceto, e GOMES, Matos, *Guerra Colonial – Angola, Guiné, Moçambique*, Lisboa, Diário de Notícias, 1977/1978.

AMADO, Leopoldo Victor Teixeira, *Guerra colonial versus guerra de libertação (1963-1974): o caso da Guiné-Bissau* (tese de doutoramento), policopiado, Faculdade de Letras da Universidade de Lisboa, 2005.

ANDRADE, Mário Pinto de, "Amilcar Cabral et l'idéologie de la libération nationale", in AAVV, *Luttes de Libération. Nouveaux Acteurs et Nouveaux Objectifs?*, Cahiers n.º 3, Fondation Internationale Lelio Basso, Roma, Maio de 1985.

ANTUNES, José Freire, *A Guerra de África (1961-1974)*, 2 Volumes Lisboa, Círculo de Leitores, 1995.

BAÊNA, Luís Sanches de, *Fuzileiros – Livro III – Crónica dos Feitos da Guiné (1962/1974)*, Comissão Cultural da Marinha, Edições Inapa, 2006.

BAILBY, Eduardo, "A La Habane, une conférence des mouvements révolutionnaires clandestins", in *Vies et mort du Tiers-monde*, Manière de voir 87, Le Monde Diplomatique, Junho-Julho de 2006.

CANN, John P., *Contra-Insurreição em África – o Modo Português de Fazer a Guerra (1961-1974)*, S. Pedro do Estoril, Atena, 1998.

CABRAL, Amílcar, e PEREIRA, Aristides, *Memorandum au Conseil de Solidarité Afroasiatique*, Conacri, 18/1/1961, manuscrito.

CABRAL, Amílcar, *Memorandum au camarade Sécrétaire Général du Parti Démocratique de Guiné*, Conacri, s.d., manuscrito.

Idem, "Memorandum à Assembleia Geral da Organização das Nações Unidas" apud Ronald H. Chilcote, *Emerging Nationalism in Portuguese Africa. Documents*, cit.

Idem, *Relatório apresentado na 4.ª reunião do Comité Especial da ONU para os Territórios Administrados por Portugal* (também intitulado *Le peuple de la Guinée "portugaise" devant l'Organisation des Nations Unies: presentée au Comité Spécial de l'ONU pour les territoires administrés par le Portugal*), Conacri, mimeografado, PAIGC, 5 de Junho de 1962.

Idem, *Discours prononcé par M. Amilcar Cabral, chef de la délégation de la Guinée "Portugaise" et des Iles du Cap-Vert, Sécrétaire Général du PAIGC* (também referido como *Discours à la deuxième Conférence des Juristes Afro-Asiatiques*), mimeografado, PAIGC, Conacri, 1962.

Idem, *Seminário de Quadros*, Conacri, PAIGC, mimeografado, 1969.

Idem, "Conferência na Universidade de Londres", in *O Militante*, n.º 1, 1977, Bissau.

Idem, *Obras Escolhidas de Amílcar Cabral*, 2 Vols., Lisboa, Seara Nova, 1976 e 1977

Idem, *Documentário*, Lisboa, Cotovia, 2008.

CASTANHEIRA, José Pedro, *Quem mandou matar Amílcar Cabral?*, Lisboa, Relógio d'Água, 1995.

CHALIAND, Gérard, *Lutte armée en Afrique*, Paris, Maspero, 1967.

Idem, *Mitos Revolucionários do Terceiro Mundo* (tradução brasileira), Rio de Janeiro, F. Alves, 1977.

CÉSAR, Amândio, *Guiné 1965: Contra-ataque*, Braga, Pax, 1965.

Idem, *Em "Chão Papel" na terra da Guiné*, Lisboa, Agência-Geral do Ultramar, 1967.

CONCP, *Conférence des Organisations Nationalistes des Colonies Portugaises – Casablanca, 18-20 Avril 1961*, Rabat, Secretariat Permanent de la CONCP, s.d.

Idem, *La conférence de Dar Es-Salaam*, Argel, Information CONCP, 1967.

DHADA, Mustafah, "Guinea-Bissau's Diplomacy and Liberation struggle", in *Portuguese Studies Review*, Vol. IV, n.º 1, Primavera-Verão, 1995.

DIAS, Mário, "Guiné 63/74 – CCCLXII, CCCLXXV, CCCLXXX: A verdade sobre a Op. Tridente (Ilha de Como, 1964)" – Parte I, Parte II e Parte III, respectivamente, in http://blogueforanada.blogspot.com/.

DREKE, Víctor, *De la sierra del Escambray al Congo*, Nova Iorque, Pathfinder, 2003.

FARIA, Dutra, "Na Guiné Portuguesa, junto da cortina de ferro", in *Diário da Manhã*, de 24/1/1964 a 4/2/1964.

FELGAS, Hélio, "Depoimento", in AAVV, *Os Últimos Guerreiros do Império*, Lisboa, Erasmos, 1995.

FERREIRA, Luiz Gonzaga, *Quadros de Viagem de Um Diplomata*, Lisboa, Vega, 1998.

FRAGA, Luís Alves de, *A Força Aérea na Guerra em África*, Lisboa, Prefácio, 2002.

300 *Invenção e Construção da Guiné-Bissau*

GLEIJESES, Piero, *Conflicting Missions: Havana, Washington and Africa, 1959--1976*, University of North Carolina Press, 2001.

JESUS, José Duarte de, *Casablanca – O início do isolamento português. Memórias diplomáticas: Marrocos 1961-1963*, Lisboa, Gradiva, 2006.

LOBATO, António, *Liberdade ou Evasão – o mais longo cativeiro da guerra*, Amadora, Erasmos, 1995.

LUZZATO, Lucio, "La Conférence Tricontinental de la Havane – Introduction et Documents", in *Revue Internationale du Socialisme*, Roma, Ano 3.°, n.° 13, Fevereiro de 1966.

MARGARIDO, Alfredo, "L'OUA et les territoires sous domination portugaise", in *Le mois en Afrique (Revue Française d'Études Politiques Africaines)*, Paris, Outubro de 1967.

MARTINS, José A. Lomba, "Guiné-Bissau – da década de 60 à actualidade", in *Africana*, n.° 10, Porto, 1992.

MOURA, Gabriel, *Tite* – "'Guiné" (1961/62/63)'', in www.carlosilva-guine.com.

ORAMAS, Óscar, *Amílcar Cabral – Para além do seu tempo*, Lisboa, Hugin, 1998.

POLICARPO, Fernando, *Guerra de África – Guiné (1963-1974)*, Academia Portuguesa de História, QuidNovi, 2006.

SANTOS, Eduardo dos, *Pan-Africanismo*, Lisboa, Edição do Autor, 1968.

SILVA, António E. Duarte, *A Independência da Guiné-Bissau e a Descolonização Portuguesa*, Porto, Afrontamento, 1997.

BIBLIOGRAFIA RELATIVA À PARTE V – O ESTADO DAS CONSTITUIÇÕES BISSAU-GUINEENSES*

ARAÚJO, José, "Revisão constitucional e eleição dos Conselheiros Regionais marcarão actividade nacional em 1980", in *O Militante*, n.° 17, Conselho Nacional da Guiné do PAIGC, Março 1980.

ATAÍDE, Rui, "Síntese conclusiva da Cimeira Jurídico-constitucional da CPLP", in *Boletim da Faculdade de Direito de Bissau*, n.° 8, Centro de Estudos e Apoio às Reformas Legislativas/AAFDL, s.d..

AZEVEDO, Elisabete, *Semi-Presidencialismo na Guiné-Bissau*, "Draft", apresentado no III Congresso de Ciência Política da ACPC, 30 de Março de 2006.

---

* Trata-se, apenas, de actualização e complemento à extensa bibliografia publicada em anexo a "O constitucionalismo da Guiné-Bissau (1973-2005)", in AAVV, *Estudos em Memória do Conselheiro Luís Nunes de Almeida*, Coimbra, Coimbra Editora, 2007, pp. 948 e segs.

BAYART, Jean-François, ELLIS, Stephen e HIBOU, Béatrice, *The Criminalization of the State in Africa*, (tradução inglesa), Oxford, James Currey, 1999.

BRISCOE, Ivan, "La proliferación del 'estado paralelo'", Documento de trabajo 71, Outubro de 2008, in www.fride.org

CABRAL, Luís, *Guiné-Bissau – O estado da nação*, Bissau, Nô Pintcha, 1978.

Idem, *Mensagem sobre o estado da Nação*, Bissau, Nô Pintcha, 1979.

Idem, *Guiné-Bissau, cinco anos de liberdade*, Bissau, PAIGC, 1980.

CABRAL, Mário Leopoldo, "A Guiné-Bissau na encruzinhada da globalização", in *Le Monde Diplomatique (edição portuguesa)*, Abril, 2009

CANAS, Vitalino, "Reler Duverger: o Sistema de Governo Semi-Presidencial ou o triunfo da Intuição 'Científica'", in *Revista Negócios Estrangeiros*, 11.4 Especial, Setembro de 2007.

CASTANHEIRA, José Pedro, "Entrevista a Ansumane Mané", in *Expresso-Revista*, n.° 1350, 14/Novembro/1998.

CHABAL, Patrick, "O Estado Pós-Colonial na África de Expressão Portuguesa", in *Soronda – Revista de Estudos Guineenses*, n.° 15, Janeiro /1993.

Idem, *A History of Poscolonial Lusophone Africa*, Londres, Hurst and Company, 2002.

COBELAS, Juan Álvarez, "El África Subsahariana y el concepto del *Falling State*: sus consequencias en el derecho internacional", apud Francisco Javier Peñas (ed.), *Africa en el sistema internacional*, Madrid, Universidad Autónoma, 2000.

CORDEIRO, Ana Dias, "Guiné-Bissau, o primeiro narco-Estado de África", in *Público*, de 9/8/2007.

Idem, "'Tentativa de golpe' reforça Presidente enfraquecido», in *Público*, de 25/11/2008.

CORDEIRO, Roberto Sousa, "Guiné-Bissau 1973-2005: uma análise sobre a relação civil-militar no processo de transição política", in www.didinho.org.

DAVIDSON, Basil, *O fardo do homem negro*, Porto, Campo das Letras, 2000.

FERNANDES, Antero da Conceição Monteiro, *Guiné-Bissau e Cabo Verde: da Unidade à Separação* (dissertação de mestrado), Faculdade de Letras, Universidade do Porto, 2007.

FERNANDES, Juliano, "Compatibilização da Carta de Transição Política com a Constituição da República", in *Boletim da Faculdade de Direito de Bissau*, n.° 8, Centro de Estudos e Apoio às Reformas Legislativas/AAFDL, s.d..

FERNANDES, Raúl Mendes, "Partido único e poderes tradicionais", in *Soronda – Revista de Estudos Guineenses*, n.° 16, Julho de 1993, Bissau.

FERREIRA, Luís Alberto, "Nino propõe a Bissau a diferença e a estabilidade", in *Diário de Notícias*, de 23/3/1984.

FERREIRA, Maria de Lurdes Alexandre, *Pluripartidarismo e reemergência no nacionalismo na Guiné-Bissau*, tese de mestrado, Lisboa, ISCTE, 2004.

302   *Invenção e Construção da Guiné-Bissau*

FONSECA, Jorge Carlos, "Do regime de partido único à democracia em Cabo Verde: as sombras e a presença da Constituição Portuguesa de 1976", in *Thémis – Revista da Faculdade de Direito da UNL*, 2006, Edição Especial.

FORREST, Joshua B., "Guinea-Bissau since independence: a decade of domestic power struggles", in *The Journal of Modern African Studies*, Vol. 25, n.º 1 (1987).

Idem, "Autonomia burocrática, política económica e política num Estado 'suave': o caso da Guiné-Bissau", in *Soronda – Revista de Estudos Guineenses*, n.º 15, Janeiro de 1993, Bissau.

Idem, *State, Peasantry, and National Power Struggles in Post-independance Guinea-Bissau*, Ph. D. diss., Universidade de Virgínia, 1987.

International Crisis Group, "Guinée-Bissau: besoin d'État", in *Rapport Afrique*, n.º 142, 2/Julho/2008, in www.crisisgroup.org

Idem, "Guinée-Bissau: construire un véritable pacte de stabilité", in *Briefing Afrique*, n.º 57, Dacar/Bruxelas, 29/Janeiro/2009, in www.crisisgroup.org

Idem, "Guiné-Bissau: para lá da lei das armas", in *Briefing Afrique*, n.º 61, Dacar/Bruxelas, 25/Junho/2009, in www.crisisgroup.org

GAILLARD, Gérald, "La guerre en son contexte: histoire d'une erreur politique", in *Soronda – Revista de Estudos Guineenses*, Número Especial 7 de Junho, Bissau, INEP, Dezembro 2000.

KOHNERT DIRK, "Democratization via Elections in an African "Narco-state"? The case of Guinea-Bissau", n.º 123, Fevereiro 2010, in www.giga-hamburg.de/workingpapers

KOSTA, E. Kafft, *Estado de Direito – O paradigma zero: entre lipoaspiração e dispensabilidade*, Coimbra, Almedina, 2007.

Idem, "O poder autóctone na arquitectura do estado – bicameralismo?", in *Boletim da Faculdade de Direito de Bissau*, n.º 8, Centro de Estudos e Apoio às Reformas Legislativas/AAFDL, s.d..

LEMOS, Mário Matos e, "Uma explicação para a revolta militar", in *Política Cultural Portuguesa em África – o Caso da Guiné-Bissau*, Lisboa, Gráfica Europam, 1999.

LOBO Marina Costa e NETO, Octávio Amorim (org.), *O Semipresidencialismo nos Países de Língua Portuguesa*, Lisboa, ICS, 2009.

MARTINS, Fernando Montenegro Valadas, *A construção da nação na Guiné-Bissau: um processo de transformação sócio-cultural*, tese de mestrado, Lisboa, ISCSP, 2004.

MOITA, Luís, *Os Congressos da FRELIMO, do PAIGC e do MPLA – uma análise comparativa*, Lisboa, Cidac/Ulmeiro, 1979.

MONTEIRO, André e MORGADO, Miguel, "Last Chance for Security Sector Reform in Guinea-Bissau", in *IPRIS Viewpoints*, n.º 1, Abril 2009.

NÓBREGA, Álvaro, *A Luta pelo Poder na Guiné-Bissau*, Lisboa, ISCSP, 2003.

OSTHEIMER, Andrea E., "The structural crisis in Guinea-Bissau's political system", in *African Security Review*, Vol. 10.°, n.° 4, 2001.

PEREIRA, Aristides, *Vencer a batalha da ideologia*, Bissau, PAIGC, 1980.

REPORTERS sans Frontières-Bureau Afrique, "Cocaine et coup d'État, fantômes d'une nation bâillonnée", Paris, Novembro 2007, in www.rsf.org.

RIVERO, Oswaldo de, "Estados em ruínas, pequenas guerras sem fim – Entidades caóticas ingovernáveis", in *Le Monde diplomatique*, edição portuguesa, Abril 1999, Ano I, n.° 1.

RODRIGUES, Alexandre Reis, e SANTOS, Américo Silva, *Bissau em Chamas*, Cruz Quebrada, Casa das Letras, 2007.

ROQUE, Sílvia,"Peacebuilding Processes and Weakening Strategies in the States of Angola, Guinea-Bissau and Mozambique: A Comparative Study", in Martin Doornbos, Susan Woodward, Sílvia Roque, *Failing States or Failed States? The Role of Development Models: Collected Works*, Documento de trabajo 19, Fevereiro de 2006, 2.ª ed., in www.fride.org

RUDEBECK, Lars, "Sur la transition de mouvement de libération nationale au pouvoir d'État" (policopiado), Bissau, 1984.

RUIZ-GIMÉNEZ, Itziar, "El colapso del estado poscolonial en la década de los noventa. La participación internacional", apud Francisco Javier Peñas (ed.), *Africa en el sistema internacional*, Madrid, Universidad Autónoma, 2000.

SAMBU, Queba, *Dos fuzilamentos ao caso das bombas da Embaixada da Guiné*, Lisboa, Referendo, 1989.

SANGREMAN, Carlos, JÚNIOR, Fernando Sousa, ZEFERINO, Guilherme e BARROS, Miguel, *A evolução política recente na Guiné-Bissau – as eleições presidenciais de 2005* in *Boletim da Faculdade de Direito de Bissau*, n.° 8.

SANTOS, Onofre dos, *Um sorriso para a democracia na Guiné-Bissau,* Lisboa, Pac – Artes Gráficas, Lda., 1996

Idem, *Eleições em tempo de cólera*, Luanda, Chá de Caxinde, 2006.

SILVA, António E. Duarte, "O constitucionalismo da Guiné-Bissau (1973-2005)", in AAVV, *Estudos em Memória do Conselheiro Luís Nunes de Almeida*, Coimbra, Coimbra Editora, 2007.

TEIXEIRA, Ricardino Jacinto Dumas, *Sociedade civil e democratização na Guiné--Bissau, 1994-2006*, Recife, 2008.

Idem, *Golpe de Estado na Guiné-Bissau: 1998-2003*, in www.didinho.org/

YALA, Koumba, *Os pensamentos políticos e filosóficos*, Bissau, Editora Escolar, 2003.

ZEVERINO, Guilherme Jorge Rodrigues, *O Conflito Político-Militar na Guiné--Bissau (1998-1999)*, Lisboa, IPAD, 2005.

ÍNDICE ONOMÁSTICO REMISSIVO

Almada, Fidélis Cabral de, 204
Almeida, Carlos Lehmann, 45
Almeida, Luís de, 161, 269
Almeida, Pedro Ramos de, 162
Alves, Vasco Lopes, 57, 106
Alvim, Diogo Mello e, 84-89, 269
Amado, Epifânio Souto, 112, 269
Amado, Leopoldo, 108
Andrade, Mário Pinto de, 72-73, 94, 115, 129, 144, 161, 269
Annan, Kofi, 237
Araújo, José, 269
Araújo, Manuel Gomes de, 147, 151, 270
Archer, Maria, 30, 32
Augusto, Artur, 30
Augusto, João, 31

Balbo, Ítalo, 29
Barbosa, Honório, 45
Barbosa, Rafael, 81, 91, 108, 111-114, 120, 126, 128, 138, 154, 270
Barka, Medhi Ben, 169, 270
Barreto, Honório Pereira, 270
Barreto, João, 31
Barreto, Nicandro, 204, 214, 270
Barros, Henrique, 69
Bastide, Roger, 72
Bella, Ahmed Ben, 161, 166, 271
Belo, João, 26, 28, 50, 271

Bragança, Aquino de, 130, 161
Brandão, Manuel Pinho, 150
Bull, Benjamim Pinto, 142-143, 271
Bull, James Pinto, 158
Buscardini, António, 193

Cabi, Martinho N'Dafa, 241, 245
Cabral, Amílcar, 22, 42, 45, 73-74, 83-95, 101, 109-121, 127-128, 132-139, 144, 146-147, 153-155, 158-164, 166, 169-174, 177-180, 183, 193, 257, 271
Cabral, João, 121
Cabral, Luís, 83, 111-112, 120, 134, 153-154, 160, 186-189, 191, 193, 197, 271
Cabral, Mário, 204
Cabral, Vasco, 83, 170, 271
Caetano, Marcello, 30, 35-38, 40, 46, 49, 56-62, 271
Cardoso, Pedro, 158, 271
Carneiro, Rui de Sá, 40
Carmona, Óscar, 80
Caroço, Velez, 25
Carvalho, Ponces de, 30
Carreira, António, 33, 45, 97, 103, 106, 272
Carvalho, Henrique Martins de, 99
Castro, Armando, 99
Castro, Fernanda de, 30, 273

Castro, Fidel, 168, 171, 173
Cavaleiro, Fernando, 151
Chabal, Patrick, 93, 178
Chaliand, Gérard, 93
Chicó, Mário, 69
Chilcote, Ronald H., 72
Chissano, Joaquim, 238
Conte, Lansana, 214, 250, 273
Correia, António Mendes, 41, 45
Correia, Carlos, 205, 210, 246, 273
Correia, Paulo, 197, 201, 273
Correia, Peixoto, 43, 99, 102-109, 138-
-139, 142, 273
Costa, Saturnino da, 210, 273
Cotta, Almeida, 143
Crespo, Pereira, 45
Cruz, Viriato da, 94-95, 115, 118-120,
129, 274
Cunha, Alexandre Ribeiro da, 143
Cunha, Augusto, 30
Cunha, J. M. Silva, 58, 97, 143, 148,
274

Dabó, Baciro, 254
Davidson, Basil, 113
Delgado, Humberto, 97
Dias, Jorge, 69, 97
Dias, Mário, 107
Djaló, Umarú, 191, 274
Dórticos, Osvaldo, 170
Dreke, Victor, 174, 177, 274
Duarte, Abílio, 82, 161, 170, 191, 274
Duarte, Fausto Castilho, 30-31, 44-45,
274
Duarte, Teófilo, 43, 49, 51, 79, 82
Duque, Oliveira, 27

Eanes, Ramalho, 190

Fabião, Carlos, 175, 275
Fadul, Francisco, 216, 218, 239

Fanon, Frantz, 115, 144, 166,
275
Felgas, Hélio, 96, 108, 142, 157, 160,
275
Fernandes, César, 81
Fernandes, Hipólito, 81, 108
Ferrão, Nuno de Sotto-Mayor, 59
Ferreira, Baticã, 107
Ferreira, Cruz, 45-46
Ferreira, Daniel, 204
Ferreira, Luiz Gonzaga, 142-143, 275
Ferreira, Manuel Bento Gonçalves,
105
Fonseca, Amália, 161
Fortes, Fernando, 111, 114, 128,
275
Freyre, Gilberto, 59, 63-74

Gaitonde, Pundlik, 129
Galvão, Henrique, 60
Gano, Umaro, 142
Gomes, Aristides, 239-241, 247
Gomes, José Francisco ("Maneta"),
275
Gomes, Francisco da Costa, 101-102,
275
Grant, Ulisses S., 23
Guevara, Ernesto Che, 164-171, 177,
179
Gueye, Lamine, 142
Guerra, Sofia Pomba, 83, 276

Hassan II, 130

Imbali, Faustino, 226
Indjai, António, 251, 256
Induta, Zamora, 251, 256

Kabila, Laurent, 167
Keese, Alexander, 108
Khatib, Abdelkrim, 130

Índice onomástico remisssivo

Júnior, Carlos Gomes, 236, 239-240, 245, 249-250
Jurado, Ladislau Lopes, 108, 276

Lacerda, José Ferreira de, 81, 87, 96, 128, 276
Lara, Lúcio, 95, 109, 115-121, 166, 276
Lessa, Almerindo, 69
Lima, Santos, 45
Lobato, António, 149-150, 277
Lopes, Craveiro, 71, 87, 277
Lumumba, Patrice, 165

Machado, Francisco Vieira, 31, 57, 277
Machel, Samora, 162
Magalhães, António Leite de, 26, 29, 30
Mané, Ansumane, 213-214, 217, 220, 224, 240, 277
Mané, Arafan, 145, 153, 277
Maria, Victor Saúde, 120, 197, 277
Marques, João Basso, 45
Marques, José Eduardo Silva, 106
Martins, Hermínio, 59
Mello, Lopo de Sampaio e, 30
Mello, Manuel José Homem de, 60
Mendes, Francisco, 120, 154, 160, 187, 189, 191, 278
Mendy, François, 142
Meneses, Alfredo d'Alva, 277
Meneses, Hugo de, 118
Miranda, João, 252
Mocumbi, Pascoal, 161
Monteiro, Armindo, 29, 278
Monteiro, Ricardo Vaz, 31, 36
Morais, António Trigo, 51
Moreira, Adriano, 46, 53-58, 61, 68-70, 74, 134, 136, 278
Mota, Avelino Teixeira da, 45, 70-72, 85, 89, 97, 278

Moura, Gabriel, 145
Moutinho, Abel de Sousa, 89

Nasser, Gamal Abdel, 167
Nehru, Jawaharlal, 131
Neto, Agostinho, 83, 94, 161-162, 166, 190
Nhassé, Alamara, 226
Nkrumah, Kwame, 114, 144, 167, 278
N'Tchama, Caetano, 226
Nyerere, Julius, 167

Oramas, Óscar, 166
Oliveira, José Osório de, 63

Pã, Viriato, 201
Pattee, Richard, 97
Pereira, André Gonçalves, 115
Pereira, Aristides, 83, 91, 111-112, 127, 129, 154, 188, 191, 279
Pereira, Carlos, 24
Pereira, Cármen, 199, 279
Pereira, Raimundo, 251, 279
Pimentel, Fernando, 84
Pinto, Augusto Reimão, 45-46
Pinto, João Teixeira, 24, 279
Pires, Carmelita, 242
Pires, Florêncio, 30
Pires, Mário, 226
Pires, Pedro, 170, 191, 249
Proença, Hélder, 254

Quintino, Fernando Rogado, 45

Ramos, Domingos, 170
Rema, Henrique Pinto, 88
Ribeiro, Orlando, 69
Robalo, Vítor, 91, 279
Roberto, Holden, 115-118, 129
Rocha, Edmundo, 95, 161
Rocha, Hugo, 30

308 *Invenção e Construção da Guiné-Bissau*

Rodrigues, Filipe, 103
Rodrigues, Manuel Maria Sarmento, 36-68, 74, 79, 82-87, 279
Rodrigues, Miguel Urbano, 131-132
Rodrigues, Vasco, 132, 158, 280
Rosa, Henrique, 235, 254-255, 280
Rosa, João da Silva, 94, 280
Ruas, Óscar, 30

Saad, Amine, 256
Sá, Caetano Filomeno de, 45
Salazar, Oliveira, 28, 35, 37, 49-51, 63, 81, 87, 97, 143, 152, 280
Sanhá, Artur, 235
Sanhá, Lamine, 240
Sanhá, Malan Bacai, 204, 219, 223, 238, 254-255, 257
Santos, Eduardo Macedo dos, 95
Santos, Marcelino dos, 94, 115, 129, 161
Schacht, Otto, 193
Schultz, Arnaldo, 158, 280
Seabra, Veríssimo, 223, 237, 280
Senghor, Léopold, 143, 160, 166, 280
Serguera, Jorge, 168
Serrão, Raimundo, 49, 80-84, 280
Silva, Artur Augusto da, 45
Silva, Augusto, 30
Simões, Carlos Eduardo, 103
Simões, Landerset, 31
Soares, Lúcio, 160
Sousa, Louro de, 148
Sousa, Noémia de, 95

Spínola, António de, 62, 176, 281
Stevenson, Adlai, 165

Tavares, Álvaro da Silva, 45, 89, 99, 281
Tchuto, José Bubo Na, 246
Teixeira, Constantino, 191, 281
Tendeiro, João, 45
Thomaz, Américo, 97
Touré, Sékou, 132, 166, 281
Turé, Mamadu, 138
Turpin, Elisée, 82, 91, 93, 282

Ulrich, Rui Ennes, 40

Valdés, Jorge Risquet, 168
Veiga, Aguinaldo Nobre da, 45, 84
Ventura, Raul, 83, 97, 282
Vieira, Nino (João Bernardo), 149, 154, 187-199, 202-206, 209-218, 221, 237-239, 246, 249-251, 282
Vieira, Osvaldo, 83, 154, 282
Viegas, Luís António de Carvalho, 29-31

Yala, Koumba, 209, 223-227, 234, 237-240, 245, 254-255, 257-258, 282

Waie, Tagmé Na, 237-238, 250, 283
Walter, Jaime, 45

Ziegler, Jean, 93
Zilhão, João Soares, 29

ÍNDICE

PREFÁCIO 7

NOTA PRÉVIA 15

Parte I – A Guiné Portuguesa: instalação 19
    Capítulo I – O nome e a capital. Percursos 21
    Capítulo II – Uma "colónia modelo" 35
    Capítulo III – Sarmento Rodrigues e o apogeu do sistema colonial ... 39

Parte II – A Guiné como Província Ultramarina 47
    Capítulo I – Remodelações e revisões coloniais 49
    Capítulo II – A Guiné e o federalismo. Visões 55
    Capítulo III – A visita de Gilberto Freyre 63
    Capítulo IV – Constantes da Guiné e do luso-tropicalismo 67

Parte III – A causa do nacionalismo 77
    Capítulo I – Poder e subversão 79
    Capítulo II – Primeiras organizações nacionalistas: o PAI, o MAC e
        o MLG 91
    Capítulo III – O massacre do Pindjiguiti 101
    Capítulo IV – Do PAI ao PAIGC 111

Parte IV – A via da libertação nacional 123
    Capítulo I – A luta política, de 1960 a 1962 125
    Capítulo II – O início da luta armada 141
    Capítulo III – A batalha de Como ("Operação Tridente") e o Con-
        gresso de Cassacá 149
    Capítulo IV – O PAIGC como Movimento de Libertação Nacional . 157
    Capítulo V – Cuba e a "euforia terceiro-mundista" 165
    Capítulo VI – Os destinos (paralelos) de Che Guevara e Amílcar
        Cabral 177

310   *Invenção e Construção da Guiné-Bissau*

Parte V – O Estado das Constituições bissau-guineenses 181
  Capítulo I – A Declaração de Independência e a Constituição de 1973   183
  Capítulo II – O "Movimento Reajustador", de Novembro de 1980 ...   195
  Capítulo III – A Constituição de 1984 e a "legalidade constitucional"   199
  Capítulo IV – Transição constitucional para a Constituição de 1993   203
  Capítulo V – A primeira vigência da Constituição de 1993 e o semi-
     -presidencialismo 207
  Capítulo VI – Estado de excepção (I): o Acordo de Abuja, de 1998   213
  Capítulo VII – Estado de excepção (II): o Pacto de Transição Política,
     de 1999 219
  Capítulo VIII – A segunda vigência da Constituição de 1993 e o *Estado-*
     -falhado 223
  Capítulo IX – Estado de excepção (III): a Carta de Transição Política,
     de 2004 233
  Capítulo X – A terceira vigência da Constituição de 1993 e o *Estado*
     paralelo 239
  Capítulo XI – Normalidade, calamidade e interinidade 249
  Capítulo XII – Quatro conclusões e um verso 257

APÊNDICES

  Governadores da Guiné 263
  Presidentes e Chefes do Governo 265
  Biografias 269
  Glossário de siglas 285
  Bibliografia seleccionada
    Bibliografia relativa à Parte I – A Guiné Portuguesa: instalação ...   287
    Bibliografia relativa à Parte II – A Guiné como província ultra-
     marina 291
    Bibliografia relativa à Parte III – A causa do nacionalismo   295
    Bibliografia relativa à Parte IV – A via da libertação nacional   298
    Bibliografia relativa à Parte V – O Estado das Constituições bissau-
     -guineenses 300
  Índíce onomástico remissivo 305